U0519444

旅游规划与开发

Lüyou Guihua yu Kaifa

主　编　李益彬　芮田生　耿宝江
副主编　钟玉锋　杨　爽　李　利

西南财经大学出版社
Southwestern University of Finance & Economics Press

中国·成都

图书在版编目(CIP)数据

旅游规划与开发/李益彬,芮田生,耿宝江主编.—成都:西南财经大学出版社,2017.1(2019.7重印)

ISBN 978-7-5504-2716-7

Ⅰ.①旅…　Ⅱ.①李…②芮…③耿…　Ⅲ.①旅游规划—研究②旅游资源开发—研究　Ⅳ.①F590

中国版本图书馆 CIP 数据核字(2016)第 273838 号

旅游规划与开发

主　编:李益彬　芮田生　耿宝江

副主编:钟玉锋　杨　爽　李　利

责任编辑:高小田

封面设计:杨红鹰　张姗姗

责任印制:朱曼丽

出版发行	西南财经大学出版社(四川省成都市光华村街 55 号)
网　址	http://www.bookcj.com
电子邮件	bookcj@foxmail.com
邮政编码	610074
电　话	028-87353785
照　排	四川胜翔数码印务设计有限公司
印　刷	四川五洲彩印有限责任公司
成品尺寸	185mm×260mm
印　张	20
字　数	375 千字
版　次	2017 年 1 月第 1 版
印　次	2019 年 7 月第 2 次印刷
印　数	2001— 4000 册
书　号	ISBN 978-7-5504-2716-7
定　价	39.80 元

《旅游规划与开发》编委会

主　编：

李益彬　内江师范学院经济与管理学院

芮田生　内江师范学院经济与管理学院

耿宝江　四川农业大学旅游学院

副主编：

钟玉锋　宜宾学院经济管理学院

杨　爽　成都师范学院史地与旅游学院

李　利　西华师范大学管理学院

编　委：

李蓓蓓　四川农业大学旅游学院

周　亚　内江师范学院经济与管理学院

王静思　内江师范学院经济与管理学院

21 世纪普通高等院校旅游管理系列规划教材
编委会

主任

张梦教授　中国旅游协会区域旅游开发专业委员会理事，西南财经大学旅游研究所所长、博士生导师

副主任（按姓氏笔画）

邱云志教授　乐山师范学院旅游与经济管理学院院长
赵鹏程教授　西华师范大学管理学院院长

委员（按姓氏笔画）

王　鹏　四川旅游学院
方海川　乐山师范学院旅游与经济管理学院
田文红　成都师范学院
江　渝　成都师范学院
许　霞　四川旅游学院
李兴荣　西华师范大学管理学院
李成文　宜宾学院经济与管理学院
李其原　西华师范大学管理学院
李益彬　内江师范学院经济与管理学院
张　云　内江师范学院经济与管理学院
陈一君　四川理工学院经济与管理学院
杨启智　四川农业大学旅游学院
吴晓东　四川理工学院经济与管理学院
郑元同　乐山师范学院旅游与经济管理学院
郑　强　四川旅游学院
季　辉　成都工业学院
郭　凌　四川农业大学旅游学院
黄　河　宜宾学院经济与管理学院
蒲　涛　成都工业学院

Foreword 总序

为推进中国高等教育事业可持续发展，经国务院批准，教育部、财政部启动实施了"高等学校本科教学质量与教学改革工程"。这是深入贯彻科学发展观，落实"把高等教育的工作重点放在提高质量上"的战略部署，在新时期实施的一项意义重大的本科教学改革举措。"高等学校本科教学质量与教学改革工程"以提高高等学校本科教学质量为目标，以推进改革和实现优质资源共享为手段，按照"分类指导、鼓励特色、重在改革"的原则，加强课程建设，着力提升我国高等教育的质量和整体实力。为满足本科层次经济类、管理类教学改革与发展的需求，培养高素质有特色应用型创新型人才，迫切需要普通本科院校经管类教学部门开展深度合作，加强信息交流。值得庆幸的是，西南财经大学出版社给我们搭建了一个平台，协调组织召开了二十余所普通本科院校经管学院院长联席会议，就教学、科研、管理、师资队伍建设、人才培养等方面的问题进行了广泛而深入的研讨。

通过充分的研讨和沟通，共同打造了切合教育改革潮流、深刻理解和把握普通本科教育内涵特征、贴近教学需求的高质量的 21 世纪普通高等院校系列规划教材。截至 2012 年年底，共出版了 70 余种教材，并获得社会好评。

鉴于我国经济社会的发展，节假日改革、带薪休假的实行，旅游产业得到迅猛发展（2012 年我国旅游业总收入约 2.57 万亿元），旅游业的持续升温、快速发展与旅游专业人才的短缺矛盾十分突出，旅游人才资源数量不足、层次不高；旅游产业发展必须培育和造就一支多功能、复合型、国际化的旅游专业人才队伍，教育部已将旅游管理专业从工商管理下独立出来，成为与工商管理平行的一级学科；加之，旅游管理专业教材存在集中于管理专业领域，旅游经济和会展旅游等方面严重缺失，教材中"文化"含量偏低，且"大而全、小而全"以及操作性不强等问题。因此，2013 年院长联席会议确定单独建设 21 世纪普通高等院校应用型本科规划教材·旅游管理，以促进旅游管理专业课程体系和教学体系的合理构建，推动教学内容和教学方法的创新，形成具有鲜明特色的教学体系，从而为旅游业的快速发展提供强有力的人才保证和智力支持。

鉴于此，本编委会与西南财经大学出版社合作，组织了十余所院校的教师共同编写本系列规划教材。

本系列规划教材编写的指导思想：在适度的基础知识与理论体系覆盖下，针对普通本科院校学生的特点，夯实基础，强化实训。编写时，一是注重教材的科学性和前沿性，二是注重教材的基础性，三是注重教材的实践性，力争使本系列教材做到"教师易教，学生乐学，技能实用"。

本系列规划教材以立体化、系列化和精品化为特色，包括教材、辅导读物、讲课课件、案例及实训等；同时，力争做到"基础课横向广覆盖，专业课纵向成系统"；力争把每种教材都打造成精品，让多数教材能成为省级精品课教材、部分教材成为国家级精品课教材。

为了编好本系列规划教材，在西南财经大学出版社的支持下，经过了多次磋商和讨论成立了由经济学博士、西南财经大学教授、博士生导师、中国旅游协会区域旅游开发专业委员会理事张梦任主任，赵鹏程教授、邱云志教授任副主任，郑元同等教授任委员的编委会。

在编委会的组织、协调下，该系列规划教材由各院校具有丰富教学经验并有教授或副教授职称的教师担任主编，由各书主编拟订大纲，经编委会审核后再编写。同时，每一种教材均吸收多所院校的教师参加编写，以集众家之长。

根据各院校的教学需要，结合转变教学范式，按照理念先进（体现人才培养的宽口径、厚基础、重创新的现代教育理念）、特色鲜明（体现科学发展观要求的学科特色、人才质量水平和转变教学范式的最新成果）、理论前沿（体现学科行业新知识、新技术、新成果和新制度）、立体化建设（基于网络与信息技术支持，一本主教材加相对辅助的数字化资源，并辅助于教学网络平台的支撑形成的内容产品体系）、模块新颖（教材应充分利用现代教育技术创新内容结构体系，以利于进行更加生动活泼的教学，引导学生利用各种网络资源促进自主学习和个性化学习，兼具"客观化教材"、"开放性索引"、"研究性资料"和"实践性环节"的功能）的要求，引进先进的教材编写模块来编写新教材以及修订、完善已出版的教材。

希望经多方努力，力争将此系列规划教材打造成适应教学范式转变的高水平教材。在此，我们对各学院领导的大力支持、各位作者的辛勤劳动以及西南财经大学出版社的鼎力相助表示衷心的感谢！

21世纪普通高等院校应用型本科规划教材·旅游管理编委会

2013年11月

Foreword 前言

近年来，在我国宏观经济快速发展、人均收入稳步提高、政府支持、消费升级等因素影响下，旅游业得到了前所未有的发展：旅游产业规模不断扩大，入境旅游、国内旅游、出境旅游三大市场繁荣兴旺，旅游业已成为国家经济发展中势头最强劲、规模最大的产业之一。旅游业是关联带动性极强的产业。它不仅对经济发展的贡献十分突出，而且在促进人与自然和谐共处、统筹区域与城乡协调发展、建立节约型社会、促进社会就业、带动部分贫困地区脱贫致富等方面的作用也日益凸显，其在区域经济发展中的地位日益增强。

科学的旅游规划与开发是实现区域旅游健康、可持续发展的先决条件。目前，我国有关旅游规划与开发的理论与实践研究已积累了较丰富的成果，但随着旅游产业不断向纵深方向发展，旅游资源的内涵界定与开发利用方式也在不断拓展和延伸，这就要求旅游规划与开发的研究内容不断创新，以适应旅游产业的日益发展。认真总结和梳理国内外旅游规划与开发的最新成果和实践经验，用以更好地指导旅游管理专业学生和相关人员从事旅游规划与开发实践，是《旅游规划与开发》教材建设的基本目标。

作为教育部旅游管理专业核心课，《旅游规划与开发》教材建设越来越受到关注，不同版本的教材不断涌现，我们在参考前人研究成果的基础上，结合作者们多年的教学实践体会，融会本学科近年来的最新研究成果和实践案例，编写了本书。

本书注重理论与实践相结合，力求在系统阐述旅游规划与开发基础理论的同时，及时反映学界及业界的新观点、新动态，突出实用性和可操作性；同时，采用文图、文表、小知识、小案例穿插结合的教材表现形式，力求体例完善、内容新颖、案例丰富、有较强的直观性和可读性。

本书是专门为普通高等院校旅游管理类专业本、专科学生编写的专业教材，也可供高等职业技术学院相关专业以及从事旅游管理、项目策划、旅游开发等相关工作人员在职培训或自学用教材，亦可作为区域旅游资源调查、普查和旅游规划与开发的培训用书。

　　本书共八章，主要内容包括旅游规划与开发基本知识、基本理论、基本方法、主要内容与流程，旅游资源分类、调查与评价，旅游市场调研、分析、预测与定位，旅游地形象策划与功能分区，旅游产品开发与项目设计，旅游配套设施规划与开发，旅游保障体系规划，旅游规划图件与制作等；每章通过简短的教学目标、重点难点、本章内容、案例导读等提示，导入所学相关内容，以期更方便有效地指导师生教与学；每章结尾附有本章小结、主要概念、思考与练习、实训设计、拓展阅读等，以督促学生牢固掌握已学知识，加强实践能力的培养。

　　本书编写分工如下：

　　主编：李益彬（内江师范学院经济与管理学院教授）

　　　　　芮田生（内江师范学院经济与管理学院副教授、博士）

　　　　　耿宝江（四川农业大学旅游学院副教授、博士）

　　副主编：钟玉锋（宜宾学院经济管理学院副教授）

　　　　　杨　爽（成都师范学院史地与旅游学院教师）

　　　　　李　利（西华师范大学管理学院教师）

　　本书由李益彬负责全书写作大纲的拟定和全书统稿；芮田生参与大纲拟定和部分统稿工作，编写第四章；耿宝江参与大纲拟定和部分统稿工作，编写第五章；钟玉锋参与大纲拟定和部分统稿工作，编写第六章；杨爽参与大纲拟定和部分统稿工作，编写第一章；李利参与大纲拟定和部分统稿工作，编写第三章；内江师范学院经济与管理学院老师周亚参与部分统稿工作，编写第二章；内江师范学院经济与管理学院老师王静思参与部分统稿工作，编写第七章；四川农业大学旅游学院老师李蓓蓓参与部分统稿工作，编写第八章。

　　在本书的编写过程中，参阅了若干前人的著作、论文，也得到西南财经大学出版社和省内兄弟院校的大力支持，在此一并表示衷心感谢！由于水平和精力所限，书中肯定存在不少问题，殷切希望广大读者对教材提出宝贵意见和建议，以便修订时加以完善。

李益彬

2016 年 10 月

Contents 目录

第一章　旅游规划与开发概论

学习目标

· 掌握旅游规划与开发的相关概念；
· 掌握旅游规划与开发的基础理论；
· 了解旅游规划与开发中使用的技术方法；
· 掌握旅游规划与开发的内容和流程；
· 了解中外旅游规划与开发的发展历程；
· 理解当前旅游规划与开发的发展趋势。

重点和难点

· 重点：旅游规划与开发的基本概念和基础理论
· 难点：旅游规划与开发创新思维的培养和未来工作的基本技能与方法的训练

本章内容

　　旅游作为人类的一种独特行为方式，已经存在数千年的历史，然而真正意义上的旅游规划与开发则是近代旅游业发展的产物。本章主要介绍旅游规划与开发的基本概念、理论基础、技术方法、基本内容以及中外旅游规划与开发实践的发展历程。

 **案例导读**

中国死海

"中国死海"位于四川省大英县蓬莱镇，1.5亿年前，大英还是一个四周为大海所环绕的浅水潮坪，因距海水补给地较远，海水长期潮涨潮落沉积了大量的蒸发盐，水体浓度较高，成为台地成盐区。侏罗纪和白垩纪时期，该地区经地球造山运动埋入地下，形成叹为观止的地下古盐湖地质奇观。

2003年，源于梦想与创意的飞跃，从约旦与以色列海岸，把漂浮的传说唱到了这片古老而神秘的土地上。通过采用古老的卓筒井开采技术汲取地下的盐卤海水，在地表形成5万平方米的水域，中国死海旅游度假区横空出世，再现了中国死海的前世奇观。

从那一刻开始，大英在"中国死海"的光芒下一跃成为全世界关注的焦点。一时间，死海万人冲浪的图片频现各大网站首页、报刊版面。读者、网民在享受视觉盛宴的同时，让这座以前名不见经传的县城嬗变为一个新兴的旅游度假胜地。大英旅游也成了四川旅游产业的又一大新亮点。

● 第一节　基本概念

旅游规划和旅游开发是两个不同的概念，但是二者又相互联系，互为影响。随着旅游规划与开发实践经验的不断完善，其概念将会有更深刻的拓展。

一、旅游规划的相关概念

规划，规者，有法度也；划者，戈也，分开之意。在《辞海》中对规划的定义为："规划即谋划、筹划，后亦指较全面或长远的计划。"朗文词典中对规划的解释为："制定或实施计划的过程，尤其是为一个社会或经济单元（企业、社区）确立目标、政策与程序的过程。"由此可见，规划是为达到某一目标而进行的"构想、提案、实践”全过程，其核心目标是系统最优和持续发展。[①]

　　旅游规划是从区域规划理论及管理科学理论中衍生出来的（邹统钎，1999）。国内外许多学者对旅游规划的定义提出了自己的见解。如甘恩认为旅游业起源于游客对旅游的欲望，终止于这种欲望的满足，旅游规划者绝不能无视旅游者的需求。他接纳了大卫多夫（Davidoff）和瑞内尔（Reiner）提出的旅游规划定义，并且明确指出“规划作为对未来的预测，处理可预见的事件是唯一能使旅游业获好处的方法”。

　　盖茨（Getz，1987）将旅游规划界定为：在调查研究与评价的基础上寻求旅游业对人类福利及环境质量的最有贡献的过程。

　　墨菲（Murphy，1985）认为：旅游规划是预测与调整旅游系统内的变化，以促进有秩序的开发，从而提升旅游发展所产生的社会、经济与环境效益。它是一个连续的操作过程，以达到某一目标或平衡几个目标。

　　我国学者也对旅游规划作出过多种阐释，代表性的观点有（表1.1）：

表1.1　　　　　　　　　　我国学者关于旅游规划的主要观点

代表学者	主要观点
卢云亭（1989）	旅游规划就是对区域旅游发展的未来状态的科学设计与设想。
孙文昌（1999）	旅游规划就是以旅游市场的变化和发展为出发点，以旅游项目设计为重点，按照国民经济发展的要求和当地旅游业发展基础，对旅游消费六大要素及相关行业进行科学的安排和部署的过程。
吴人韦（1999）	旅游规划是旅游资源优化配置与旅游系统合理发展的结构化筹划过程。
肖星，严江平（2000）	旅游规划是对旅游业及相关行业未来发展的设想和策划。其目标是尽可能合理而有效地分配与利用一切旅游经济要素，在尽量满足旅游者需求的前提下，实现旅游业的经济效益、社会效益和环境效益
保继刚（1999）	旅游规划是旅游业发展的纲领和蓝图，是促进旅游业健康发展的重要条件。
吴必虎（2001）	旅游规划是对未来某个地区旅游业的发展方向、产品开发、宣传促销及环保等一系列重要事项的总体安排。它对该地区旅游业的发展具有宏观指导和动态调控。
马勇（2002）	旅游规划是在旅游系统发展现状调查评价的基础上，结合社会、经济和文化的发展趋势以及旅游系统的发展规律，以优化总体布局、完善功能结构以及推进旅游系统与社会和谐发展为目的的战略设计和实施的动态过程。

---

①　邹统钎. 旅游开发与规划［M］. 广州：广东旅游出版社，1999.

表1.1(续)

代表学者	主要观点
杨振之（2003）	旅游规划是在专家、政府、企业和社会公众的广泛参与下，通过对旅游资源和社会政治、经济等因素的调查研究和评价，为未来旅游业的发展寻求社会效益、经济效益、环境效益的最优化的过程。

　　综合上述学者的观点，可以将旅游规划的核心内容归纳为：以调查评价为基础、以预测和管理为手段、以优化和持续发展为目的，在旅游系统发展调查评价的基础上，结合社会、经济、文化发展趋势以及旅游系统发展规律，以优化总体布局、完善功能结构以及推进旅游系统与社会和谐发展为目的的战略设计和实施的动态过程。

二、旅游开发的相关概念

　　"开发"一词在《高级汉语词典》中的解释是：通过研究或努力，开拓、发现、利用新的资源或新的领域。近代以来，随着工业的发展，使得除土地外，地面上的山石、植被、动物、水体、地下的煤炭、石油、矿物以及阳光、空气等资源，都被挖掘、加工，实现了资源的价值。同样，对旅游资源而言，也只有通过开发利用，才能成为旅游产品，吸引游客，发挥旅游经济和社会文化效益。

　　因此，旅游开发一般指为发挥、提升旅游资源对游客的吸引力，使得潜在的旅游资源优势转化为现实的经济效益，并使旅游活动得以实现的技术经济行为。旅游开发的实质，是以旅游资源为"原材料"，通过一定形式的挖掘、加工，达到满足旅游者的各种需求，实现资源经济、社会和生态价值的目的。

　　旅游开发与旅游规划是两个不同的概念。旅游开发是以利益的获取为导向，且是一个不断延续的过程。在内容上，旅游开发不仅包括了开发前期的可行性研究、规划、开发建设，还包括了开发后期的经营管理与调整优化。相较而言，旅游规划更侧重于有效地引导和调节旅游系统各要素之间的关系，实现旅游业的最优化和可持续发展，其成果具有一定的法规效应。

● 第二节　理论与方法

　　旅游规划与开发的实践过程需要理论的指导。由于旅游规划与开发具有边缘学科的性质，因此，很多与旅游相关学科的理论和先进的技术手段进入规划领域，为旅游规划与开发的不断发展提供理论指导和技术支持。

一、旅游规划与开发的基础理论

旅游规划与开发的基础理论大体上可以分为两类：一类是与旅游相关学科的理论，如旅游经济学与市场学、旅游心理学、闲暇与游憩学、旅游社会学与人类学、旅游地理学等；一类是旅游规划实践应用的理论，如旅游区位理论、旅游生命周期理论、可持续发展理论等。

（一）与旅游相关学科的理论[①]

1. 旅游经济学与市场学理论

旅游经济学是一门研究旅游活动中所发生的经济现象、经济关系和经济发展规律的学科，在国外已经有将近100年的历史了。内容涵盖旅游经济的形成与发展、旅游经济的运行与性质、旅游经济的地位和作用、旅游产品及开发、旅游需求与供给、旅游市场及开拓、旅游价格及策略、旅游消费及其效果、旅游收入与分配、旅游投资与决策、旅游企业与经营、旅游经济结构及优化、旅游经济效益与评价以及旅游经济发展战略等。旅游经济学对从事旅游规划和实践的人员具有重要的参考价值。

旅游市场学主要侧重于研究旅游购买和旅游销售走向统一的过程。在旅游规划中，都会涉及旅游目标市场定位、旅游项目策划、旅游线路规划、旅游营销规划等一系列市场营销方面的问题，需要市场学理论作为指导。

2. 旅游心理学理论

旅游心理学主要从旅游知觉、旅游动机、旅游需求、旅游态度、旅游决策、风格与旅游方式、旅游偏爱、满意度等角度，研究旅游活动过程中人的心理规律。一些成熟的研究成果对旅游规划有一定的启发性，如根据不同类型的人群来设计策划不同主题的旅游项目等。

3. 闲暇与游憩学理论

闲暇与游憩学理论被认为属于生活行为范畴，其研究内容十分广泛，主要内容有闲暇历史与发展、闲暇与生理心理、环境与休闲行为、闲暇与休闲产业、休闲价值与社会发展等。休闲与游憩已经成为时代的主题，是一种前景广阔的现代产业，因此，闲暇与游憩学理论也将在指导旅游规划与开发中占有重要的地位。

4. 旅游社会学与人类学理论

旅游社会学与人类学从研究对象上看，都主要是研究旅游活动中人际或人与

---

① 国家旅游局人事劳动教育司. 旅游规划原理［M］. 北京：旅游教育出版社，1999：46-56.

物之间的关系。其中旅游社会学更偏重研究旅游者的动机与行为，接待地居民对旅游者的相关反应规律；而旅游人类学则较多地关注主客文化碰撞及其后果，如接待地文化的改变与文化价值取向的矛盾，文化群落的衰落等。对旅游规划与开发来说，旅游社会学与人类学为旅游规划提供了一种"以人为本"的规划哲学，使当地居民、旅游者、开发商、政府之间找到和谐共处的机会。

5. 旅游地理学理论

旅游地理学是研究人类旅行游览与地理环境关系的学科。它从土地利用、资源评价、地理经济分析、区域资源开发、旅游目的地的促销特点、旅游发展对自然、经济乃至社会文化影响机制等方面参与旅游区（点）布局和开发规划。并将量化研究、信息与数字化技术手段应用到了旅游规划领域。

案例

成都三圣乡五朵金花

"五朵金花"是指三圣乡东郊由红砂、幸福、万福、驸马、江家堰、大安桥等6个行政村组成的5个乡村旅游风景区，通过以"花香农居""幸福梅林""江家菜地""东篱菊园""荷塘月色"为主题的休闲观光农业区的打造，现已成为国内外享有盛名的休闲旅游娱乐度假区和国家5A级风景旅游区。在规划开发之处，充分融入了旅游市场学、旅游心理学、闲暇与游憩学等理论精髓，通过发挥当地富有传统的花卉农业优势，依托成都这一大都市，居民历来就有休闲生活的习惯，以及对回归田园的雅趣生活的热切追求，再加上便利的地域交通，使三圣乡成为成都市民重要的旅游游憩目的地。

（二）旅游规划实践应用的理论[①]

1. 区位理论

区位理论始创于19世纪初，它是产业布局、城镇聚落和区域的空间组织优化的理论。杜能的农业区位论、韦伯的工业区位论、克里斯泰勒的中心地理论和廖什的市场区位理论都是极具影响力的研究成果。旅游业作为国民经济的一项产业，其空间布局与项目选址、旅游线路安排等都存在区位优化问题。

区位理论以其与市场选择行为的紧密结合和抽象精炼的表达方式，受到旅游规划师的重视。但是关于旅游区位论的研究相对较晚，始于20世纪50~60年代德

---

① 吴承照. 现代旅游规划设计原理与方法［M］. 青岛：青岛出版社，1999：5-10.

国学者克里斯泰勒（W. Christaller）提出的中心地理论。该理论是研究城市空间组织和布局时，探索最优化城镇体系的一种城市区位理论，也是进行旅游中心地分析的原始理论基础。在研究过程中，克里斯泰勒从旅游需求的角度出发，把影响旅游活动的区位因素分为 12 项，如体育运动和艺术等。但是他的研究也存在不足，在其研究过程中忽略了旅游供给等因素的影响。此后，国外的其他学者针对发展模式也进行了相应研究，如齐瓦 T. 乔威塞克（Z. Jovieie）提出了中心地的腹地模式；狄西（Deasy）和格里斯（Griss）提出旅游吸引周围的同心影响带模式；另外，随着研究的深入，研究方法的丰富，20 世纪六七十年代时，约克鲁（Yoreno）和弥尔西（Miossee）等诸多学者也进行了类似研究，但对现实的指导意义不大。直到 20 世纪后期，美国学者克劳森（Clawson）的研究有了新的突破，他提出旅游区位三种指向（利用者趋向型、资源基础型和中间型）和德福特（Defert）提出旅游业布局五条原理后，旅游业的区位理论研究才有了实质性进展。

目前，区位理论在指导我国的旅游规划与开发中，在旅游开发的区位选择、旅游交通与线路布局、旅游产业选址与规模、结构确定；不同大小旅游地域空间组合结构及其演变特点研究；旅游开发的区位分析与区位模型研究；旅游开发中位置选择的方法研究等方面有着重要的意义。

2. 旅游生命周期理论

"生命周期"最早是生物学领域中的专业词汇，用来描述某种生物从出现到最终消亡的演化过程。后来，该名词被市场营销、国际贸易等学科借用来描述与生物相类似的演化过程。

旅游学界借助生命周期理论开展研究课追溯到 1963 年克里斯泰勒对欧洲一些旅游地的研究。在研究后，克里斯泰勒发表了一篇名为《对欧洲旅游地的一些思考：外围地区—欠发展的乡村—娱乐地》的论文，文中他提出了旅游区生命的一般性概念。直到 1980 年加拿大学者巴特勒（Butler）才系统化地对旅游地生命周期进行了阐述。

巴特勒在他的文章《旅游区发展周期概述》里将旅游地生命周期（Tourist Area Life Cycle）的演变分为六个阶段，即探索阶段、参与阶段、发展阶段、稳固阶段、停滞阶段、衰落或复苏阶段，如图 1.1 所示。

旅游地探索阶段（Exploration Stage）是指旅游地发展的初级阶段。此时旅游地接待的游客以零散、自发为主，数量有限。南极洲的部分地区、拉丁美洲和加拿大的北冰洋地区就处于该阶段。

旅游地参与阶段（Involvement Stage）是指随着旅游地逐渐为人们所认识，到该地旅游的旅游者日益增多，当地居民开始逐步为旅游者提供一些简易的设施和

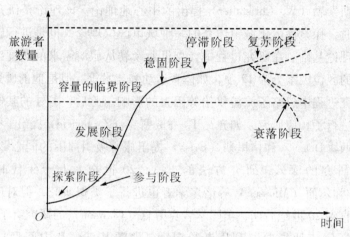

图 1.1　巴特勒旅游地生命周期示意图

基本服务。目前太平洋加勒比海一些规模较小、发展较晚的岛屿正处于该阶段。

当旅游地进入发展阶段（Development Stage）时，该地已经吸引了大批旅游者，旅游市场的发育初具规模。到旅游高峰季节时旅游者人数甚至超过了当地居民的人数。随着大量外来资金投入旅游地建设，旅游地的基础设施条件已经大大优化。当地居民已经积极参与了旅游接待活动，将旅游接待作为其重要职业。

当旅游地处于稳固阶段（Consolidation Stage）时，旅游地经济发展与旅游业息息相关，虽然游客的增长速度减缓，但是旅游者人数仍然巨大。规模巨大的旅游者已经对当地居民的生活造成了一定的影响，居民对旅游者表现出一种仇恨情绪。

待到旅游地进入停滞阶段（Stagnation Stage）时，旅游者数量已经大大超过了旅游地的环境容量，产生了一系列的经济、社会、环境问题，旅游业的发展受到来自诸多方面的阻力。

衰落或复苏阶段（Decline or Rejuvenation Stage）是指旅游地进入了衰落阶段。在这个阶段，旅游者受到其他新兴旅游吸引物的影响，减少了到该旅游地旅游的频率，旅游业在当地国民经济发展中的重要性日益降低。若旅游地积极进行旅游开发创新，例如开发新的旅游资源，则有可能在停滞阶段之后进入复苏阶段，掀起新一轮的旅游发展浪潮。

旅游地生命周期理论应用于旅游规划与开发，能够为旅游地的长期繁荣提供宏观指引，有助于制定合理的、可持续的旅游发展策略。

3. 可持续发展理论

"持续发展"是经济发达国家和发展中国家为协调人口、资源、环境和经济发展间相互关系而提出的战略，从 20 世纪 80 年代提出后就引起了全世界对发展问题的极大关注。

旅游业的可持续发展，最早是 1990 年在加拿大召开的旅游国际大会上提出的，会上通过了《旅游业可持续发展行动纲领》。1995 年联合国教科文组织、环境规划署和国际贸易组织（WTO）等共同在西班牙召开了旅游可持续发展世界大会，通过《可持续旅游发展宪章》和《可持续发展旅游行动计划》，明确了可持续旅游发展的含义：在保持和增强未来发展机会的同时满足旅游者和旅游地居民当前的需要，在保持文化完整性、基本生态过程、生物多样性和生命维持系统的同时满足经济社会发展和美学的需要。我国也已于 1994 年国务院第十五次会议通过了《中国 21 世纪议程——中国 21 世纪人口、环境与发展白皮书》，白皮书规定也要"开辟新旅游专线，加强旅游资源的保护，发展不污染、不破坏环境的绿色旅游……"这把可持续旅游发展提到了十分重要的地位。

当今，可持续发展是指导旅游规划与开发的理论依据。即旅游开发要关注旅游者、旅游业以及当地社区居民，保护与永续利用自然与文化资源；要注重经济效益、社会效益和生态效益的结合，要注意开发方式的选择及开发规模的控制，严格防止过度开发局面，要在满足当代人需求的同时，考虑后代人对旅游的需求。此外，可持续性的旅游开发还要积极引入现代化的科技手段来支持旅游资源的质量监管和保护性开发。

案例

"主题公园热"的背后

主题公园是一种投资大、风险高的旅游项目，一般来说，多选址在经济发达的大城市和地区。20 世纪 90 年代初，深圳、广州、北京、成都、上海等城市掀起了一股建设"主题公园"的热潮。据统计，仅广州就有约 40 个主题公园，但是由于选址过度聚集和经营管理的不利导致盈利甚微，最终逃不过倒闭关门的下场。如"珠三角"地区就有飞龙世界（1999 年倒闭）、太阳岛乐园（2002 年倒闭）、森美反斗乐园（2004 年倒闭）、明斯克航母主题公园（2005 年破产）、世界大观（2005 年拍卖流拍）等多个项目接连关门。

可见，旅游开发在项目选址、可持续经营上应综合考虑，否则，大量的投资得不到市场的认可和支持，最终只有失败的结局。

二、旅游规划与开发的技术方法

随着现代科技的发展，旅游规划与开发中，如在对旅游资源进行分类、调查、评价、旅游市场细分时，不仅继续使用着传统的技术方法（后面章节详细介绍），一些新型的现代化技术手段也被广泛引入了其中，如现代测绘技术、虚拟现实技术、信息网络技术等。

（一）现代测绘技术

现代测绘技术是一门新兴的空间信息科学技术，是应用系统的方法、现代化的手段，在空间信息生成和管理过程中用于科学研究、行政管理、法律运作和技术工作的空间数据进行获取和管理中所采用的所有学科的综合体，是涉及空间数据的量测、分析、管理和显示的一门现代化的综合技术手段和方法。其主体是遥感（RS）、全球定位系统（GPS）、地理信息系统（GIS）三门既相互独立又密切联系的科学技术，统称为"3S"技术。

遥感技术（RS）是 20 世纪 60 年代兴起的一种探测技术，是根据电磁波的理论，应用各种传感仪器对远距离目标所辐射和反射的电磁波信息，进行收集、处理，并最后成像，从而对地面各种景物进行探测和识别的一种综合技术。遥感技术具有探测范围大、获取资料的速度快、周期短、受地面条件限制少、获取的信息量大等突出优点，在旅游规划与开发中，旅游资源调查与评价是旅游规划与开发的基础性工作。利用遥感可以全面了解旅游资源现状，发现新的旅游资源，获取旅游资源开发前后的动态变化信息，为旅游开发、规划提供依据，从而促进旅游业的可持续发展，全面提高经济效益、社会效益和生态效益，并提高了旅游规划的科学性和可操作性。同时，遥感影像还可以用于规划图的底图。

地理信息系统（GIS）是一种采集、储存、管理、运算、分析和评价全球或区域与空间地理分布有关的数据的空间信息系统，具有强大的空间分析功能，可广泛应用于各种与空间地理分布有关的信息采集、处理、分析、管理、输出及决策支持等。旅游规划与开发研究中资源分布、资源评价、空间布局、旅游要素安排、安全监控等内容均具有空间特性的地理信息及其属性，可通过地理信息系统，即利用图形图像处理和空间模型的建立来研究，为旅游空间布局提供强有力的决策支持。

全球定位系统（GPS）是由美国国防部研制建立的一种具有全方位、全天候、全时段、高精度的卫星导航系统，能为全球用户提供低成本、高精度的三维位置、速度和精确定时等导航信息。利用全球定位系统技术进行旅游规划和开发建设过程中的控制测量、精确定位、项目布局等工作，速度快、精度高，不受地形及时间空间等客观条件的限制，解决了旅游资源具体坐标这一难题（见图 1.2）。

图 1.2 重庆南山加勒比海水世界 google 卫星地图

（二）虚拟现实技术

　　虚拟现实（Virtual Reality，VP）是采用以计算机技术为核心的现代高科技生成逼真的视、听、触觉一体化的特定范围的虚拟环境，用户借助必要的设备以自然的方式与虚拟环境中的对象进行交互作用，相互影响，从而产生亲临等同真实环境的感受和体验。在旅游开发规划中，可以通过虚拟虚景向规划委托方展示规划的最终效果，同时还可以通过虚拟实景并结合信息网络为旅游者提供旅游目的地景观的远程欣赏。

（三）信息网络技术

　　信息网络（Info Network）技术主要指以计算机和互联网为主要依托的技术方法。旅游行业特有的流动性、复杂性决定了它会不断产生大量的数据信息，包括游客基本资料、游客收入水平、客源地人流量、酒店客房入住比率等。2012 年，旅游行业已率先进入"大数据时代"。因此，在未来的旅游规划与开发中，需要站在"大数据"的理念与架构之上，充分收集、分析、整合大数据，比如通过掌握消费者的旅游信息需求特征，促进旅游营销；通过对游客消费数据的分析，优化旅游产品结构，提早预测旅游企业经营策略，才能更好地做好旅游资源的调配和规划。

● 第三节　内容与流程

　　近年来，旅游业发展迅猛，旅游规划与开发进入新一轮高潮。在遵循"旅游开发，规划先行"的原则下，国家旅游局出台了《旅游规划通则》，明确规定了旅游规划编制工作的基本要求。这使得旅游规划和旅游开发工作日趋严谨起来。

一、旅游规划的内容与编制流程

（一）旅游规划的内容

"旅游开发，规划先行"，是发展旅游业和开发建设旅游项目应该遵循的原则，也是各地旅游企事业单位的成功经验和共同体会。旅游规划是发展旅游业的科学依据，旅游项目开发的有机组成部分。旅游规划解决或决定旅游业和开发建设旅游项目的重大问题，直接影响旅游业和开发建设项目的前景和效益。一般来说，旅游规划包括以下主要内容（具体内容在下面各章节中会详细叙述）：

（1）对规划范围进行界定，包括规划区占地面积和边界等；

（2）规划依据和规划原则，包括中央及地方制定的各种有关法律、政策、文件，以及规划要坚持的环保原则、效益原则等；

（3）对规划区的概况进行分析，包括当地的自然社会状况，如地质、气候、植被、区位条件、历史沿革、社会经济条件等；

（4）现状分析，包括对规划范围及周边地区的社会经济、旅游发展、土地利用现状、区域旅游竞争合作关系等；

（5）旅游资源分类与评价；

（6）旅游发展战略及发展目标的确定；

（7）旅游地形象策划与功能分区；

（8）旅游产品开发与项目设计；

（9）旅游客源营销规划；

（10）旅游配套设施规划与开发；

（11）旅游保障体系规划；

（12）旅游效益分析；

（13）旅游规划图件。

（二）旅游规划的编制流程

旅游规划的编制从组织过程上看，主要由旅游规划的可行性研究，编制旅游规划项目任务书，签订规划合同书，组建规划编制专家组，制订工作计划，进行室内资料准备与分析，室外实地考察调研，编制旅游规划初稿，中稿以及终稿，组织专家评审和鉴定规划，组织规划的实施与修订，如图1.3所示。

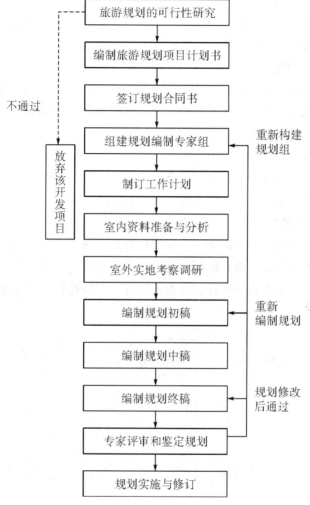

图 1.3　旅游规划的编制步骤①

二、旅游开发的内容与流程

（一）旅游开发的内容

旅游开发是以产生效益为目标的系统性行为，主要内容包括以下四个方面：

1. 旅游资源的开发利用

旅游资源的开发利用就是将旅游资源进行开发利用，转化成旅游产品，吸引游客，发挥旅游资源的多种功能和作用。

①　马勇，李玺. 旅游规划与开发 [M]. 3 版. 北京：高等教育出版社，2002：14-24.

2. 旅游地的交通安排

旅游地交通安排主要指旅游开发过程中，对进出旅游地的交通条件和设施、旅游地内部交通环境进行新建、改善和优化。

3. 旅游辅助设施的建设

旅游辅助设施包括的范围很广，涉及吃、住、行、游、购、娱六方面。通过统筹规划和建设旅游所需的辅助设施，可以提升旅游者的感受，还能促进当地社会的发展和改善人们生活质量。

4. 旅游市场的开拓

旅游开发要取得经济、社会和环境效益必须密切关注旅游市场的需求和变化，有针对性地确定目标市场，策划市场营销，才能取得成功。

（二）旅游开发的流程

旅游规划与开发是一个循环的、逐步提升的系统过程，其开发流程一般包括旅游资源的调查与评价、旅游资源开发的可行性分析与论证、开发导向模式与定位策略的制定、开发方案的设计、方案的实施、市场反馈及方案的进一步修正六大步骤，如图 1.4 所示。

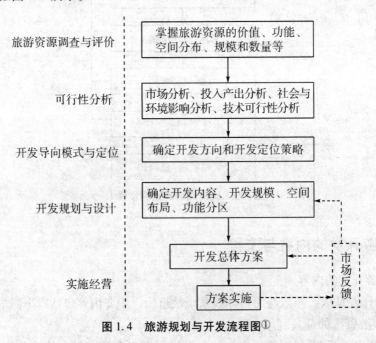

图 1.4　旅游规划与开发流程图①

① 甘支茂，马耀峰. 旅游资源与开发 ［M］. 2 版. 天津：南开大学出版社，2007：350-351.

第四节　发展历程与趋势

旅游规划与开发在国外发展较早，在我国起步较晚。虽然目前旅游规划与开发工作已经取得了显著的进步并为我国旅游业的发展做出了巨大贡献，但是依然存在很多问题亟待解决。同时面临旅游业发展的新形势，更需要借鉴国外成熟的经验，不断深入研究，推动旅游规划与开发理论与实践的跨越式发展。

一、国内外旅游规划与开发的发展历程

（一）国外旅游规划与开发的发展历程

国外最早的真正意义上的旅游规划与开发被一致认为是 1959 年美国夏威夷州规划（State Plan of Hawaii）。从那以后，世界范围内旅游规划与开发的编制数量不断上升，同时，在旅游规划与开发中应用的理论和技术也不断地发展完善。大体上，可以将其发展历程分为以下五个阶段：

1. 萌芽阶段（20 世纪 30~50 年代初）

旅游规划最早起源于 20 世纪 30 年代中期的英国、法国和爱尔兰等欧洲国家，是从区域规划理论衍生而来的。最初旅游规划只是为一些旅游项目或设施做一些基本的市场评估和场地设计，例如为饭店或旅馆选址等。从严格意义上讲，这还称不上旅游规划，只是针对旅游企业的一种发展计划和项目设计。

2. 起步阶段（20 世纪 50 年代末~70 年代初）

国家、地区、社区和度假区的旅游规划始于 20 世纪 50 年代后期，当时人们已经明显地意识到旅游作为一种重要的社会经济活动，既能带来利益也能带来问题。1959 年，在美国旅游学家的参与下，夏威夷州制定了州发展总体规划（Overall Planning），很有远见地将旅游列为一项重要内容，把旅游规划融入整个地区发展规划之中，旅游规划第一次成为区域规划的一个重要组成部分，这被看作是现代旅游规划的先驱，现在夏威夷已成为开发得最成功的岛屿旅游目的地之一。

20 世纪 50 年代末期到 70 年代初是世界旅游业的快速起步期，旅游开发的需求逐步加大。与此相对应的是，旅游规划实践在欧洲各国得到了快速发展，并逐渐发展到北美的美国和加拿大，然后进一步向亚洲和非洲国家扩展。美国德克萨斯州农业和机械（A&M）大学游憩、公园和旅游科学系的克莱尔·甘恩（Clare A. Gunn）教授则被尊称为倡导、编制和教授旅游规划的鼻祖。1960 年，他参与

的密歇根州半岛北部（Upper Peninsula）区域旅游研究项目，最早形成了有关旅游发展规划的基本概念。此后，法国、英国也相继出现了正式的旅游规划。1963年，联合国国际旅游大会强调了旅游规划的重大意义。随后，马来西亚、中国台湾、斐济、波利尼西亚、加拿大、澳大利亚、美国及加勒比海地区均兴起了旅游规划，如法国朗格多克-鲁西荣海岸、印度尼西亚巴厘岛、澳大利亚中部地区的旅游规划等。

这个时期的旅游规划所依托的主要理论基础是旅游经济学、闲暇与休憩学、旅游地理学、区域规划学等，规划的内容主要着眼于旅游资源的开发和利用、新旅游区的开发以及对旧旅游区的改造等方面。与此同时，学术界也开始出现关于旅游规划与开发的研究成果，如沃尔夫于1960年发表了《安大略旅游地》，斯坦菲尔德发表了《美国海滨避暑胜地》等。

3. 综合发展阶段（20世纪70~80年代）

进入20世纪70年代，旅游需要规划的观念才开始真正为许多国家及国际组织所认同和重视，如欧共体、世界旅游组织（WTO）、联合国开发计划署（UNDP）、世界银行（WB）等国际组织也积极推动并参与了菲律宾、斯里兰卡、尼泊尔、肯尼亚等国的旅游规划编制工作。

1977年，世界旅游组织（WTO）对有关旅游开发规划的调查表明，43个成员国中有37个国家有了国家级的旅游总体规划。随后，世界旅游组织出版了两个旅游开发文件：《综合规划》（Integrated Planning）和《旅游开发规划清单》（Inventory of Tourism Development Plans）。前者是为发展中国家提供的一本技术指导手册，后者则汇集了对118个国家和地区旅游管理机构和旅游规划的调查。1979年，世界旅游组织在实施全球范围内的旅游规划调查的基础上，形成了第一份全球在制定旅游开发方面的经验报告。报告指出：当时只有55.5%的规划和方案被实施，规划的制定和实施之间存在脱节；制定旅游规划与使用的各种方法之间差别很大；规划对成本收益方面考虑得较多，而社会因素涉及少；地区级规划要比区域级、国家级、国际级规划更有效和普遍。这一调查报告对当时的旅游规划实践具有积极的指导意义。1979年，甘恩教授出版了他早期旅游规划思想体系的总结性著作《旅游规划》。

该阶段，旅游规划的边缘学科性质日渐显现，更多的其他学科的方法被引入了旅游规划之中，如旅游心理学、旅游社会学等。旅游规划也从传统的静态、确定性规划转变为动态、不确定规划。

4. 快速发展阶段（20世纪80~90年代）

该阶段旅游规划与开发的发展较为迅速，主要表现为旅游规划编制的国家和区域不断增多，旅游规划所涉及的内容日趋系统化，相关的理论研究成果也呈现爆炸式增长的态势。

20世纪80年代是旅游规划研究与实践的大发展时期，旅游规划思想理论得到进一步充实，规划方法日趋多样化。旅游规划不仅在发达国家进一步普及和深化，而且也普及到了许多欠发达国家和地区，同时还出现了旅游规划修编，如夏威夷州旅游规划的修编（1980）。在旅游规划的内容体系上，对旅游规划内容的综合性和系统性有了初步的认识，如甘恩在1988年出版的《旅游规划》第二版中率先提出了旅游系统的概念。

此外，该阶段的相关理论成果和新的研究方法也是层出不穷。如1985年，彼得·墨菲（Peter E. Murphy）出版了《旅游：基于社区的方法》；1986年，盖茨（D. Getz）发表了《理论与实践相结合的旅游规划模型》；1989年，道格拉斯·皮尔斯（Douglas Pearce）出版了《旅游开发》（Tourism Development）。这些学者都阐明了自己对旅游规划与开发的认识，提出了一些新的分析方法和规划手段。其他学术领域的研究成果也迅速为旅游界吸收应用，如旅游地生命周期理论和门槛理论等。至此，旅游规划理论体系基本形成，学术界也基本上达成共识，即认为旅游规划是一门综合性极强的交叉学科，任何其他学科的规划，包括城市规划和建筑规划都无法取而代之。

5. 深入发展阶段（20世纪90年代至今）

旅游规划与开发在经过60多年的发展后，理论和实践经验已经比较丰富了，到20世纪90年代，国外旅游规划已在长期的实践中形成了一定的规划标准与程序，出现了专门从事旅游规划的旅游规划师，旅游规划理论也得到了全面的发展和多方位的完善，并且在旅游规划这门学科上开始有了一个较完整的理论框架。90年代初，美国著名旅游规划学家爱德华·因斯克普（Edward Inskeep）为旅游规划的标准程序框架建立做出了巨大贡献，其代表作《旅游规划：一种综合性的可持续的开发方法》和《旅游度假区的综合开发模式——世界六个旅游度假区开发实例研究》，是面向旅游规划师操作的理论和技术指导性著作。同期，世界旅游组织也出版了《可持续旅游开发：地方规划师指南》。这些著作的问世使旅游规划的内容、方法和程序日渐成熟。

与此同时，旅游规划界对旅游资源开发与保护之间的关系开始加以关注，力求在旅游规划与开发过程中体现可持续发展的思想。生态旅游理念渗透到各种旅游规划之中，逐渐发展成为旅游规划的主流和方向。1992年，澳大利亚学者罗杰·道林（Roger K. Dowling）提出的"从环境适应性来探讨旅游发展规划"的观点，把环境规划和旅游规划融为一体。与此同时，罗伯特·克里斯蒂·米尔

（Robert Christie Mill）、阿拉斯泰尔·莫里森（Alastair M. Morrison）和甘恩等学者也大力强调环境对旅游规划与开发的重要性。1995 年 4 月 27 日，在西班牙加那利群岛蓝沙罗特岛，联合国教科文组织、环境计划署和世界旅游组织共同召开了由 75 个国家和地区 600 余名代表出席的"可持续旅游发展世界会议"，会议通过了《可持续旅游发展宪章》和《可持续旅游发展行动计划》，正式确立了可持续发展的思想方法在旅游资源保护、开发和规划中的地位。此外，旅游市场对于规划与开发的重要性也引起了旅游规划编制者的注意，旅游市场的营销规划也被纳入旅游规划的内容体系中来。

总体来看，20 世纪 90 年代以来国外旅游规划与开发的实践与研究在理念上不断地创新和发展，在规划的内容上不断完善和系统化，呈现出一种向纵深发展的态势。

（二）国内旅游规划与开发的发展历程

我国的旅游规划工作起步较晚，但是发展速度很快。从 20 世纪 70 年代我国现代旅游事业起步开始到目前为止，中国的旅游规划已经基本完成了从单一的政府主导向政府、企业、科研院所等多元化的主体转变，旅游规划从业人员的学科背景也体现出边缘性和多元化的特点，旅游规划研究工作开始逐步与国际先进的规划技术和理念接轨。总体来看，我国的旅游规划与开发的发展历程大致可以分为以下四个阶段：

1. 起步阶段（20 世纪 70~80 年代初）

我国的旅游规划与开发工作基本上与旅游业的发展同步。20 世纪 70 年代中国国家旅游局成立以后，国家建设规划部门开始对城市和景区进行相应的开发规划，出现了风景旅游城市规划和旅游风景名胜区规划等规划类型；林业部门也开始对辖下的森林旅游资源进行森林公园的规划与开发。这些早期编制的规划，大多属于政府行为，由政府部门直接参与，而且参与的规划成员中主要以城市规划或建筑设计规划者为主，没有专业的旅游规划学者。从某一意义上讲，此时所编制的旅游规划属于城市建设规划的范畴。

2. 积累阶段（20 世纪 80 年代中期~90 年代末）

1986 年后，我国旅游业发展迅速，走马观花式的旅游需求成为主流，旅游供给方面却呈现系统性的结构短缺，特别是旅游交通和旅游吸引物的构建（董观志，2010）。政府先后出台了《风景名胜区管理暂行条例实施办法》（1987）、《中国旅游资源普查规范》（1989）、《旅馆设计规范行业标准》（1990）等，这些条例对旅游业的发展起到了一定的实际指导作用，但关注焦点主要停留在资源开发和旅游产品设计等方面。地学背景的学者在该阶段发挥了较为突出的作用。他们凭借在旅游地理学科上的优势，将地理学科的区域性、综合性和实践性与旅游开发与规划结合起来，并积极参与国内旅游开发规划的实践。如郭来喜在1985年主持完成了《河北昌黎黄金海岸开发》；北京大学陈传康等人1986年完成了《广东省陆丰县的海滨旅游资源开发层次结构》以及1987年完成的《丹霞山风景名胜区的旅游开发规划》等（保继刚，1990）①。这些试探性、摸索性的旅游规划工作为日后我国旅游规划的发展积累了经验，产生了深远的影响。

3. 快速发展阶段（20世纪90年代~21世纪初）

在这一阶段，旅游业的快速发展对旅游规划与开发提出了更高的要求。与此相应，旅游规划与开发也进入了以市场需求为导向的产业化规划阶段。旅游开发规划的内容开始注重对旅游客源市场的分析，并开始将旅游业作为一个产业部门，对旅游业及与其相关的各个经济部门进行系统化的规划。旅游规划的成果数量开始逐渐增多，同时旅游规划的编制机构也开始初步显示出多元化的倾向。

1999年中央经济工作会议决定将旅游业作为国民经济新兴的经济增长点来加以培育，使得旅游业在国内的发展迅速升温。旅游业的快速发展引发了旅游业发展进行规划的井喷式需求，全国各地出现了争相编制旅游发展规划的热潮。参与规划编制的人员不再是单一的旅游学专家，同时吸纳了经济学、社会学、生态学、人类学、心理学等学科的专家学者。

但是，这一阶段的快速发展也引发了人们对旅游规划领域内的深层次问题的关注。例如，旅游区同质化现象严重、重复规划、旅游规划主体好坏参差不齐，鱼龙混杂等，这些问题的出现都说明，旅游规划与开发快速成长的同时，需要有相关的监管和保障机制，以切实保证规划的科学性、严谨性与可行性。

4. 提升发展阶段（21世纪初期至今）

2000年形成旅游规划热后，国家旅游局开始加快对旅游规划管理的步伐。2003年5月，《旅游规划通则》《旅游资源分类、调查与评价》和《旅游区（点）质量的评价和划分》三部涉及旅游规划的中华人民共和国国家标准正式开始实施。此外，对于从事旅游规划的单位资质予以了规范。这些都表明旅游规划开始向规划有序的方向发展。与此同时，政府、企业与规划编制单位和机构之间开始形成良好的互动与约束机制，这对我国旅游规划与开发的发展具有重要意义，也是我国旅游规划与开发迈向市场化和国际化的重要一步。

这期间，我国的旅游规划工作者开始大量地学习国际先进的技术和方法。一些基于计算机技术的方法，如全球定位系统、地理信息系统、遥感技术和一些理论，如系统论、控制论等，被引入了旅游规划的编制之中。这些先进的技术工具

---

① 保继刚. 中国旅游地理学的回顾与展望［J］. 地理研究，1990，9（1）：78-86.

与理论方法为我国旅游规划与开发的质量提升起到了很大帮助。同时，不少省市在编制旅游规划时聘请了国外著名的规划公司和国际组织，在竞争和近距离学习的过程中，我国旅游规划与开发的水平进一步得到了发展和提升。

二、国内外旅游规划与开发的发展趋势

随着旅游学科的发展，科学技术的进步，旅游规划与开发的水平在实践中不断提高，其理论研究也在不断丰富。在未来，国内外旅游规划与开发具有以下几方面发展趋势：

（一）全球化发展趋势

经济的全球化和国际旅游业的大力发展加速了旅游规划与开发的全球化进程。一是区域旅游市场竞争范围的日益全球化要求旅游规划与开发必须与国际旅游市场接轨，提高规划的质量，未来的旅游规划与开发将尽可能突出本土特色文化，实现与国际化的交融。二是国家与地区间在旅游发展实务上的交流合作推动了旅游规划编制模式和规划团队的全球化，在未来的旅游规划与开发实践中，国际专家学者共同参与，协同合作是必然的趋势。

（二）市场化发展趋势

从国内外旅游规划与开发的发展过程来看，旅游规划与开发的主角将逐步由政府转向市场，不仅是旅游产品的开发将以市场为导向，旅游规划的编制、旅游开发的经营管理等组织过程也将逐步向市场化运作发展。利用市场化运作可以最大限度满足旅游市场的需求，同时保证旅游规划的综合效益，有利于旅游规划与开发的规范化发展。

（三）创新化发展趋势

创新性是核心竞争力的一个核心指标。旅游规划与开发的创新性发展趋势主要表现在规划理念、项目开发、规划技术方法三方面。随着旅游业的不断发展，将会有更多新的理论不断涌现，旅游规划与开发中的理念也必随之发生改变和创新。在规划的内容上，旅游项目的创新将成为旅游地可持续发展和提高竞争力的关键。同时，现代科学技术的发展将为旅游规划与开发的技术方法带来巨大的变革，尤其是以"3S"技术为代表的新兴规划技术手段，将为规划者提供有力的技术支持。

（四）可持续化发展趋势

旅游涉及政治、经济、社会、文化、环境、心理、审美活动等诸多方面，是一个复杂的系统工程。因此，未来的旅游规划与开发必须系统地综合各种要素，在保证旅游资源可持续开发的同时，努力使旅游者的活动及当地居民的生产和生

活活动与旅游环境融为一体，促进旅游系统的良性循环。

 拓展阅读

《旅游规划通则》，见附录1

 本章小结

1. 旅游规划与旅游开发是两个不同的概念。旅游规划是在调查评价的基础上，结合社会、经济、文化发展趋势以及旅游系统发展规律，以优化总体布局、完善功能结构以及推进旅游系统与社会和谐发展为目的的战略设计和实施的动态过程。旅游开发是以利益的获取为导向，且是一个不断延续的过程。

2. 旅游规划与开发是一门边缘性学科，在实践和研究发展过程中，引入了多学科的理论进入旅游规划的领域，为其不断发展提供理论指引和技术支持。

3. 旅游规划与开发在国外发展较早，在我国基本上与中国旅游业的发展同步。旅游规划与开发工作为我国旅游业的发展做出了巨大贡献，但是，其中仍然存在很多问题亟待解决，最为有效的方法就是学习和借鉴国外成熟的旅游规划与开发经验，展开国内外合作，实现我国旅游规划与开发理论与实践的跨越式发展与创新。

 主要概念

旅游规划；旅游开发

 思考与练习

1. 区别认识旅游规划与旅游开发两者的关系。
2. 旅游规划包括哪些内容？
3. 旅游开发的流程是什么？
4. 简述国外旅游规划与开发的发展经历了哪几个阶段？
5. 新时期旅游规划与开发呈现出了哪些趋势和特点？

 案例分析

案例一　台湾三座高山型公园开发中的困境

台湾玉山高山型公园成立于 1985 年，建设早期因南投县政府对迁移东埔村墓地处理不当而引发"挖祖坟事件冲突"。此后，玉山管理处于 1988 年计划于梅山口征收村民土地兴建游客中心，因为缺乏良性的沟通，造成与村民间强烈对立。1993 年村民请愿要求将东埔村划于公园范围之外。

太鲁阁公园 1986 年建成，台湾的另一座高山公园，自成立以来也爆发了多次原住居民的抗争与冲突事件。1994 年 10 月 17 日居民聚集在管理处前抗议公园设施于原住民的消极影响，争取原住民生存权。

雪霸公园设立于 1992 年，有鉴于玉山及太鲁阁公园设立所引发的诸多问题，雪霸公园在规划时，就将原住民部落与山地保留地划出范围外。原以为此举将可避免原住民抗争事件发生。1991 年 10 月，临近的泰雅族人以雪霸公园范围原本就是传统泰雅族活动的空间，公园设立严重影响其生活空间与进行传统活动的权益；此外，大霸尖山更是泰雅族的圣山，公园的设立是对族人的神圣意识的一种侵犯为由，由当地原住民组成委员会，反对雪霸公园的设立。

思考：

1. 本案例中呈现出在旅游规划与开发过程中所表现出的什么问题。

2. 如何能够妥善地解决这种问题？

3. 这一系列事件对于我们进行旅游开发和编制旅游规划有何启示？

案例二　成都消失了的风景——成都世界乐园

成都世界乐园建于 1994 年，位于成都市西郊（郫县犀浦），213 国道旁，毗邻成灌快铁，距市区 8 千米，占地 700 亩（1 亩＝666.67 平方米），总投资 4.38 亿元，园中荟萃了诸如雄伟壮丽的匈牙利英雄广场、神秘的埃及金字塔、气势磅礴的美国尼亚加拉大瀑布等代表世界各地民族风情特色的景点建筑 108 处。

该乐园 1994 年 8 月 28 日开园，一年下来，世界乐园发现，当年入园游玩的游客人数竟达到了 100 多万人次。"那时这个地方简直就像是大街，一眼望去全是人脑壳，数都数不清。"直至 1998 年，乐园生意最冷清的时候，仍有 60 万人次左右。乐园最辉煌的时期是 1994 年到 1995 年两年间。在最火爆的 1995 年 3 月份，每天游客达 3 万多人，门票收入达 185 万元。"曾经创下一年入园游客超过 100 万

人次的纪录。"

2000年来，世界乐园每年的客流量只有30万人次左右，2003年春节期间，每天也只有两三千人次。到了2003年5月5日，世界乐园宣布关门。2004年，写满成都人记忆的"世界乐园"成了成都纺织高等专科学校的一部分。

思考：

1. 根据材料内容试绘制成都世界乐园旅游地的生命后期曲线示意图，并解释每个转折的涵义。

2. 假如可以重来，成都世界乐园应采取什么措施来避免衰落的结局？

实训设计

集体观看九寨沟宣传片，分组讨论九寨沟开发过程中好的做法和存在的弊端隐患；归纳总结，旅游规划开发过程中应注意的问题。

第二章　旅游资源调查与评价

学习目标

· 了解旅游资源的传统分类方法；
· 了解旅游资源调查的类型；
· 掌握旅游资源的国家标准的分类方法；
· 掌握旅游资源调查的内容；
· 掌握旅游资源调查的类型及程序；
· 掌握旅游资源的评价内容；
· 掌握旅游资源的评价方法体系。

重点和难点

· 重点：旅游资源的国家标准的分类方法、旅游资源调查的内容、旅游资源评价的内容
· 难点：旅游资源调查和旅游资源评价方法的运用

本章内容

· 旅游资源分类

·旅游资源调查
·旅游资源评价

案例导读

"泰宁现象"的奇迹[①]

泰宁位于福建省西北部，隶属三明市，全县现辖3镇8乡，总面积1 540平方千米，人口12.7万。在过去，泰宁是一个经济落后、交通闭塞的山区小县，而在短短的10年里，泰宁旅游从无到有，拥有了8个国家级旅游品牌，从取得"国家AAAA级旅游区"，到创建"中国优秀旅游县"，再到"世界地质公园"，实现了3次大跨越，从国内走向了世界，仅仅用了4年时间，这个奇迹被称为"泰宁现象"。

泰宁旅游业取得成功，与从上至下的重视旅游资源的开发是密不可分的，在旅游开发过程中，泰宁县注重对旅游资源的挖掘和梳理，于2004年1月开始开展了全县旅游资源普查工作。为了保证普查成果的准确性，普查活动使用了大量科技手段，如GPS定位、数码摄影、计算机录入、数据库管理等先进方法。通过此次资源普查，对泰宁县旅游资源做出了科学的评价，为泰宁县旅游业的发展提供了完备的基础资料，还为政府出台旅游政策和资源保护管理措施提供了依据。因此政府先后投入1 000多万元，聘请全国著名专家学者，编制各类规划50余项，坚持旅游开发建设做到高起点规划，高标准开发，高质量建设，旅游产品开发精益求精，优先把最具代表性的"湖、溪、潭、谷、城"景观体系推向市场，得到旅客的充分认可，也为泰宁旅游业的腾飞发展奠定了良好的基础。

第一节 旅游资源分类

旅游资源是构成旅游业发展的基础，我国旅游资源种类丰富，具有广阔的开发前景。为了开发、利用旅游资源，更大限度地满足旅游者的需求和取得良好效益，必须对旅游资源的系统构成进行科学的认识。因此，对旅游资源进行准确的界定和科学的分类，是一项非常重要的基础性工作。

---

① 郑耀星. 旅游资源学［M］. 北京：北京大学出版社，2009.

一、旅游资源分类的目的与原则

（一）旅游资源分类的目的

所谓分类，是指根据事物的特点分别归类。它是根据分类对象的共同点和差异点，将对象区分为不同种类的一种逻辑方法。旅游资源的分类，是根据旅游资源的相似性和差异性进行归并或划分出具有一定从属关系的不同等级类别的工作过程。在所划分出的每一种类别（类型）中，其属性上彼此有相似之处，不同类别（类型）之间则存在着一定的差异。

旅游资源分类有利于服务旅游资源开发与保护、旅游规划与项目建设、旅游行业管理与旅游法规建设、旅游资源信息管理与开发利用等方面。

（二）旅游资源分类的原则

分类的原则是分类的准绳和标准，只有遵循一定的原则才能保证分类的科学性和实用性。旅游资源分类应该遵循以下原则：

1. 景观属性原则。旅游业开发利用的旅游资源往往不是单独的某一要素或景象，而是由一定数量和特色的各种旅游资源在一定地域空间组合成的综合景观。因此，旅游资源的分类应从旅游资源的基本概念及内涵出发，在确定旅游资源分类的范围和内容的前提下，以旅游资源景观属性、吸引价值等作为主要指标，对旅游资源进行科学的分类。

2. 相似性与差异性原则。将具有相同属性或相似属性的旅游资源归为一类，按照分类依据所划分出的同一级同一类型旅游资源必须具有共同的属性，不同类型之间应具有一定的差异性。

3. 逐级划分的原则。旅游资源是一个复杂的系统，可以分为不同级别、不同层次的亚系统。通过分级与分类相结合的原则，逐级进行分类，避免出现越级划分的逻辑性错误。

4. 对应原则。旅游资源分类逐级划分出的类型，上一级类型在内容上应涵盖全部下一级类型的内容，下一级类型的内容不得超出上一级类型的内容，上下级类型的内容应相互对应。

二、旅游资源分类的方法与步骤

（一）旅游资源分类的方法

由于旅游资源存在形态的多样性，所涉及的学科范围较广，因此，国内众多的学者从不同的角度（如依据形态、成因、旅游功能、旅游活动性质、市场特点、开发状态等）提出了不同的分类方法。本教材依据旅游资源的分类原则，出于简明扼要、应用方便、归类明确的考虑，列举其中主要的分类方法。

1. 按照旅游资源的基本属性划分

在旅游资源研究中，按照旅游资源的属性，可以把其分为自然景观和人文景观两大类，在两大类的基础上再划分出各自不同的基本类型，以及进一步列出不同类型下的具体旅游资源种类。常见的分类系统如下：

自然旅游资源：①地质地貌类，包括岩石、化石、地层、构造遗迹、地震灾变遗迹、山岳峡谷、火山、岩溶、海岸与岛礁、干旱区景观、冰川；②水域风光类，包括风景河段、漂流河段、湖泊、瀑布、泉、潮汐；③生物景观类，包括植物、动物、自然保护区、动植物及其田园风光；④天象与气象气候类，包括冰雪雾凇气象、宜人气候、天象奇观。

人文旅游资源：①古迹与建筑类，包括各类古遗址、古建筑、古典园林；②宗教与陵寝类，包括宗教文化及遗址、古代陵寝；③城镇类，包括历史文化名城、特色城镇与村落、现代化都市；④现代景观类，包括大型工程、博物馆、公园、游乐场、娱乐康体设施等；⑤民俗风情类，包括节会庆典、民间工艺、习俗、服饰等；⑥文化艺术类，包括文学、曲艺、书法、碑碣楹联等；⑦购物饮食类，包括特产、著名店铺、佳肴等。

这种分类方式是目前最常见、应用较为广泛的一种分类体系，常称为"二分法"分类。需要指出的是，自然旅游资源和人文旅游资源之间既有明显的区别，又有一定的联系。除此之外，也有学者在"二分法"的基础上提出"三分法"的分类方案，即分为自然旅游资源、人文旅游资源和社会旅游资源。

2. 按照旅游资源的功能划分

按照旅游资源的功能划分，其主要目的在于充分认知旅游资源的作用，为未来的旅游开发提供服务。

（1）观光游览型旅游资源

它包括优美的自然风光、著名的古建筑、特色城镇风貌、园林建筑、珍稀动植物等。主要供旅游者观光游览和鉴赏，从中获得各种美感享受。

（2）文化知识型旅游资源

它包括文物古迹、博物展览、宗教文化、自然奇观等。旅游者从中可以获得一定的文化科学知识，开阔眼界，增长阅历。

（3）参与体验型旅游资源

它包括民风民俗、节庆活动、漂流攀岩、冲浪赛马、宗教仪式等。这类资源主要强调旅游者的参与。旅游者亲身参与活动，从中获得乐趣。

（4）康乐疗养型旅游资源

它包括度假疗养、康复保健、温泉健身、人造乐园等。旅游者从中可以得到体质的恢复与提高，或者得到对某种疾病的治疗，并且在旅游活动中获得快乐。

（5）购物型旅游资源

它包括各种旅游纪念品、工艺品、土特产品等旅游商品，主要满足旅游者购物的需求。

（6）情感型旅游资源

它包括名人故居、名人陵墓、各类纪念地等。可供开展祭祖、探亲访友、缅怀古人等旅游活动。这类旅游资源能够满足旅游者情感上的需求，借景表达旅游者的思古之情、缅怀之情、瞻仰之情、仇恨之情等感情。

 **小资料**

汶川地震纪念馆

2008年5月12日14时28分，四川汶川发生8.0级的强力地震，汶川大地震共造成69 227人死亡，374 643人受伤，17 923人失踪。汶川地震是中华人民共和国成立以来破坏力最大的地震，也是唐山大地震后伤亡最惨重的一次。地震过后，各地为纪念汶川大地震，为研究地质构造、预防地质灾害提供科学依据，同时为纪念亡灵，警示后人而设立各类博物馆、展览馆。如：北川国家地震遗址博物馆、建川博物馆——汶川大地震博物馆、5·12汶川特大地震纪念馆等。

北川国家地震遗址博物馆包括三大重要组成部分：地震博物馆及综合服务区、北川县城遗址保护区和唐家山堰塞湖（次生灾害展示与自然恢复区）。地震博物馆及综合服务区选址在四川任家坪，地震博物馆主体位于原北川中学校址，设计主题为"永恒的记忆"，包含地震破坏威力、抗震救灾事迹、人类无私大爱以及各种地震知识的记忆。

建川博物馆——汶川大地震博物馆，位于四川大邑县安仁古镇，2009年5月11日开放，属于民间博物馆，包括汶川大地震遗址博物（纪念）馆、纪念地及地震文物。在博物馆里主要体现了六个方面内容即勇气、敬畏、大爱、人本、开放和哭腔。

5·12汶川特大地震纪念馆，位于绵阳市北川县曲山镇，2010年12月28日开工建设。纪念馆占地14.23万平方米，主体建筑名为"裂缝"，寓意"将灾难时刻闪电般定格在大地之间，留给后人永恒的记忆"。纪念馆目前已征集文物资料

119 860 件，上展实物 5 230 件，上展照片 837 张，还有场景展示、沙盘展示、模型展示，以及多媒体展示等。

3. 按照旅游资源的吸引力级别划分

（1）世界级旅游资源

世界级旅游资源的吸引力最强，影响范围覆盖全球。其中包括进入《世界遗产名录》的旅游资源，纳入《世界自然保护区》目录的旅游资源和进入《世界地质公园》名单的旅游资源等。

（2）国家级旅游资源

国家级旅游资源具有较强的吸引力，在国内具有较高的知名度，具有重要的观赏和科学研究价值。它包括国家级重点风景名胜区、国家级森林公园、国家级重点文物保护单位、国家级地质公园，以及旅游部门、农业部门、水利部门确定的 5A、4A 等旅游区点，国家级花卉博览园、水利风景旅游区等。

（3）省、市级旅游资源

它包括各省、市已审定和公布的省级重点风景名胜区、森林公园、自然保护区、文物保护单位等。这些旅游资源在其所在的省、市内具有较高的知名度与美誉度，主要客源为本省、市的居民。

（4）县级及以下旅游资源

这类旅游资源的等级相对较低，在县级以下的区域内具有较高的知名度与美誉度，通常为本地居民和周边地区居民在每日闲暇时间和周末的休闲旅游场所。

4. 按照旅游资源特性与游客体验划分

根据旅游资源特性（含资源的区位特性）及游客体验的不同，可将旅游资源划分为以下三类：

（1）利用者导向游憩资源（市场推动型）

利用者导向游憩资源（市场推动型）即根据市场上利用者的使用导向来进行开发与利用的旅游资源，以满足利用者的需求并保证资源价值的实现。这类资源拥有良好的区位条件，靠近利用者集中的人口密集、经济发达地区，开发效益回报高。此类资源满足人们的日常休闲需求，如球场、动物园、一般性公园等，一般在距离城市 60 千米范围内。

（2）资源基础型游憩资源（资源依托型）

资源基础型游憩资源（资源依托型）即以资源为基础来进行开发和利用的旅游资源，高品位的资源是此类旅游资源的核心。这类旅游资源对游客吸引力强，可以使游客获得自然的体验，主要在旅游者的中长期度假中得到利用。这类资源的缺点是区位偏远、距离主要客源市场较远、地区经济发展水平低、旅游淡旺季明显、设备闲置期长等。资源基础型游憩资源（资源依托型）的投资效益不一定很高，投资者对于这类旅游资源的开发往往比较谨慎。

（3）中间型游憩资源（资源-市场兼顾型）

资源—市场兼顾型旅游资源介于两者之间，兼有两者的优势和不足，主要为短期（1日游或周末度假）游憩活动所利用。

5. 按照旅游资源的结构划分

根据旅游资源的结构，可将其分为旅游景观资源和旅游经营资源。旅游景观资源又可分为自然旅游景观资源、人文旅游景观资源和社会民俗资源；旅游经营资源又可分为旅游用品资源、旅游食宿资源和旅游人力资源等。

6. 按照旅游资源的景观组合划分

此类划分方式与旅游资源的特色相结合，具有较强的实用性，主要分为自然景观旅游资源类型和人文景观旅游资源类型。其中自然景观旅游资源类型包括水光山色、奇洞异石、流泉飞瀑、阳光海滩、气象与气候、生物景观等。人文景观旅游资源类型包括历史遗迹、民族风情、城乡风光、旅游商品等。

7. 按照旅游资源的增长情况划分

（1）可再生旅游资源。可再生旅游资源指可以重新利用的资源或者在短时期内可以再生，并可持续被利用的资源。如动植物旅游资源。

（2）不可再生旅游资源。不可再生旅游资源指旅游资源一旦因使用过度或管理不善而遭到破坏，其损失将无法挽回，纵然设法采取人工措施进行补救，也无法通过重新再造使其能够真正复原。如地质地貌、工程建筑等旅游资源。

（3）可更新旅游资源。可更新旅游资源指通过不断的生产或其他人为因素，可长期获得的资源。如某些人文景观及旅游商品。

（二）旅游资源分类的步骤

旅游资源具有多样性，且分类方式方法多元化，因此在收集旅游资源基础资料的基础上，按以下步骤进行分类：

第一，确定分类的目的要求。明确通过对旅游资源的分类想达到的目的，明确是普通的一般性旅游资源分类，还是有特殊目的要求的专门性旅游资源分类。然后结合实际确定旅游资源的分类原则和依据。

第二，初步建立分类系统。这一过程可以采用由上而下的逐级划分和由下而上的逐级归并相结合的方法进行，把各种旅游资源分别归入不同类型。

第三，完善分类系统。在初步分类、建立分类系统的基础上，再逐级对比分析是否符合分类原则和目的要求，所采用的依据是否恰当，分类系统是否包含了所有的旅游资源。如有不妥之处，应进行补充、调整，最后形成一个符合要求的科学的分类系统。

第四，完成简要说明。其内容包括旅游资源分类的目的、要求、原则、依据、特殊说明以及分类结果等。

三、旅游资源的国家标准分类方法

旅游资源的国家标准分类主要按照旅游资源的基本属性进行划分，该分类标准较为全面和系统，是旅游规划与开发过程中最常用的旅游资源分类方法。该标准分类可以适用于各类型旅游区（点）的旅游资源开发与保护、旅游规划与项目建设、旅游行业管理与旅游法规建设以及旅游资源信息管理与开发利用等方面。

在《中国旅游资源普查规范》（试行稿，1992）的基础上，经过多年的实践和修订，中国科学院地理科学与资源研究所、国家旅游局规划发展与财务司完成了《旅游资源分类、调查与评价》。2002 年 6 月 16 日，国家旅游局、国家标准化管理委员会在宜昌召开会议，原则上通过了《旅游资源分类、调查与评价》国家标准草案，后经修改，并确认为国家标准 GB/T 18972 - 2003（以下简称《国标》），自 2003 年 5 月 1 日起施行。

《国标》依据旅游资源的性状，即现存状况、形态、特性、特征来划分，将稳定的、客观存在的实体旅游资源和不稳定的、客观存在的事物和现象分为"主类""亚类""基本类型"3 个层次。其中主类包含 8 个、亚类包含 31 个、基本类型包含 155 个。8 个主类分别是地文景观类、水域风光类、生物景观类、天象与气候景观类、遗址遗迹类、建筑与设施类、旅游商品类、人文活动类。具体分类，详见表 2.1。

地文景观类，共 5 个亚类，37 个基本类型。

水域风光类，共 6 个亚类，15 个基本类型。

生物景观类，共 4 个亚类，11 个基本类型。

天象与气候景观类，共 2 个亚类，8 个基本类型。

遗址遗迹类，共 2 个亚类，12 个基本类型。

建筑与设施类，共 7 个亚类，49 个基本类型。

旅游商品类，共 1 个亚类，7 个基本类型。

人文活动类，共 4 个亚类，16 个基本类型。

表 2.1　　《旅游资源分类、调查与评价》（GB/T 18972-2003）分类表

主类	亚类	基本类型
A 地文景观	AA 综合自然旅游地	AAA 山丘型旅游地 AAB 谷地型旅游地 AAC 沙砾石地型旅游地 AAD 滩地型旅游地 AAE 奇异自然现象 AAF 自然标志地 AAG 垂直自然地带
	AB 沉积与构造	ABA 断层景观 ABB 褶曲景观 ABC 节理景观 ABD 地层剖面 ABE 钙华与泉华 ABF 矿点矿脉与矿石积聚地 ABG 生物化石点
	AC 地质地貌过程形迹	ACA 凸峰 ACB 独峰 ACC 峰丛 ACD 石（土）林 ACE 奇特与象形山石 ACF 岩壁与岩缝 ACG 峡谷段落 ACH 沟壑地 ACI 丹霞 ACJ 雅丹 ACK 堆石洞 ACL 岩石洞与岩穴 ACM 沙丘地 ACN 岸滩
	AD 自然变动遗迹	ADA 重力堆积体 ADB 泥石流堆积 ADC 地震遗迹 ADD 陷落地 ADE 火山与熔岩 ADF 冰川堆积体 ADG 冰川侵蚀遗迹
	AE 岛礁	AEA 岛区 AEB 岩礁
B 水域风光	BA 河段	BAA 观光游憩河段 BAB 暗河河段 BAC 古河道段落
	BB 天然湖泊与池沼	BBA 观光游憩湖区 BBB 沼泽与湿地 BBC 潭池
	BC 瀑布	BCA 悬瀑 BCB 跌水
	BD 泉	BDA 冷泉 BDB 地热与温泉
	BE 河口与海面	BEA 观光游憩海域 BEB 涌潮现象 BEC 击浪现象
	BF 冰雪地	BFA 冰川观光地 BFB 常年积雪地
C 生物景观	CA 树木	CAA 林地 CAB 丛树 CAC 独树
	CB 草原与草地	CBA 草地 CBB 疏林草地
	CC 花卉地	CCA 草场花卉地 CCB 林间花卉地
	CD 野生动物栖息地	CDA 水生动物栖息地 CDB 陆地动物栖息地 CDC 鸟类栖息地 CDE 蝶类栖息地
D 天象与气候景观	DA 光现象	DAA 日月星辰观察地 DAB 光环现象观察地 DAC 海市蜃楼现象多发地
	DB 天气与气候现象	DBA 云雾多发区 DBB 避暑气候地 DBC 避寒气候地 DBD 极端与特殊气候显示地 DBE 物候景观
E 遗址遗迹	EA 史前人类活动场所	EAA 人类活动遗址 EAB 文化层 EAC 文物散落地 EAD 原始聚落
	EB 社会经济文化活动遗址遗迹	EBA 历史事件发生地 EBB 军事遗址与古战场 EBC 废弃寺庙 EBD 废弃生产地 EBE 交通遗迹 EBF 废城与聚落遗迹 EBG 长城遗迹 EBH 烽燧

表2.1(续)

主类	亚类	基本类型
F 建筑与设施	FA 综合人文旅游地	FAA 教学科研实验场所 FAB 康体游乐休闲度假地 FAC 宗教与祭祀活动场所 FAD 园林游憩区域 FAE 文化活动场所 FAF 建设工程与生产地 FAG 社会与商贸活动场所 FAH 动物与植物展示地 FAI 军事观光地 FAJ 边境口岸 FAK 景物观赏点
	FB 单体活动场馆	FBA 聚会接待厅堂（室）FBB 祭拜场馆 FBC 展示演示场馆 FBD 体育健身馆场 FBE 歌舞游乐场馆
	FC 景观建筑与附属型建筑	FCA 佛塔 FCB 塔形建筑物 FCC 楼阁 FCD 石窟 FCE 长城段落 FCF 城（堡）FCG 摩崖字画 FCH 碑碣（林）FCI 广场 FCJ 人工洞穴 FCK 建筑小品
	FD 居住地与社区	FDA 传统与乡土建筑 FDB 特色街巷 FDC 特色社区 FDD 名人故居与历史纪念建筑 FDE 书院 FDF 会馆 FDG 特色店铺 FDH 特色市场
	FE 归葬地	FEA 陵区陵园 FEB 墓（群）FEC 悬棺
	FF 交通建筑	FFA 桥 FFB 车站 FFC 港口渡口与码头 FFD 航空港 FFE 栈道
	FG 水工建筑	FGA 水库观光游憩区段 FGB 水井 FGC 运河与渠道段落 FGD 堤坝段落 FGE 灌区 FGF 提水设施
G 旅游商品	GA 地方旅游商品	GAA 菜品饮食 GAB 农林畜产品与制品 GAC 水产品与制品 GAD 中草药材及制品 GAE 传统手工产品与工艺品 GAF 日用工业品 GAG 其他物品
H 人文活动	HA 人事记录	HAA 人物 HAB 事件
	HB 艺术	HBA 文艺团体 HBB 文学艺术作品
	HC 民间习俗	HCA 地方风俗与民间礼仪 HCB 民间节庆 HCC 民间演艺 HCD 民间健身活动与赛事 HCE 宗教活动 HCF 庙会与民间集会 HCG 饮食习俗 HGH 特色服饰
	HD 现代节庆	HDA 旅游节 HDB 文化节 HDC 商贸农事节 HDD 体育节
数量统计		
8 主类	31 亚类	155 基本类型

注：如果发现本分类没有包括的基本类型时，使用者可自行增加。增加的基本类型可归入相应亚类，置于最后，最多可增加2个。编号方式为：增加第1个基本类型时，该亚类2位汉语拼音字母+Z、增加第2个基本类型时，该亚类2位汉语拼音字母+Y。

小知识

GB 和 GB/T 的区别

GB 为国家强制性国家标准，即"国标"的汉语拼音缩写，为中华人民共和国国家标准的意思。编号由国家标准的代号、国家标准发布的顺序号和国家标准发布的年号（采用发布年份的后两位数字）构成。国家标准是指由国家标准化主管机构批准发布，对全国经济、技术发展有重大意义，且在全国范围内统一的标准。强制性国标是保障人体健康、人身、财产安全的标准和法律及行政法规规定强制执行的国家标准。GB/T 是指推荐性国家标准（GB/T），"T"是推荐的意思。推荐性国标是指生产、交换、使用等方面，通过经济手段调节而自愿采用的一类标准，又称自愿标准。

知识卡片

历史名人旅游资源分类①

旅游资源分类方法不仅仅局限于本文所描述，有些旅游资源因其特殊性，需采用特殊的分类方法和标准。如历史名人旅游资源，此类专项旅游资源采用产品倒推资源（即 P-R）的方式归纳资源的基本类型。通过此方法，将历史名人旅游资源分为三大类，一是历史名人故里、故居、遗址等名人物质载体；二是历史名人核心精神；三是历史名人其他非物质遗存，包括历史故事、神话传说，以及其他口头演绎等。三大类下又划分23亚类，详见表2.2。

---

① 王玉玲，陈冬冬，汪惠萍. 历史名人旅游资源分类与评价研究 [J]. 资源开发与市场，2014，30（10）：1 278-1 280.

表 2.2　　　　　　　　　　历史名人资源分类

主类	亚类	基本类型
相关物质载体	名人故里	生活或活动遗迹、山水、风物等
	名人故居	宅院、居室、陈设、园林等
	相关建筑	楼阁、庙宇、祠堂、纪念馆等
	遗址遗迹	事件遗迹、史迹发生地、到访地等
	名人墓葬	陵墓、享堂、碑林、题词、雕塑等
	史籍资料	文物古籍、书籍图片、字画音像等
	名人遗物	衣饰、用具、器物、封赏品等
名人核心精神	政治思想	政治主张、信念、政绩、政治观等
	经济文化	经济认知、主张、经济哲学等
	科研探索	科学影响、思想、科技发明发现等
	教育文化	教育主张、教育理念、教化思想等
	军事文化	军事韬略、武德精神、军事观等
	宗教文化	宗教哲学、教义精神、宗教伦理等
	艺术文化	艺术流派、思想风尚、艺德精神等
	文学精神	文学地位、思想风格、作品形象等
	传统文化	行为规范、价值观念、社会风尚等
	反面启迪	反面教训、影响、争议、启迪等
其他非物质遗存	史籍史事	相关事件、活动言行、风格容貌等
	轶事传说	相关轶事、故事、神话、风俗等
	封号名号	封号、谥号、民间绰号、或笔名等
	社会声望	声望、影响以及后世的评价等
	相关学术	与相关学科或领域的渊源及贡献
	相关演绎	由名人演绎的虚构形象、神话故事、社会风俗、物品命名等

第二节　旅游资源调查

　　旅游资源调查是一项最基本的工作，调查的范围，既包括旅游资源本身，又包括相关的影响因素，且必须采用科学的方法和手段。

一、旅游资源调查的目的与意义

（一）旅游资源调查的目的

旅游资源调查的目的在于围绕旅游业发展需要，运用科学的方法和手段，有目的、有系统地收集、记录、整理、分析和总结旅游资源及其相关因素的信息与资料，以确定旅游资源的类型、数量、特点、性质、未来经济价值、可开发程度、生态环境等。为旅游资源的综合评价、旅游资源的开发、旅游规划、旅游业的发展提供决策依据，并为旅游经营管理者提供客观的决策依据，以此促进地区旅游产业经济的快速持续发展。

（二）旅游资源调查的意义

旅游资源调查是进行旅游资源评价、合理开发与利用和保护旅游资源的最基本工作，具有重要意义。第一，通过对旅游资源的调查，可以了解一个地区旅游资源的存量状况。摸清旅游资源的现状，为进行旅游资源评价和开发做好基础工作，掌握可靠的第一手资料，对于区域旅游业的发展起着至关重要的作用。第二，通过旅游资源调查，可以对旅游资源进行全面的诊断。通过诊断认清旅游资源的空间特征、时间特征、经济特征、文化特征等，还可以了解旅游资源的功能价值，旅游资源的时代变异性等。第三，通过旅游资源调查，能够充实和完善旅游资源信息系统，为当地的政法、旅游行政管理部门、旅游企业提供决策依据。第四，通过旅游资源调查，可以比较全面地掌握地区旅游资源开发、利用和保护的现状，有利于推动区域旅游资源的管理工作，制定切实可行的旅游资源保护措施。

二、旅游资源调查的要求与原则

（一）旅游资源调查的要求

旅游资源调查的要求按照国家标准《旅游资源分类、调查与评价》（GB/T18972 -2003）规定的内容和方法进行调查。保证旅游资源调查的成果质量，强调整个运作过程的科学性、客观性、准确性，并尽量做到内容简洁和量化。充分利用与旅游资源有关的各种资料和研究成果，完成统计、填表和编写调查文件等工作。调查方式以收集、分析、转化、利用这些资料和研究成果为主，并逐个对旅游资源单体进行现场调查核实，包括访问、实地观察、测试、记录、绘图、摄影，必要时进行采样和室内分析。

（二）旅游资源调查的原则

1. 市场导向性原则

调查旅游资源，是为开发旅游资源提供客观科学的决策依据，最终让其形成满足游客需求的旅游产品。旅游资源调查应坚持市场导向性原则，贯彻为旅游业服务的思想，根据客源市场现实和潜在的需求，选择值得开发的旅游资源进行调查。

2. 综合调查原则

旅游资源的调查涉及众多学科的理论与实践。一方面，调查人员的学科背景结构要多元化，涵盖旅游、历史、地理、经济、管理、环境等学科的专业人员；另一方面，要对调查区域内的自然景观资源、人文景观资源以及所依托的经济、社会、交通条件的客观状况和地理背景等进行全面的调查与分析，以获得综合、系统的资料。

3. 选择性原则

旅游资源调查的内容应有选择性，突出重点，结合区域当前开发的需要、经济实力和技术力量，决定调查内容的多少、调查规模的大小和重点调查区域。根据市场需求，经济发展驱动力的大小，选择有价值的旅游资源单体进行充分的调查。

4. 保护性原则

旅游资源不可再生性的特点决定了对旅游资源保护的重要性，旅游资源一旦遭到破坏可能将不复拥有，无法实现旅游资源的永续利用。对旅游资源的保护必须长期坚持，从最初的调查，到中期的开发，再到后期的使用都需贯彻保护思想，不让旅游资源受到破坏。

三、旅游资源调查的类型与内容

（一）旅游资源调查的类型

按照国标即《旅游资源分类、调查与评价》（GB/T18972 - 2003）要求，旅游资源调查分为旅游资源详查和旅游资源概查两个档次，两者在调查方式和精度要求上有所不同。在实际的工作中，根据工作需要，可以把旅游资源的调查分为旅游资源概查、旅游资源普查、旅游资源详查、旅游资源典型调查和旅游资源重点调查。

1. 旅游资源概查

概查是指对旅游资源的概略性调查或探测性调查。概查以定性为主，主要目的是对大区域的旅游资源进行调查，以确定旅游资源的类型、分布、规模和开发程度。该调查主要适用于了解和掌握特定区域或专门类型的旅游资源调查。在调查对象上，只需对涉及的旅游资源单体进行调查；在调查过程中，可以简化工作程序，不需要成立调查组，调查人员由其参与的项目组织协调委派；在调查内容上，只需调查限定在与专门目的所需要的范围；在调查成果形式上，可以不填写或择要填写"旅游资源单体调查表"等。

2. 旅游资源普查

普查是为了某种特定的目的而专门组织的一次性的全面调查，是对统计总体的全部单位进行调查以收集统计资料的工作。旅游资源的普查一般是在概查的基础上进行的，是对一个旅游资源开发区或远景规划区内的各种旅游资源进行综合调查。由于普查涉及面广、调查单位多，需要耗费大量的人力、物力和财力，但因是以实地考察为主，所以获得的数据一般比较准确，规范化程度也较高。

3. 旅游资源详查

旅游资源的详查一般是在概查和普查的基础上进行的，是对区域内所有的旅游资源单体进行的更为详尽和全面的实地考察。旅游资源调查程序包括调查准备、和实地调查两个阶段，要求对全部旅游资源单体进行调查，提交全部"旅游资源单体调查表"。

4. 旅游资源典型调查

旅游资源典型调查是根据调查目的和要求，在对旅游资源进行初步分析的基础上，有意识地选取少数具有代表性的典型旅游资源进行深入细致的调查研究，借以认识同类事物的发展变化规律及本质的一种非全面调查。旅游资源典型调查是一种定性研究，难以进行定量研究，且调查方式方便、灵活，可以节省时间、人力和经费。

5. 旅游资源重点调查

旅游资源重点调查是指在全体旅游资源中选择一部分重点旅游资源进行调查，以取得统计数据的一种非全面调查方法。通过对部分重点旅游资源进行调查所取得的统计数据能够在一定程度上反映全体旅游资源的基本情况和发展基本趋势。旅游资源重点调查投入少、调查速度快、所反映的主要情况或基本趋势比较准确，通常用于不定期的一次性调查，但有时也用于经常性的连续调查。

（二）旅游资源调查的内容

旅游资源的调查作为旅游规划与开发的前期工作，应收集尽可能详细的资料。因此旅游资源调查的内容复杂且繁多，涉及与旅游活动有关的方方面面，对其调查既要注重旅游资源自身的各种情况，也要关注资源地外界环境的现状与发展变化。

1. 旅游资源环境调查

（1）自然环境调查

自然环境是指人类生存和发展所依赖的各种自然条件的总和，包括人类生活的生态环境、生物环境和地下资源环境。自然环境调查包括：

①调查区概况。调查区的名称、地域范围、面积、行政区划等内容。

②地质地貌要素。调查记载调查区岩石、地层、地质构造、地形地貌的分布特征、发育规律和活动强度，对调查范围的总体地质地貌特征有全面概括的了解。

③水体要素。调查区的主要水体类型，各类水体的水质、水量的变化情况、利用情况以及已发生和可能发生的水灾害及其对旅游资源的不利影响等。

④气象气候要素。调查区的气候类型、气温（年均温、极高温、极低温）、盛行风、年降雨量及降雨量的时空分布、光照强度、湿度、大气成分、气候特色及污染情况等。

⑤动植物要素。调查区内动物和植物的特征与分布，具有观赏价值的动物和植物的类型和数量，特定生存环境下存在的珍稀动物和植物，调查其分布数量、生长特性和活动规律，可供游人观赏的客观条件和防护措施等。

（2）人文环境调查

人文环境是一定社会系统内外文化变量的函数，是社会本体中隐藏的无形环境。包括人口、民族、聚落、政治、社团、经济、交通、军事和社会行为等成分。人文环境调查包括：

①历史沿革：调查区的历史发展脉络，包括建制形成、行政区划的历次调整、重大历史事件、区内名人及其活动、经历对当地的影响等。

②经济环境：主要是指一个国家或地区的社会经济制度、经济发展水平、产业结构、国民经济发展状况、国内生产总值、居民收入水平、工农业生产总值及构成状况、劳动力结构、物资资源状况、消费水平、消费结构、失业率及经济发展动态等。

③社会文化环境：是指所处的社会结构、社会风俗和习惯、信仰和价值观念、行为规范、生活方式、文化传统、人口规模与地理分布等因素的形成和变动。主要了解调查区学校、邮电通讯、医疗环卫、安全保卫、民族分布等基本情况，清楚当地人民的职业构成、受教育程度、文化水平、宗教信仰、风俗习惯、社会审美观念、价值观念、文化禁忌以及应用新技术、新工艺、新设备的情况等。同时还应调查当地的旅游氛围，接受新事物的能力和对发展旅游业的态度。

（3）环境质量调查：环境质量是环境系统客观存在的一种本质属性，包括自然环境质量和社会环境质量，可以用定性和定量的方法，加以描述的环境系统所处状态。主要调查影响旅游资源开发与利用的环境保护情况，包括工矿企业生产、生活、服务等人为因素造成的大气、水体、土壤、噪声污染状况和治理程度，以及自然灾害、传染病、放射性物质、易燃易爆物质等状况。

2. 旅游资源状况调查

（1）类型调查：按照分类分级的方法，把调查区内的旅游资源进行分类和归类，以便更加明晰地认识旅游资源。

（2）规模调查：调查包括调查区内资源类型的数量、分布范围、面积、密集程度，以及各级风景名胜区、文物保护单位、自然保护区和森林公园的规模情况。

（3）组合结构调查：了解调查区内旅游资源的组合结构，以及旅游资源空间上的组合机构。包括自然景观与人文景观的组合，自然景观内部的组合和人文景观内部的组合。

（4）特征调查：调查了解调查区内各种类型旅游资源的特色之处、独特之处，为后续的旅游开发提供依据。

（5）成因调查：在开展资源调查时，要了解旅游资源的形成原因、发展历史、存在时限、利用的可能价值，以及自然与人文相互依存的因果关系等。

3. 旅游资源开发现状调查

旅游资源按开发程度可分为已开发旅游资源、待开发旅游资源和潜在旅游资源。调查开发现状包括：旅游资源现在的开发状况、项目、类型、时间、季节、旅游人次、旅游收入、消费水平以及周边地区同类旅游资源的开发比较、开发计划等。

4. 旅游资源开发条件调查

（1）政策法规调查：主要了解调查区内影响和制约旅游资源开发、管理的方针、政策。包括地区经济政策的连续性与稳定性，社会经济发展规划，对外政策的调整变化，旅游机构的设置变动，以及资源法、旅游法、环境保护法、旅游管理条例和旅游管理措施等的执行情况。

（2）旅游要素调查：调查了解旅游活动所涉及的食、住、行、游、购、娱六大要素的情况，如包括公路、铁路、水路、航空的交通状况，包括饭店、旅馆、别墅、度假村、游船旅馆等多种住宿设施的规模、数量、档次、功能、分布情况，包括餐馆的规模、数量、档次、分布情况等。

（3）客源市场调查

①调查旅游者的数量。包括调查外国人、华侨、港澳台同胞、国内外地游客和本地游客的数量、国籍、年龄、性别、职业、入境方式、分布地区等。了解最大和最小日客流量、月客流数、季客流量和年客流量。了解游客滞留时间、过夜

人数、自费与公务旅游的比例、团队与散客旅游的比例等。

②调查旅游收入。调查统计旅游者在吃、住、行、游、购、娱等方面的消费构成，人均消费水平，调查日、月、季、年的旅游收入，海外游客创汇收入，国内游客旅游收入，以及旅游收入在当地国民经济中的比重、产生的社会贡献率等。

（4）竞争优势调查

调查了解邻近地区旅游业的基本状况，清楚调查区内旅游资源的优势和劣势，掌握与邻近地区旅游业发展的结合和互补情况，分析邻近资源与区域内资源的相互联系、所产生的积极和消极因素。

四、旅游资源调查的程序与方法

（一）旅游资源调查的程序

旅游资源调查是一项周期长、耗资大、技术含量高、成果科学性要求高的工作，从实践的程序上可分成四个阶段。

1. 调查准备阶段

（1）组织准备：确定调查人员，成立调查组。旅游资源调查小组一般由旅游规划开发领导小组和旅游规划专家组共同组成，要求调查人员应具备与该调查区旅游环境、旅游资源、旅游开发有关的专业知识。一般应吸收旅游管理、环境保护、地理学、生物学、建筑园林、历史文化等方面的专业人员参与，并对调查组人员进行相关的技术培训。

（2）计划方案准备：该准备过程主要确定调查目标，确定调查方案设计和制订调查工作计划。明确调查目的能够有效促进调查组成员提高效率，有针对性地收集有效信息。确定调查方案和调查工作计划，能明确主要调查方式、确定调查小组人员分工、制定考察路线等，此项工作能使调查工作有序进行。

（3）资料准备：收集一切与调查区有关的资料。主要包括：文字资料、图像资料和影像资料。文字资料主要包括地方志书、乡土教材、旅游区与旅游点介绍、规划文本与专题报告等；图像资料包括与旅游资源调查区有关的各类图形资料，重点是反映旅游环境与旅游资源的专题地图；影像资料包括与旅游资源调查区和旅游资源单体有关的各种照片和影像资料。

（4）物质器材准备：在进行实地调查前，应准备好各项物资，根据物资的作用及功能，可以分为旅游资源调查技术装备和旅游资源调查应急装备。技术装备主要包括旅游资源单体调查表、等高线地图（县域调查区用1∶1万~1∶5万比例尺地形图；地市级用1∶10万~1∶50万比例尺地形图；省区级用1∶50万~1∶100万比例尺地形图）、定位仪器、测量仪器、影像设备、野外通信工具等。应急装备主要包括为应付突发的意外情况所准备的药物和装备，应急装备根据调查区的地形地貌、调查的季节会有所不同。

2. 调查实施阶段

（1）确定调查区域和调查线路：调查区域一般按行政区划分（如省级一级的调查区，可将地区一级的行政区划分为调查小区；地区一级的调查区，可将县级一级的行政区划分为调查小区；县级一级的调查区，可将乡镇一级的行政区划分为调查小区），也可按现有或规划中的旅游区域划分。调查线路按实际要求设置，一般要求贯穿调查区内所有调查小区和主要旅游资源单体所在的地点。

（2）确定调查对象：在收集资料的基础上，对区域内的旅游资源进行全面的初步普查，然后确定重点调查对象。对具有旅游开发前景，有明显经济、社会、文化价值的旅游资源单体；集合型旅游资源单体中具有代表性的部分；代表调查区形象的旅游资源单体进行重点调查。对品位明显较低，不具有开发利用价值的；与国家现行法律、法规相违背的；开发后有损于社会形象的或可能造成环境问题的；影响国计民生的；某些位于特定区域内的旅游单体暂时不进行调查。

（3）实地调查：在前面工作的基础上开始进行实地调查，按照旅游资源调查内容逐一获取信息，此阶段应特别注意详细的文字描述、数据测量、图像资料的获取和现场的详细填图。在调查过程中，对重点问题和地段进行专题研究和鉴定，并对旅游开发中所需要的外部条件进行系统调查，对关键性问题提出规划性建议。

（4）填写图表：对每一个调查单体分别填写一份"旅游资源单体调查表"（见表 2.3），在填写表格时需充分利用已有资料转化为填表内容；坚持实地调查和验证；要求"六定"即定位、定类、定性、定量、定影和定级，坚持"10 字"质量方针：科学、客观、准确、量化、简洁。

表 2.3 　　　　　　　　　　　　**旅游资源单体调查表**

基本类型：　　　　　　　　　　　　　　　　　单体名称：

单体代号	；其他代号：① 　　　　　　　　　；②
行政位置	
地理位置	东经 ° ′ ″，北纬 ° ′ ″

性质与特征（单体性质、形态、结构、组成成分的外在表现和内在因素，以及单体生成过程、演化历史、人事影响等主要环境因素）：

表2.3(续)

旅游区域及进出条件（单体所在地区的具体部位、进出交通、与周边旅游集散地和主要旅游区［点］之间的关系）：

保护与开发现状（单体保存现状、保护措施、开发情况）：

共有因子评价问答（你认为本单体属于下列评价项目中的哪个档次，应该得多少分数，在最后的一列内写上分数）

评价项目	档次	本档次规定得分	你认为应得的分数
单体为游客提供的观赏价值，或游憩价值，或使用价值如何？	全部或其中一项具有极高的观赏价值、游憩价值、使用价值。	30~22	
	全部或其中一项具有很高的观赏价值、游憩价值、使用价值。	21~13	
	全部或其中一项具有较高的观赏价值、游憩价值、使用价值。	12~6	
	全部或其中一项具有一般观赏价值、游憩价值、使用价值。	5~1	
单体蕴含的历史价值，文化价值，科学价值、艺术价值如何？	同时或其中一项具有世界意义的历史价值、文化价值、科学价值、艺术价值	25~20	
	同时或其中一项具有全国意义的历史价值、文化价值、科学价值、艺术价值	19~13	
	同时或其中一项具有省级意义的历史价值、文化价值、科学价值、艺术价值	12~6	
	同时或其中一项具有地区意义的历史价值、或文化价值、或科学价值、或艺术价值	5~1	

表2.3(续)

物种是否珍稀，景观是否奇特，此现象在各地是否常见？	有大量珍稀物种，或景观异常奇特，或此类现象在其他地区罕见	15~13	
	有较多珍稀物种，或景观奇特，或此类现象在其他地区很少见	12~9	
	有少量珍稀物种，或景观突出，或此类现象在其他地区少见	8~4	
	有个别珍稀物种，或景观比较突出，或此类现象在其他地区较多见	3~1	
如果是个体有多大规模？如果是群体，其结构是否丰满？疏密度怎样？各类现象是否经常发生？	独立型单体规模、体量巨大；组合型旅游资源单体结构完美、疏密度优良级；自然景象和人文活动周期性发生或频率极高	10~8	
	独立型单体规模、体量较大；组合型旅游资源单体结构很和谐、疏密度良好；自然景象和人文活动周期性发生或频率很高	7~5	
	独立型单体规模、体量中等；组合型旅游资源单体结构和谐、疏密度较好；自然景象和人文活动周期性发生或频率较高	4~3	
	独立型单体规模、体量较小；组合型旅游资源单体结构较和谐、疏密度一般；自然景象和人文活动周期性发生或频率较低	2~1	
是否受到自然或人为干扰和破坏，保存是否完整？	保持原来形态与结构	5~4	
	形态与结构有少量变化，但不明显	3	
	形态与结构有明显变化	2	
	形态与结构有重大变化	1	
在什么范围内有知名度？在什么范围内构成名牌？	在世界范围内知名，或构成世界承认的名牌	10~8	
	在全国范围内知名，或构成全国性的名牌	7~5	
	在本省范围内知名，或构成省内的名牌	4~3	
	在本地区范围内知名，或构成本地区名牌	2~1	
开发旅游后，多少时间可以旅游？或可以服务于多少游客？	适宜游览的日期每年超过300天，或适宜于所有游客使用和参与	5~4	
	适宜游览的日期每年超过250天，或适宜于80%左右游客使用和参与	3	
	适宜游览的日期超过150天，或适宜于60%左右游客使用和参与	2	
	适宜游览的日期每年超过100天，或适宜于40%左右游客使用和参与	1	

表2.3(续)

本单体是否受到污染，环境是否安全？有没有采取保护措施使环境安全得到保证？	已受到严重污染，或存在严重安全隐患		−5		
	已受到中度污染，或存在明显安全隐患		−4		
	已受到轻度污染，或存在一定安全隐患		−3		
	已有工程保护措施，环境安全得到保证		3		
本单体得分	本单体可能的等级	级	填表人	调查日期	年　月　日

3. 数据整理阶段

旅游资源调查阶段结束后，应将收集到的资料和野外考察记录进行系统的整理总结，进行图文资料编辑。将野外考察的现场调查表格归纳整理为调查汇总表；将野外拍摄的照片和录像片进行放大或剪辑编辑，并附上文字说明；将野外摄制的录像进行剪辑编制和配音；将野外所填的草图进一步复核、分析、整理，与原有图片、资料相互对比、核实，增订原有的内容和界线，完成有关旅游资源系列图样。

4. 编写报告阶段

在数据分析结束后，将旅游资源调查和研究的成果撰写成《旅游资源调查报告》或者《旅游资源专题研究报告》，报告编写可参考国家标准《旅游资源分类、调查与评价》（GBT18972-2003）中的编写体系再结合调查区实际进行编写。

（二）旅游资源调查的方法

旅游资源学是一门涉及许多学科的边缘学科，旅游资源调查的内容繁多杂乱，因此需结合多种调查方法，使旅游资源调查结果可信度更高。目前用于旅游资源调查的方法如下：

1. 文案调查法

文案调查法又称资料查阅寻找法、间接调查法、资料分析法或室内研究法。它是利用旅游资源现有的各种信息、情报，对调查内容进行分析研究的一种调查方法。文案调查法主要是收集加工过的次级资料，以文献性信息为主，这种方法常被作为旅游资源调查的首选方法。

2. 网络调查法

网络调查是传统调查在新的信息传播媒体上的应用，是指在互联网上针对调查问题进行调查设计，收集资料及分析咨询等活动。网络调查主要有两种方式：一种是网上直接调查，利用互联网直接进行问卷调查，收集第一手资料；另一种是网上间接调查，利用互联网的媒体功能，从互联网收集第二手资料。互联网作为一种信息沟通渠道，网络调查具有传统调查所不可比拟的优势，如网络调查成本低、网络调查速度快、网络调查具有隐匿性、网络调查具有互动性等。

3. 询问调查法

询问调查法又称直接调查法，是调查人员以询问为手段，从调查对象的回答中获得信息资料的一种方法。通过这种方法，可以从行政部门、当地居民以及旅游者中，及时了解到没有记载的信息和资料。询问调查法在实际应用中，按传递询问内容的方式以及调查者与被调查者接触的方式不同，有面谈调查、电话调查、邮寄调查、留置问卷调查等方法。

4. 综合考察法

旅游资源的分布总是在一定的地域范围之内，而对旅游资源分布的位置、规模、数量、特色、类型、结构、功能、旅游价值等内容的了解和认识，只有通过对调查区域实地的综合考察和全面系统的分析才能得到。综合考察法是旅游资源调查最常用的一种实地调查方法。

5. 统计分析法

统计分析法是指通过对旅游资源的规模、速度、范围、程度等数量关系的分析研究，认识和揭示事物间的相互关系、变化规律和发展趋势，为旅游资源的进一步分析和开发提供依据。

6. 分类比较法

该方法指将旅游资源分门别类地进行特征归纳并对比考察和研究。调查区的各类旅游资源，景观美感各异，将旅游资源按其形态特征、内在属性、美感吸引性进行分类，并将其与同类型或不同类型的旅游资源进行比较，以得出调查区内旅游资源的共性特征和个性特征。

7. 遥感法

旅游资源实地考察受到许多环境因素的限制，使用遥感技术可以对不易调查到的旅游资源进行考察。除此之外，通过遥感技术调查，可以收集多种比例尺、多种类型的遥感图像和与之相匹配的地形图、地质图、地理图等。解译图像中旅游资源信息，不仅能对旅游资源的类型定性，而且能为旅游资源的定量标志，还能发现一些野外综合考察等不易发现的潜在旅游资源。

8. GPS 定位法

GPS 是全球定位系统的简称，是一种空间定位技术，通过此种方法可以用来测定调查区内旅游资源的位置、范围、面积、体量、长度等。

9. 物探技术法

物探技术是一种用物理方法进行勘探，以不同岩、矿、土之间的物性差异为物质基础，观察和研究地球物理场的时空分布规律的技术。此种方法主要是调查尚未发掘的地下文物。

五、旅游资源调查报告的编写

旅游资源调查报告要求以实际调查材料为基础，调查报告内容可以参照国家标准《旅游资源分类、调查与评价》（GBT18972-2003）中的编写体系。旅游资源报告主要由标题、目录、前言、正文、参考文献、附件几个部分组成。

（一）标题

标题包括该调查的题目、调查单位、报告日期等。

（二）目录

目录通常是报告部分的主要章节及附录的索引。

（三）前言

前言主要包括调查任务来源、目的、要求，调查区位置、行政区划与归属、范围、面积，调查人员组成、工作期限、工作量和主要资料及其成果等。

（四）正文

正文是报告的主题部分，必须准确阐明全部有关论据。主要包括以下几个部分：

1. 调查区旅游环境

调查区旅游环境包括区域自然地理特征（地质地貌、水系水文、气象气候、植被土壤和动植物等）、交通状况（对外交通、区内交通）和社会经济发展概况等。

2. 旅游资源开发历史和现状

该部分主要陈述调查区内的资源开发历史和现状，以及现有基础设施资料，如食宿、电力、邮电通信、供水排水、医疗卫生、安全保卫等设施和公共建筑等。它也包括旅游资源开发与利用中存在的问题，以引起开发者和管理者的注意。

3. 旅游资源基本类型

此部分是报告的核心部分，包括旅游资源的类型、名称、分布位置、规模、形态和特征。除此还要附有旅游资源分布图、旅游资源分区图、重要景观素描、照片和录像资料及与之密切相关的重大历史事件、名人活动、文化作品等资料。

4. 旅游资源评价

通过对调查区的旅游资源进行定性和定量的评价，评定旅游资源的级别和吸引力。包括评价的方法、评价的内容和评价结论等。

5. 旅游资源保护与开发建议

此部分主要阐明调查区内的旅游资源开发指导思想、开发途径、步骤和保障措施。

（五）主要参考文献

主要参考文献包括书籍、论文、报告、期刊、报纸、网址、图纸、影像等，以便读者和使用者作进一步研究和论证参考。

（六）附件

附件是正文报告的补充或详尽说明，包括数据汇总表、背景材料、旅游资源图、优良级旅游资源图等。

● 第三节　旅游资源评价

旅游资源评价是指在旅游资源调查的基础上进行深层次的研究工作，是从合理开发与利用和保护旅游资源及取得最大的社会效益、经济效益的角度出发，采取一定的方法，对一定区域内旅游资源本身的价值及外部开发条件等进行综合评判和鉴定的过程，也是对一个区域旅游发展潜力的评定工作。

一、旅游资源评价的目的与原则

旅游资源评价是一项复杂而重要的工作，直接影响到区域旅游开发利用的程度以及旅游地的前途和命运。因此，客观、科学地评价旅游资源是区域旅游业发展的重要环节。

（一）旅游资源评价的目的

1. 明确旅游资源的质量

通过对旅游资源的类型、规模、结构、组合、功能和性质的评估，确定旅游资源的质量水平、整体价值及其在旅游地开发建设中的地位，为合理开发与利用和规划建设提供科学依据。

2. 确定开发的顺序和规模

旅游资源评价能够为区域旅游资源的合理开发利用和规划建设提供理论依据，是区域旅游开发规划工作的重要基础和前提。通过旅游资源调查评价，清楚认识到区域中旅游资源的质量、特色、开发价值，也对区域旅游业的开发和利用条件有了综合的了解。同时，可以以市场需求为导向，结合地区旅游资源的特色，明确规划思想，确定旅游地的旅游产品类型，确定旅游项目开发的先后顺序、步骤、重点及规模。

3. 促进旅游资源的管理

通过旅游资源评价，对旅游资源的质量、规模、水平进行了鉴定，为旅游资源的分级管理提供了依据。使各级旅游资源得到合理的管理，提高了管理水平，加强了对旅游资源的保护。

(二) 旅游资源评价的原则

1. 客观实际原则

旅游资源是客观存在的事物，其特点、功能、价值等也是客观存在的。因此，在进行旅游资源评价工作的时候，要从客观实际出发，在旅游资源调查的基础上，运用美学、地理学、历史学等多学科理论知识，对旅游资源的形成、本质、属性、价值等核心内容做出实事求是的评价，不随意提高或降低对旅游资源的评价。

2. 全面系统原则

全面系统的评价原则主要体现在两个方面。一方面是内部即旅游资源本身，旅游资源的多样性决定了它的功能和价值的多层次、多方面、多形式、多内容性，就要求在旅游资源评价时要进行全面、系统、综合的评价；另一方面即外部环境，旅游资源的吸引力大小不仅取决于资源本身，还要把旅游资源所在地区的区位、投资环境、客源市场、交通、经济发展水平等开发利用条件纳入评价的范畴，综合衡量、全面完整地进行系统评价，准确反映旅游资源的整体价值。

3. 符合科学原则

在对旅游资源进行评价时，要采取科学的态度，给予科学的解释，不能用迷信来解释旅游资源的形成、本质、属性等核心问题。可以适当加以高品质的神话传说，以提高旅游资源的趣味性。

4. 动态发展原则

旅游资源的内部特征、开发的外部条件以及人们对旅游资源的认识是随着时代的发展变化而变化的。这就要求在评价旅游资源时运用动态的发展观点和进步的眼光看待旅游资源，才能客观预测发展趋势，从而对旅游资源进行正确、全面、系统的评价。

5. 综合效益原则

在评价旅游资源时要兼顾三方面的利益，即经济效益、环境效益和社会效益，要对旅游资源开发的前景给予适当的评估。在旅游开发时通过充分合理地利用旅游资源，发挥其潜在的资源优势，获得综合效益的效用。

6. 定量与定性结合原则

对旅游资源的评价主要分为定量评价和定性评价两种。定性评价使用简单，应用范围广，但缺乏可比性，主观色彩浓；定量评价全面系统、客观量化，但操作复杂。两种评价形式各有优缺点，在实际工作中应将其紧密结合起来，以达到较好的评价效果。

二、旅游资源评价的内容与方法

（一）旅游资源评价的内容

旅游资源评价的内容主要包括三个部分，旅游资源价值的评价、旅游资源环境的评价和旅游资源开发条件的评价。

1. 旅游资源价值评价

（1）旅游资源的特性

旅游资源的特性（特殊性、新奇性）是吸引游客出游的关键因素，是旅游资源开发的灵魂。旅游资源的特性越突出，其旅游吸引力也就越大，从而具有较高的旅游价值，也具有较高的开发价值和良好的开发前景，"新、奇、特、绝"的旅游资源往往能够成为区域旅游发展的重要支柱。

 小思考

三山五岳的特点

三山五岳，成语，泛指名山或各地。三山是指旅游胜地闻名的黄山、庐山、雁荡山，五岳指泰山、华山、衡山、嵩山、恒山。中国佛教四大名山分别是山西五台山、浙江普陀山、四川峨眉山、安徽九华山。请查阅相关资料，分别描述这些名山的特点。

（2）美学观赏价值

美学观赏价值主要是指旅游资源能提供给旅游者美感的种类及强度。无论是自然景观，还是人文景观，它们首先必须符合美学原则。旅游资源的美大体包括形式美、形体美、色彩美、嗅味美、韵律美、动态美和意境美等。旅游的基本形式是观光，观光是旅游者鉴赏美的活动，人们能够感受到的美感种类越多，美感越强烈，对其评价就越高。

（3）历史文化价值

历史文化价值指旅游资源所包含的历史文化内涵。主要包括两个方面：一方面是其本身所具有的历史文化内涵。旅游资源本身具有或体现了某一历史时期的某种文化特征，或者与一个民族或国家的历史文化传统有着密切联系；另一方面是指旅游资源与重大历史事件、历史人物、文艺作品、传说故事等有着密切关系，

如果这些资源艺术价值很高，影响特大，则会提高对此旅游资源的评价。

（4）科学研究价值

科学研究价值主要是指旅游资源的某种科学研究功能，在自然科学、社会科学和教学科研方面具有的特点，能为科学工作者、探索者和追求者提供研究场所，这些场所通常为自然保护区、博物馆、纪念地等。

 知识与思考

国家地质公园简介

中华人民共和国国家地质公园，是由中国行政管理部门组织专家审定，由中华人民共和国国务院国土资源部正式批准授牌的地质公园。中国国家地质公园是以具有国家级特殊地质科学意义，较高的美学观赏价值的地质遗迹为主体，并融合其他自然景观与人文景观而构成的一种独特的自然区域。截至2014年1月，国土资源部公布了七批共240家国家地质公园。我国第一批国家地质公园（2001年4月）：云南石林国家地质公园、湖南张家界砂岩峰林国家地质公园、河南嵩山国家地质公园、江西庐山国家地质公园、云南澄江动物群国家地质公园、黑龙江五大连池火山国家地质公园、四川自贡恐龙国家地质公园、福建漳州滨海火山国家地质公园、陕西翠华山山崩国家地质公园、四川龙门山国家地质公园、江西龙虎山国家地质公园。

不少景区通过地质公园的成功申报，提高了景区品牌，带来了更多客源。请思考旅游规划中，根据资源特色，可以申请哪些类型的国家认定？

（5）经济社会价值

旅游资源的经济价值是指旅游资源可能带来的经济收入。对旅游资源的经济价值进行评估，不仅应根据成本与收益的直接经济指标进行评估，还应评估因关联带动作用而产生的综合经济收益。

旅游资源的社会价值在于它们对旅游者福利和身心健康的裨益程度。它可以促进人们开阔视野，增长知识，拓宽人际交流、促进科技文化交流，美化和改善环境，保护资源，实现整个社会的可持续发展等。

（6）旅游功能

旅游功能是旅游资源可供开发与利用、能够满足某种旅游需求的特殊功能，是其价值的具体体现。旅游资源如果可以提供高品位的旅游活动项目，满足开展多种旅游活动的需求，它便具有多种旅游功能。旅游功能越多，宜进行的旅游活动越多，吸引的旅游者也越多，其价值也就越大。

2. 旅游资源环境评价

（1）旅游资源的自然环境

自然环境是指旅游资源所在地的地质地貌、气象气候、水文、土壤、动植物等要素组成的自然环境。自然环境对旅游资源的质量、时间、节律和开发起着直接的决定作用。作为旅游资源开发地，其环境应以能让游客从视觉、听觉、嗅觉、触觉以及味觉等全方位感受舒适宜人为宜，恶劣的自然环境将阻碍区域旅游业的开发。

（2）旅游资源的经济环境

旅游资源开发必须依赖开发区的经济环境，经济环境即旅游资源所在地的经济状况，其主要是指投资、劳动力、物质供应及基础设施条件等。旅游资源开发的投资不能仅仅依靠外来投资，更重要的是当地经济发展状况的支持。人力是开发旅游资源必不可少的条件，劳动力的数量及收入水平是旅游业劳务市场的基本衡量标准。物质供应及基础设施条件，能为旅游资源开发提供所需的设备、原材料等，促进旅游资源开发的顺利进行。

（3）旅游资源的社会环境

社会环境是指旅游资源所在地的政治局势、社会治安、政策法令、医疗保健、风俗习惯及当地居民对旅游业的态度等。旅游是一项对社会环境比较敏感的经济活动，一个地区政治局势和社会治安稳定与否，直接影响旅游者的出游决策。在稳定的社会环境中，旅游将得到快速的发展，而一旦出现社会环境的动荡，将会给旅游资源开发和旅游业造成严重的危害。

（4）旅游资源的环境容量

旅游环境容量，又称旅游承载力或饱和度，指在一定时间条件下，一定旅游资源的空间范围内所能开展的旅游活动能力。也就是说既不严重影响旅游资源的质量，也不影响旅游者的体验，一般用容时量和容人量两方面来衡量。旅游资源所处的环境容量对旅游资源的开发规模具有决定作用，为了保障旅游资源的有序开发和永续利用，规划者会选择环境容量中数值最小的指标作为开发规模的限制。

 小资料

景区容量

北京故宫：在多年研究的基础上，同时结合多年来接待观众工作经验，以及

故宫世界文化遗产的特点，在以安全为前提、以观众为本的原则下，界定从 2015 年开始单日接待观众人数为 8 万人次，以此实现文物安全、观众满意、参观有序、管理科学的目标。

西藏布达拉宫：为减少旅游对布达拉宫土木结构建筑的损害，布达拉宫限定每天参观人数为 4 000 人，并规定参观前需提前订票。同时，从 2014 年 5 月 1 日起，布达拉宫实行旅游旺季门票价格，且规定散客凭购票凭证从布达拉宫南门进入；团体游客凭购票凭证从布达拉宫东门进入，所有游客均须按照购票凭证上标注的时间提前 30 分钟入内。

杭州西湖：景区规定在国家节假日前半个月，需预警西湖景区的最大人数容量，并进行人员限制。在经过调研的基础上，对进入景区的人员控制，限制人数在 25 万~30 万/日。

四川九寨沟：九寨沟景区根据 2013 年 10 月 1 日出台的《旅游法》规定，九寨沟景区的最佳承载量为 2.3 万人次/天，最大承载量为 4.1 万人次/天，以此更好地保护景区旅游资源。同时为了保证游客有序游览，景区采取包括实时公布售票情况、提前预售门票、调整进沟时间、疏导景区交通等方式，维护景区游览秩序。

四川峨眉山：为保护景区旅游资源，同时能让游客获得更美的旅游体验，峨眉山景区规定景区最大承载量为 5 万人次/天。在旅游旺季时还对交通路段实行交通管制，限制私家车辆进入景区，为了解决自驾游客的问题，可在景区换乘点乘坐景区游览车进入景区内部。

各位同学，到一些景区旅游，请记得提前订票哦。

3. 旅游资源开发条件评价

（1）区位条件

旅游资源的区位条件是影响资源开发可行性、开发规模和效益度的重要外部条件，包括地理区位、交通区位和旅游产业区位。大量事实表明，旅游点（区）的经济价值大小许多时候并不与旅游资源价值呈完全正比，而往往在很大程度上因其特殊的地理位置而增强了吸引力。

（2）客源条件

旅游资源开发必须以客源市场为依据，客源是维持旅游经济活动的必要条件，没有一定数量的游客，旅游资源开发则不会产生良好的经济效益。旅游资源的客源条件可以从两方面进行分析：第一方面是空间区域，即客源分分布半径及密度，这是由旅游资源的吸引力和社会经济环境决定的；第二方面是时间，即客源的不均匀分布形成了旅游的淡旺季，这与当地气候的季节性变化和旅游者的闲暇时间分布有一定关系。旅游资源特殊性强、规模大、社会和经济环境好的地区，其客源范围和数量都较为可观。

（3）设施条件

设施条件主要包括两个方面，一方面是指旅游资源所在地区与旅游六大要素相关的设施开发现状，另一方面是指食、住、行、游、购、娱相关设施的未来开发前景。现状是了解旅游资源开发的设施基础，前景是了解旅游资源开发的未来规模。

（4）投资条件

资金是旅游资源开发的必要条件，旅游资源开发需要大量资金的持续投入。资金来源是否充裕、财力是否雄厚，直接关系到旅游开发的可能性、开发的深度和广度。与投资相关的要素主要包括资源所在区域投资渠道的畅通程度和政府对旅游投资的政策倾斜程度。旅游投资主体多、投资渠道畅通、政府对旅游资源投资的优惠政策多，其投资条件就较为优越，便有利于当地旅游资源的开发。

（5）施工条件

旅游资源的开发还需考虑项目的难易程度和工程量的大小。首先是工程建设的自然基础条件，如地质、地貌、水文、气候等条件；其次是工程建设的供应条件，包括设备、食品、建材等。评价施工环境条件的关键是权衡经济效益，对开发施工方案需进行充分的技术论证，同时要考虑经费、时间的投入与效益的关系。这些条件的难易、优劣，与旅游资源开发有着密切的关系。

（二）旅游资源评价的方法

对旅游资源评价的方法有很多，主要把方法分为两大类，定性评价法和定量评价法。

1. 旅游资源的定性评价方法

定性评价法是一种描述性评价方法，是对旅游资源进行全面的调查后，针对旅游资源各个方面进行综合性的评价，使用范围广泛，形式多种多样。但这种方法主观性很强，在使用过程中需配合运用更多的数据和资料，才能发挥更多的作用。该类评价方法很多，在此仅选择一些具有代表性的方法来介绍。

（1）卢云亭的"三三六"评价体系

北京师范大学卢云亭教授提出了"三大价值、三大效益、六大开发条件"的评价体系。这种方法比较全面地评价了旅游资源各个方面的要素，对全面了解和评价旅游资源提供了一个较为科学的理论体系。

"三大价值"指旅游资源的历史文化价值、艺术观赏价值和科学考察价值。"三大效益"指旅游资源开发之后的经济效益、社会效益和环境效益。"六大开发条件"指旅游资源所在地的地理位置和交通条件、景象地域组合条件、旅游环境容量、旅游客源市场、投资能力、施工难易程度六个方面。

（2）黄辉实的"六字七标准"评价法

上海科学院黄辉实从旅游资源本身和资源所处环境两个方面来评价旅游资源，提出了"六字七标准"评价法。对旅游资源本身，采用了六个评价标准：美，即旅游资源给人的美感；古，即悠久的历史；名，即名声、名人；特，即具有独特性、稀缺性；奇，即新奇性；用，即应用价值、实际开发价值。对旅游资源所处环境采用了七个评价标准：季节性、环境污染状况、与其他旅游资源之间的联系性、可进入性、基础结构、社会经济环境、旅游市场。

（3）刘振礼的"十项标准"评价法

北京旅游学院教授刘振礼从旅游资源开发的角度提出了旅游资源评价的十项标准。这十项标准为美学价值、文化价值、科学价值、历史价值、环境价值、旅游容量、组合状况、区位条件、适应范围和开发条件。

美学价值即旅游资源所能提供给旅游者美感的种类及强度。文化价值即旅游资源所包含的文化内涵。科学价值即其在大自然变迁或人类社会文化发展中的地位。历史价值即它们产生的年代，是否与重大历史事件或人物有关，以及其所存文物古迹的数量。环境质量涉及气候、地质、地貌、植被、水质、空气和噪声污染程度、灾变及地方性疾病等许多方面。旅游容量是指该项旅游资源自身或其所在地瞬间所能容纳的合理的游人数量。组合状况是指在同一旅游地内不同要素的组合或同一地域内旅游资源的分布及配置状况。区位条件即旅游资源所在地区的地理区位以及与此紧密相关的交通是否便捷、与主要客源市场的距离（空间距离和时间距离）、旅游必需品的供应能力、区内和邻近地区旅游业的竞争态势等。适应范围是指该项旅游资源所能吸引的游客范围（年龄、职业等）和所能开展旅游活动的种类，以及在一年当中能够利用的时间长短。开发条件是指该项旅游资源保存的完好程度、所处地区的区位条件、当地的经济发展水平及各种基础设施的完善程度。

（4）北京旅游学院科研室的"八六五"评价法

北京旅游学院科研室对旅游资源的评价提出了八项吸引力、六项开发条件和五项效益的评价方法，简称"八六五"评价法。

八项吸引力评价包括观赏价值、文化价值、科学价值、旅游项目、游览内容丰富程度、环境质量、季节差异、特殊价值和环境容量。六项开发条件包括地区经济条件、可进入性、依托城市、通信条件、地方积极性和已有服务设施。五项效益包括年均接待游客量、开发所需投资量、投资来源、客源预测和社会效益。

（5）一般体验性评价法

一般体验性评价是以大量旅游者或专家为主体对旅游资源进行讲价。常用的方式有旅游者在问卷上回答有关旅游资源的优劣顺序，或由各方面专家讨论评价，或统计在常见报刊或旅游书籍、旅行指南上出现的频率等，从而判断旅游资源的质量优劣和知名度。这种评价多由传播媒介或行政管理机构发起，如我国曾评选的"中国十大名胜"和"中国旅游胜地四十佳"。通过此种方法可以提高旅游资源的知名度，对旅游需求产生诱导作用。但这种方法只对有一定知名度的旅游资源评价有效，而对大多数尚未开发或无知名度的旅游资源不具有可操作性。

（6）美感质量评价法

美感质量评价是一种专业性的旅游资源美学价值评价，也是一种体验型评价。一般是基于对旅游者或专家体验的深入分析，建立规范化的评价模型，评价的结果多具有可比性的定性尺度或数量值。其中对自然风景质量的视觉美评估技术已经比较成熟，目前较为公认的有四大学派。

①专家学派。代表人物是林顿。即以受过专业训练的观察者或专家为主体，以艺术设计生态学以及资源管理为理论基础对景观进行评价。如美国土地管理局风景资源管理系统、美国林务局的风景管理系统。

②心理物理学派。代表人物有丹尼尔和布雅夫等。该学派主要研究如何建立环境刺激与人类反应之间的相互关系，把心理物理学中的信号检测方法引入到风景质量评价中来。

③认知学派。代表人物有卡普兰、金布利特、布朗等。该学派从人的生存需要出发来解释人的风景审美过程，侧重研究如何解释人对风景的审美过程。把风景作为人的生存空间、认知空间来评价，强调风景对人的认识及情感反应上的意义，试图用人的进化过程及功能需要去解释人对风景的审美过程。

④经验学派。代表人物是洛温撒尔。该学派认为人对景观的评价是人的个性及其文化、历史背景、志向与情趣的表现，将人在景观评价中的主观作用提到了绝对高度。一般是考证文学艺术家们关于风景审美的文学、艺术作品，考察名人的日记等，以之来分析人与风景的相互作用及某种审美评判所产生的背景；另外，也通过心理测量、调查、询问等形式，记叙现代人对具体风景的感受和评价。

2. 旅游资源的定量评价方法

定量评价方法是通过数学计算得出评价结论的方法，指按照数量分析方法，从客观量化角度对科学数据资源进行的优选与评价。定量方法为人们提供了一个系统、客观的数量分析方法，结果更加直观、具体。常见的定量评价法有技术性单因子评价法和综合性多因子评价法。

（1）技术性单因子评价法

技术性单因子评价法即在进行旅游资源评价时，针对旅游资源的旅游功能，集中考虑某些起决定作用的典型因素，并对这些关键因子进行适宜性评价或优劣评判，对大量技术性指标的运用是这类评价的基本特征。

这种评价一般只限于自然资源评价，对于开展专项旅游活动，如登山、滑雪、游泳较为实用。目前较为成熟的有旅游湖泊评价、海滩及海水浴场评价、气候适应评价、溶洞评价、滑雪旅游资源评价、地形适宜性评价等。

如美国生物气候学家特吉旺针对气候适宜性设计了两个生物气象指标，即舒适指数"CI"和风效指数"WEI"。

舒适指数"CI"即指人们对周围空气环境感觉的舒服程度，把气温与相对湿度的不同组合分为11类。见表2.4。

表2.4　　　　　　　　　　　舒适指数分级表

代号	−6	−5	−4	−3	−2	−1	0	+1	+2a	3b	+3
大多数人感觉	极冷	非常冷	很冷	冷	稍冷	凉	舒适	暖	热	闷热	极热

+1至−1为适合旅游的季节，其中"0"为最佳旅游季节。

风效指数"WEI"即指人们的裸露皮肤在气温和风速的不同组合作用下感觉冷暖的程度。根据大多数人的感觉，将气温和风速的组合分成了12类。见表2.5。

表2.5　　　　　　　　　　　风校指数分级表

代号	风效指数（千卡/米²·时）	大多数人的感觉
−h	<−1 400	外露皮肤冻伤风
−g	−1 200~−1 400	极冷风
−f	−1 000~−1 200	很冷风
−e	−800~−1 000	冷风
−d	−600~−800	稍冷风
−c	−300~−600	凉风
−b	−200~−300	舒适风
−a	−50~−200	暖风
n	+80~−50	不明显风
a	+160~+80[1]	热风
b	+160~+80[2]	不舒适热风
c	>+160[3]	非常不舒适热风

注：[1]气温30℃~32.7℃；[2]气温>32.8℃；[3]气温>35.6℃

"−a~−c"的日期为适于旅游的季节，"−b"为最佳旅游季节。

小知识

人体舒适度指数：为了从气象角度来评价在不同气候条件下人体的舒适感，根据人体与大气环境之间的热交换而制定的生物气象指标。可以根据当日最高气温和14时相对湿度的预报值计算指数值，再利用指数的大小划分等级并确定舒适程度。经研究表明，影响人体舒适程度的气象因素，首先是气温，其次是湿度，然后就是风向风速等。人体舒适度指数预报，一般分为10个等级对外发布。10级，稍冷。9级，偏冷，舒适。8级，凉爽，舒适。7级，舒适。6级，较舒适。5级，较热。4级，早晚舒适，中午闷热。3级，中午炎热，夜间闷热。2级，闷热，谨防中暑。1级，非常闷热，严防中暑。

（2）综合性多因子评价法

综合性多因子评价法是在考虑多因子的基础上，运用数学方法，着眼于旅游资源的整体价值评估或旅游地的开发价值进行综合评价。这类评价方法很多，如层次分析法、指数分析法、综合评价法、旅游地综合评估模型、共有因子综合评价法等。以下主要介绍三种：

①指数评价法

指数评价法主要分为三步：第一步，对旅游资源开发现状、吸引力以及外部区域环境进行定量分析；第二步，调查分析旅游需求，主要包括旅游需求量、旅游者人口构成、旅游者逗留时间、旅游花费趋向、旅游需求结构及节律性；第三步，拟定总体评价公式，建立表达旅游资源特质、旅游需求与旅游资源之间关系的若干量化模式。公式为：

$$E = \sum_{i=1}^{n} F_i M_i V_i$$

E 为旅游资源评价指数；

F_i 为第 i 项旅游资源在全部旅游资源中的权重；

M_i 为第 i 项旅游资源的特质与规模指数；

V_i 为旅游者对第 i 项旅游资源的需求指数；

n 为旅游资源总项数。

最后，可以应用调查结果和评价指数确定旅游资源的旅游容量、密度、需求规律性和开发顺序。

②层次分析法

层次分析法，就是将复杂问题中的各种因素通过划分出相互联系的有序层次，使之条理化，再根据对客观现实的判断，对每一层次指标的相对重要性给予定量，

利用数学方法确定权重，然后通过排列结果，分析和解决问题。

层次分析法主要通过以下几步进行：

第一步，将旅游资源的评价进行层次划分，构建旅游资源评价模型树，一般分为总目标层、评价综合层、评价项目层和评价因子层。

第二步，构建比较对比矩阵，首先列出评价因素相对重要性判断矩阵表，由专家进行相对重要性标度，然后采用 AHP 方法计算判断矩阵特征向量，经一致性检验确认，作为评价因素的相对权重。

第三步，确定指标权重。

第四步，系统指标的无量纲化，要进行统一计算，就必须对原始指标标准化，使指标具有可比性，才能统一计量。

第五步，综合评价得分。

$$P = \sum_{i=1}^{m} I_i W_i$$

P 为旅游地综合性评价分；

I_i 为指标 i 的评价值；

W_i 为指标 i 的权重。

③共有因子综合评价法

中华人民共和国国家标准《旅游资源分类、调查与评价》（GB/T18972－2003），对旅游资源价值评价采用了旅游资源共有因子综合评价法，即依据旅游资源共有因子综合评价系统赋分标准，采用打分评价方法。

评价体系：依据"旅游资源共有因子综合评价系统"赋分。包括两个档次、3个评价项目和 8 个评价因子。两个档次为"评价项目"和"评价因子"；三个评价项目为"资源要素价值""资源影响力""附加值"。"资源要素价值"项目中含"观赏游憩使用价值""历史文化科学艺术价值""珍稀奇特程度""规模、丰度与几率""完整性"五项评价因子。"资源影响力"项目中含"知名度和影响力""适游期或使用范围"两项评价因子。"附加值"含"环境保护与环境安全"一项评价因子。

计分方法：评价项目和评价因子用量值表示。资源要素价值和资源影响力总分值为 100 分，其中："资源要素价值"为 85 分，分配如下："观赏游憩使用价值"30 分、"历史科学文化艺术价值"25 分、"珍稀或奇特程度"15 分、"规模、丰度与几率"10 分、"完整性"5 分。"资源影响力"为 15 分，其中："知名度和影响力"10 分、"适游期或使用范围"5 分。"附加值"中"环境保护与环境安全"，分正分和负分。每一评价因子分为 4 个档次，其因子分值相应分为 4 档。见表 2.6。

表 2.6 　　　　　　　　　　　　　旅游资源评价赋分标准

评价项目	评价因子	评价依据	赋值
资源要素价值（85分）	观赏游憩使用价值（30分）	全部或其中一项具有极高的观赏价值、游憩价值、使用价值	30~22
		全部或其中一项具有很高的观赏价值、游憩价值、使用价值	21~13
		全部或其中一项具有较高的观赏价值、游憩价值、使用价值	12~6
		全部或其中一项具有一般观赏价值、游憩价值、使用价值	5~1
	历史文化科学艺术价值（25分）	同时或其中一项具有世界意义的历史价值、文化价值、科学价值、艺术价值	25~20
		同时或其中一项具有全国意义的历史价值、文化价值、科学价值、艺术价值	19~13
		同时或其中一项具有省级意义的历史价值、文化价值、科学价值、艺术价值	12~6
		同时或其中一项具有地区意义的历史价值、文化价值、科学价值、艺术价值	5~1
	珍稀奇特程度（15分）	有大量珍稀物种，或景观异常奇特，或此类现象在其他地区罕见	15~13
		有较多珍稀物种，或景观奇特，或此类现象在其他地区很少见	12~9
		有少量珍稀物种，或景观突出，或此类现象在其他地区少见	8~4
		有个别珍稀物种，或景观比较突出，或此类现象在其他地区较多见	3~1
资源要素价值（85分）	规模、丰度与几率（10分）	独立型旅游资源单体规模、体量巨大；集合型旅游资源单体结构完美、疏密度优良级；自然景象和人文活动周期性发生或频率极高	10~8
		独立型旅游资源单体规模、体量较大；集合型旅游资源单体结构很和谐、疏密度良好；自然景象和人文活动周期性发生或频率很高	7~5
		独立型旅游资源单体规模、体量中等；集合型旅游资源单体结构和谐、疏密度较好；自然景象和人文活动周期性发生或频率较高	4~3
		独立型旅游资源单体规模、体量较小；集合型旅游资源单体结构较和谐、疏密度一般；自然景象和人文活动周期性发生或频率较小	2~1
	完整性（5分）	形态与结构保持完整	5~4
		形态与结构有少量变化，但不明显	3
		形态与结构有明显变化	2
		形态与结构有重大变化	1

表2.6(续)

评价项目	评价因子	评价依据	赋值
资源影响力（15分）	知名度和影响力（10分）	在世界范围内知名，或构成世界承认的名牌	10~8
		在全国范围内知名，或构成全国性的名牌	7~5
		在本省范围内知名，或构成省内的名牌	4~3
		在本地区范围内知名，或构成本地区名牌	2~1
	适游期或使用范围（5分）	适宜游览的日期每年超过300天，或适宜于所有游客使用和参与	5~4
		适宜游览的日期每年超过250天，或适宜于80%左右游客使用和参与	3
		适宜游览的日期超过150天，或适宜于60%左右游客使用和参与	2
		适宜游览的日期每年超过100天，或适宜于40%左右游客使用和参与	1
附加值	环境保护与环境安全	已受到严重污染，或存在严重安全隐患	-5
		已受到中度污染，或存在明显安全隐患	-4
		已受到轻度污染，或存在一定安全隐患	-3
		已有工程保护措施，环境安全得到保证	3

　　根据对旅游资源单体的评价，得出该单体旅游资源共有综合因子评价赋分值。依据旅游资源单体评价总分，将其分为五级，从高级到低级为：五级旅游资源，得分值域≥90分；四级旅游资源，得分值域75~89分；三级旅游资源，得分值域60~74分；二级旅游资源，得分值域45~59分；一级旅游资源，得分值域30~44分。此外未获等级旅游资源，得分≤29分。其中：五级旅游资源称为"特品级旅游资源"；五级、四级、三级旅游资源被通称为"优良级旅游资源"；二级、一级旅游资源被通称为"普通级旅游资源"。

三、旅游资源评价成果提交要求

　　在完成旅游资源调查和评价工作后，需形成一系列的研究成果，提交全部文件和图件，其中主要的有旅游资源调查区实际资料表、旅游资源图和旅游资源调查报告。

　　旅游资源详查和旅游资源概查的文（图）件类型和精度不同，旅游资源详查需要完成全部文（图）件，包括填写《旅游资源调查区实际资料表》，编绘《旅游资源地图》，编写《旅游资源调查报告》。旅游资源概查要求编绘《旅游资源地图》，其他文件可根据需要选择编写。

　　调查区旅游资源调查、评价结束后，由调查组填写《旅游资源调查区实际资料表》的填写。内容包括：调查区基本资料，各层次旅游资源数量统计，各主类、亚类旅游资源基本类型数量统计，各级旅游资源单体数量统计，优良级旅游资源单体名录，调查组主要成员，主要技术存档材料。

《旅游资源图》主要包括两种类型，即"旅游资源图"，表现五级、四级、三级、二级、一级旅游资源单体。"优良级旅游资源图"，表现五级、四级、三级旅游资源单体。在绘图之前先准备工作底图和调查区政区地图，然后在工作底图的实际位置上标注旅游资源单体（部分集合型单体可将范围绘出），各级旅游资源使用的图例见表 2.7。

表 2.7 旅游资源图图例

旅游资源等级	图例	使用说明
五级旅游资源	■	
四级旅游资源	●	1. 图例大小根据图面大小而定，形状不变。
三级旅游资源	◆	2. 自然旅游资源（旅游资源分类表中主类 A、B、C、D）使用蓝色图例；人文旅游资源（旅游资源分类表中主类 E、F、G、H）使用红色图例。
二级旅游资源	□	
一级旅游资源	○	

旅游资源调查报告的撰写要求见本章的第二节。

本章小结

本章内容主要介绍了三部分，第一是旅游资源分类，第二是旅游资源调查，第三是旅游资源评价。

旅游资源是构成旅游业发展的基础，进行准确的界定和科学的分类，是一项非常重要的基础性工作。旅游资源分类遵循景观属性原则、相似性与差异性原则、逐级划分的原则和对应原则，按照旅游资源的基本属性、旅游资源的功能、旅游资源的吸引力级别、旅游资源特性与游客体验、旅游资源的结构、旅游资源的景观组合、旅游资源的增长情况或者国标等不同标准对旅游资源进行分类。

旅游资源调查是进行旅游资源评价、合理开发与利用和保护旅游资源的最基本工作，具有重要意义。针对不同旅游资源的实际情况，采用不同的调查类型进行调查，如旅游资源概查、旅游资源普查、旅游资源详查、旅游资源典型调查和旅游资源重点调查等。采用文案调查法、网络调查法、询问调查法、综合考察法、统计分析法、分类比较法、遥感法、GPS 定位法和物探技术法等方法对旅游资源环境、旅游资源状况、旅游资源开发现状和旅游资源开发条件等内容进行调查，然后撰写旅游资源调查报告。

旅游资源评价是一项复杂而重要的工作，通过旅游资源评价可以明确旅游资源的质量，确定开发的顺序和规模并促进旅游资源的管理。在对旅游资源进行评价时应遵循客观实际原则、全面系统原则、符合科学原则、动态发展原则、综合效益原则和定量与定性结合原则，运用定性评价法和定量评价法对旅游资源价值、旅游资源环境和旅游资源开发条件进行评价。

主要概念

旅游资源的分类；旅游资源调查；旅游资源评价；技术性单因子评价法；综合性多因子评价法

思考与练习

1. 旅游资源分类原则及主要的分类方法有哪些？
2. 简述《国标》旅游资源分类方案。
3. 简述旅游资源调查的内容和步骤。
4. 旅游资源调查的方法有哪些？
5. 如何撰写旅游资源调查报告？
6. 旅游资源评价的内容有哪些？
7. 简述旅游资源评价中常用的几种定性与定量评价方法。

案例分析

湛江市旅游资源评价①

一、旅游资源总体情况

湛江市旅游资源拥有国家分类标准中 8 个主类的全部。在亚类中，国家标准分为 31 项，湛江拥有其中的 26 项亚类，其中自然资源和人文资源各 13 项，各占一半。国家标准把基本类型划分为 155 项，湛江市拥有其中的 80 项，其中自然资源 27 项，人文旅游资源 53 项，人文资源高出全国同比构成的 12.06 个百分点。

五级资源单体有 10 处（湖光岩世界地质公园、硇洲灯塔、人龙舞、东海岛中

① 资料来源：湛江市旅游局。

国第一长滩、雷祖祠、角尾珊瑚礁自然保护区、天成台度假区、吉兆湾国际海洋度假区、海鲜美食、避寒气候地）；四级资源单体有39处（胡志明赠白格树林、广东海洋大学水生生物博物馆、湛江海湾观光游船线、白海豚保护区、南屏岛、南三听涛、那晏海石滩、特呈渔岛度假村、十里军港景观带、法国风景街、炭之家保健美容炭疗系列、大汉三墩主题园、南端窖尾角两湾景观、北部湾广州湾界洲滩角、南端窖尾角灯塔、罗斗沙岛、白沙湾滨海浴场度假区、雷州换鼓、三元启秀塔、雷州石狗博物馆、赤豆寮岛、九龙山国家红树林湿地公园、英利镇鹰峰岭滴水洞、遂溪醒狮、江洪仙群岛、吴川飘色、吴川泥塑、吉兆湾南天一柱礁石群、劏狗六爹故居及传说、高桥红树林小区、鹤地水库、河唇镇杨桃沟、湛江白切鸡、舞蜈蚣、穿令、爬刀梯、石狗信仰、湛江海产品、湛江珍珠）；三级资源单体有96处，二级资源分值单体有107处，一级资源分值单体有201处。

二、旅游资源的分布与区划

1. 市区

五级资源有湖光岩世界地质公园、东海岛中国第一长滩、硇洲灯塔、人龙舞4处；四级资源有胡志明赠白格树林、广东海洋大学水生生物博物馆、湛江海湾观光游船线、白海豚保护区、南屏岛、南三听涛、硇洲岛那晏海石滩、特呈渔岛度假村、十里军港景观带、法国风景街、麒麟"爬刀梯"、炭之家保健美容炭疗系列12处；三级资源有东坡荔园、康琦赛旅游区、南国热带花卉科技园、鲍鱼养殖区、龙海天旅游度假区、地质博物馆（含地震体验馆）、火山壁地层剖面、南亚热带植物园、金鹿园、三岭山国家森林公园、通明港红树林、通明村宣封庙、芦山村碉楼和古村落、湛江海湾大桥、湛江市博物馆、三民街传统骑楼街区、蓝月湾温泉、原法国公使馆、原法国军警楼、南三三红（红心鸭蛋、红心番薯、红萝卜）、东岭"翻刺床"、坡头乾塘陈氏大宗、伊甸园度假村23处。

2. 徐闻县

五级资源有角尾珊瑚礁自然保护区1处；四级资源有大汉三墩主题园（汉代丝绸之路起点）、南端窖尾角两湾景观、北部湾广州湾界洲滩角、南端窖尾角灯塔、罗斗沙岛、白沙湾滨海浴场度假区6处；三级资源有徐闻县博物馆、六极岛、唐八角航标灯座、三墩渔港风情（渔家乐等）、金土长寿村、南山镇三墩岛、牡蛎花海礁滩、火山岩景万年石莲花、火山岩景神龟、粤海铁路北港码头、杏磊湾温泉度假村、贵生书院、包宅村、县政府院内珍稀树丛（沉香黄花梨等）、菠萝的海景观15处。

3. 雷州市

五级资源有天成台度假区（沙滩、日落景观等）、雷祖祠2处；四级资源有雷州换鼓、雷州蜈蚣舞、三元启秀塔、雷州石狗博物馆、赤豆寮岛、九龙山国家红树林湿地公园、英利镇鹰峰岭滴水洞 7 处；三级资源有流沙村珍珠坊、宝林禅寺、伏波祠、邦塘古民居聚落、天宁禅寺、坡仔湾白鹭、西湖公园、镇中西街传统骑楼街区、高山寺、靖海宫楹联艺术碑廊、火山岩瀑布、樟树湾千亩樟林、陈氏宗祠及广场、见血封喉大树、英利镇干玛珥湖地貌、雷祖陈文玉、雷州潮溪村、梅州东林古民居 18 处。

4. 遂溪县

四级资源有遂溪醒狮、江洪仙群岛 2 处；三级资源有南方国家级林木种苗示范基地、苏二村古村落、马六良特色旅游示范村、抗法斗争纪念碑、笔架岭、草潭角头沙、洋青银河富贵竹现代农业示范基地 7 处。

5. 廉江市

四级资源有高桥红树林小区、鹤地水库、河唇镇杨桃沟 3 处；三级资源有茗皇茶文化大观园、三合竹寨温泉、舞鹰雄、谢鞋山野生荔枝林、新民镇桥头生态红橙园、安铺八音、安铺美食节、安铺龙舟节、双峰嶂旅游区、根竹嶂风景区、龙飞嶂风景区、塘山岭生态公园、仙人嶂、九洲江、宏达农家乐园、民族村、广海鸡 17 处。

6. 吴川市

五级资源有吉兆湾度假区 1 处；四级资源有吴川飘色、吴川泥塑、吉兆湾南天一柱礁石群、劏狗六爹故居及传说 4 处；三级资源有张炎故居、梅录祖庙、梅录古街、文天祥纪念馆、李汉魂故居、陈兰彬故居、双峰塔、林召棠状元祠、蛤岭文明村、芝蔼文明村、吴川花桥、林屋村全国文明村 12 处。

7. 湛江市内跨县级行政区的资源

五级资源有海鲜美食、避寒气候地 2 处；四级资源有湛江白切鸡、穿令、石狗信仰、湛江海产品、湛江珍珠 5 处；三级资源有年例、雷歌、雷剧、湛江元宵庆典、湛江海鲜美食节 5 处。

8. 旅游资源区划

第一，湛江城区和港湾综合资源区。湖光岩区、港湾东岸城区、港湾和西岸城区、南三岛区、特呈岛区、遂溪-芦山村传统文化区 6 个亚区。第二，雷州湾海岛资源区。包括东海岛区、硇州岛区 2 个亚区。第三，雷州传统文化资源区。包括雷州历史文化名城区、通明-程村区、遂溪传统文化和客路观鸟区 3 个亚区。第四，雷州火山地貌资源区。包括英利镇传统文化区、新村干玛珥景观区、九龙山区 3 个亚区。第五，南部徐闻综合资源区。徐闻县中心城区、海安滨海度假区、大汉三墩区、大陆南端和角尾珊瑚礁自然保护区、流沙珍珠养殖区、菠萝的海景观区 6 个亚区。第六，西海岸南段滨海资源区。天成台滨海度假区、龙门传统文化区、火炬火山岩瀑布区 3 个亚区。第七，西海岸中段滨海资源区。赤豆寮岛滨海沙滩区、江洪滨海区、乐民传统文化区 3 个亚区。第八，北部廉江综合资源区。廉江市中心城区、银湖度假和生态农业区、安铺传统文化区、高桥红树林小区 4 个亚区。第九，东北部吴川综合资源区。吉兆湾滨海度假区、吴阳人文资源区 2 个亚区。

三、湛江市旅游资源评价

1. 总体评价

第一，人文资源与自然资源齐胜。旅游资源单体中人文资源占到总量的 7 成，在主类的资源单体构成中建筑与设施主类占突出优势，自然资源类型中滨海和火山蚀余地貌具有数量多的特色。旅游资源单体中部分为复合型资源。

第二，品种齐全特色明显。湛江市旅游资源拥有国家分类标准中 8 个主类的全部；31 项亚类中的 26 项亚类，其中自然资源和人文资源各 13 项；155 项基本类型中的 80 项。拥有一批特色旅游资源，如以地质奇观玛珥湖、天成台中国大陆最美落日景观、人龙舞为代表的非物质文化遗产，还有角尾珊瑚礁自然保护区、吉兆湾国际海洋度假区、海鲜美食等。

第三，旅游资源分布相对集中。湛江旅游资源在分布上相对集中，主要旅游资源沿着广湛高速公路、徐湛高速公路及海岸线集中分布。

第四，优化度好，组合度高，易于建设复合型产品。湛江市拥有海滨旅游资源、生态旅游资源、历史文化旅游资源、火山地质旅游资源等多种旅游资源，且各种类型的旅游资源组合较好，资源等级较高，对建设复合型旅游产品提供了坚实的基础。

2. 类型评价

第一，地质地貌旅游资源。火山旅游资源价值特别突出，尤其是世界地质公园湖光岩，典型的玛珥湖景观形成了巨大的国际影响力。

第二，海洋旅游资源。湛江海岛海岸类型丰富，有湛江市"五岛一湾"区、天成台滨海沙滩、十里军港景观、吉兆湾国际海洋度假区等，丰富多样的海洋旅游资源类型为海洋度假休闲旅游产品的开发打下了坚实基础。

第三，生态旅游资源。湛江生态旅游资源独特，热带植物景观多样，热带花木、热带水果品类丰富，有油楠、印尼桂木、雨树等不少世界名贵树种，有红橙、火龙果、杨桃、香蕉、菠萝、荔枝等热带水果，有野生荔枝林景观、高桥红树林小区经典景观。湛江海洋鱼类丰富，角尾珊瑚礁自然保护区为代表的特色生物景观，精妙无比，为生态旅游的开展提供了难得的资源条件。

第四，民俗文化旅游资源。湛江民俗文化丰富而独特，东海人龙舞享有"东方一绝"盛誉，遂溪是"中国醒狮之乡"，吴川三绝（泥塑、花桥、飘色）获得广大游客盛赞；雷州石狗被列为中华民族民间传统文化保护项目，雷州市夏岚北村的楹联碑廊被誉为"南方的碑林"。盛行全湛江的年例文化，也是十分有利于旅游开发的综合性文化活动。

第五，人类文化遗址旅游资源。人类遗留活动遗址类型多价值高，特别是徐闻"海上丝绸之路"始发港，硇洲岛南宋皇城遗址，昭示历史的辉煌。

第六，古建筑旅游资源。湛江市保存有不少具有历史文化价值的历史文化街区和古民居古村落。广州湾法国公署使旧址等组成的法国风情街区，记录着殖民文化的痕迹，结合硇洲灯塔等古建筑，是进行国际旅游营销的重要文物；赤坎三民古街是繁华的历史文化商业街，是贸易集散点，还是湛江外贸的发源地。同时，麻章庐山村古民居、雷州邦塘古民居都是价值很大的旅游资源。

第七，美食旅游资源。湛江饮食文化历史悠久，交汇中外，影响广泛，"湛江菜"是粤菜的重要组成部分，以用料新鲜、嫩滑爽脆、清淡鲜美等独特风味和制作精细而享誉各地。其中又以海鲜美食最受欢迎，湛江获得了"中国海鲜美食之都"的美誉。

3. 特色评价

第一，玛珥湖景观罕见。湖光岩玛珥湖具有极高的科学价值，是全球仅存二处的保存最完好的玛珥湖，湖水由地下矿泉汇聚而成，水质清净，富含微量元素，而且具有神奇的自净功能。玛珥湖一带大气含负离子高，是康体保健的"天然氧吧"。

第二，海洋旅游资源得天独厚。湛江主体是半岛地形，拥有不少海岛，地处北热带，环境质量优良。众多沙质细软、海水清澈、阳光充足的优质沙滩为优质度假区建设创造了优良条件。高桥红树林小区是中国连片面积最大、种类最丰富的红树林带，是著名的"海上森林公园"，角尾珊瑚礁自然保护区是大陆唯一的珊瑚保护区，观赏价值大，开发空间大。近海与远海旅游产品的发展具有巨大空间。

第三，非物质文化遗产绚丽多姿。以东海人龙舞、遂溪醒狮、吴川飘色为代表的非物质文化遗产，特色鲜明，表演色彩浓郁，开发潜力巨大。

第四，海鲜美食脍炙人口。湛江海洋物产丰富，海鲜美食以用料新鲜、嫩滑爽脆、清淡鲜美受到普遍欢迎，获得了"中国海鲜美食之都"的美誉。

4. 组合评价

资源分布为"一心、二带、三区"的组合特征和不对称的"山"字形格局。一心即湛江市中心城区。二带：第一条带是雷州半岛"U"字形的滨海资源带，这条带海陆交接，带状而又不间断分布着滨海景观、沙滩浴场、珍珠养殖、红树林、渔港风情、珊瑚礁等特色资源。第二条带是南北向纵贯雷州半岛中部的徐湛高速公路沿线两侧，以人文景观和农业生态旅游资源为主。三区：第一片区是海岛海岸资源区，即湛江市"五岛一湾区"、吉兆湾黄金海岸带；第二片区是以雷州历史文化名城为中心的雷州传统文化资源区，是传统文化集聚的区域；第三片区是大陆最南端和徐闻县城为中心的南部徐闻综合资源区，集中体现祖国大陆南端古今海洋运输文化。

5. 吸引力评价

第一，具有国际吸引力的资源。湖光岩世界地质公园、湛江市"五岛一湾"旅游度假区、大汉三墩旅游区、角尾珊瑚礁自然保护区、雷州历史文化名城区、天成台滨海度假区、吉兆湾国际海洋度假区，都是具有国际吸引力的资源集聚景区，尤其是开发中积极引入地方文化元素，特色就更加明显。

第二，具有跨区域吸引力的资源。湛江广东海洋大学水生生物博物馆、法国风情街、白沙湾滨海浴场度假区、邦塘古民居聚落、赤豆寮岛、高桥红树林小区、鹤地水库、河唇镇杨桃沟等旅游区。

第三，具备周边吸引力的资源。南亚热带植物园、金鹿园、三岭山国家森林公园、通明港旅游区、芦山村碉楼和古村落、湛江市博物馆、三民街传统骑楼街区、蓝月湾温泉、李汉魂故居、林召棠状元祠、蛤岭文明村、芝蔼文明村、茗皇茶文化大观园、三合竹寨温泉、谢鞋山野生荔枝林、新民镇桥头生态红橙园、南方国家级林木种苗示范基地、苏二村古村落、西湖公园、镇中西街传统骑楼街区、高山寺、靖海宫楹联艺术碑廊、英利镇旅游区、杏磊湾温泉度假村、贵生书院、菠萝的海景观等。

6. 开发利用潜力评价

总体上，湛江是一个旅游资源丰富而且特色明显的地区。从开发利用潜力来考察旅游资源，必须以市场导向理念来评价。

第一，特色鲜明的文化旅游资源，是湛江旅游产品特色形成的最主要依托。湛江地方文化特色鲜明，显著地区别于其他地区的海岸海岛旅游资源，相对于海南岛、广西北部湾的文化旅游资源，更具有市场价值，尤其是人龙舞、飘色、醒狮、舞鹰雄、雷州换鼓具有良好的舞台艺术加工价值，十分容易成为大型表演项目的文化元素，容易凭借其铸造旅游特色。

第二，丰富多样的海洋旅游资源，是湛江旅游产品体系建设的最主体成分。海岛海岸及其海洋生物等海洋旅游资源是湛江旅游业发展的主要载体，但是也存在独特性不显著的问题，必须凸显中国大陆最美落日、最好珊瑚、最大红树林三大特色。

第三，享有盛誉的火山旅游资源，是湛江旅游产品品牌建设的最重要要素。利用玛珥湖国际地质奇观的影响力，同时赋予神秘色彩，铸造国际品牌。

总之，湛江旅游资源的开发，应该利用文化塑造特色，结合地质奇观铸造品牌，通过利用海洋旅游资源形成度假休闲精品。

案例思考题：

1. 湛江市旅游资源评价涉及了哪些评价内容，有没有缺陷？

2. 湛江市旅游资源评价运用了哪些评价方法，合不合理？

实训练习：

对当地某一旅游景区的旅游资源进行分类、调查和评价。

实训目的：

通过实训，掌握对旅游资源分类、调查和评价的相关知识技能。

实训步骤：

1. 将全班学生分为几个小组，以某市或者县区的旅游资源为分析对象，要求每个小组的调查对象不一样。

2. 每个小组内部自行分工合作，根据旅游资源的国标分类方法，完成对旅游资源的分类工作，将分类结果打印出来形成资料一。

3. 在分类的基础上，选定具有代表性的，具有明显经济、社会、文化价值的旅游资源几个单体进行调查，并填写《旅游资源单体调查表》，撰写旅游资源调查报告，将调查报告打印出来形成资料二。

4. 在调查的基础上，再运用国家标准旅游资源共有因子综合评价系统对调查的旅游单体进行评价，将对单体的综合评价打印出来形成资料三。

5. 借鉴案例分析中对湛江旅游资源的综合评价方法，对该市或县区的旅游资源进行综合评价，将综合评价打印出来形成资料四。

第三章　旅游市场营销规划

学习目标

·了解旅游市场的内外环境。

·掌握旅游市场调研的科学方法。

·在市场调研、市场细分的基础上，通过科学预测，以前瞻性的目光确定最适合旅游地进入的目标市场，并据此制定旅游市场营销战略。

重点和难点

·旅游市场调研方法

·旅游市场预测方法

·旅游目标市场定位

本章内容

通过本章的学习，掌握旅游市场调研的内容、方法与步骤，旅游市场预测的方法与程序，旅游目标市场定位的原则与策略、过程，旅游市场宏观环境和微观环境的分析，及旅游市场营销组合策略。重点注意掌握旅游市场调研、旅游目标市场定位、旅游市场环境分析等内容。

案例导读

宋城旅游景区体验营销

景区整体布局营造非凡感官体验氛围。宋城景区坐落在钱塘江畔，结合着所处的实际位置，景区的建设运用了多种造园手法，源于历史、高于历史。依据宋代杰出画家张择端的《清明上河图》，再现了宋代都市的繁华景象。在景观上创造了一个有层次、有韵味、有节奏、有历史深沉感的游历空间。在中国传统山水园林艺术手法基础上，吸取了西方开朗、飘逸、注重功能的艺术处理手法，使之既有《清明上河图》的古朴、凝重、严谨，又有景观的包容性和冲击力。景区内斗拱飞檐，车水马龙，渗透出一幅浓郁的古宋风情。景区内各商业区、表演区相对独立但又处处统一于整个景区的宋文化体验这个主题。错落有致的整体布局，在感官上为游客营造了一种非凡的体验氛围。

丰富多元的景区游客体验活动。如果仅有一些仿古建筑，那就和许多城市的仿古街区并无二样，仅在杭州，就还有"河坊街"这样的仿古街区，论地理位置、建筑面积，宋城景都是无法与"河坊街"相比的。宋城要想和"河坊街"争夺客源，那它就要有自己的一些能够吸引游客的秘密武器。我们都知道，体验营销的关键在于参与，如果没有参与，难以形成真正的体验。宋城景区内的所有工作人员均按照岗位身着不同的宋朝服饰，给游客一种仿佛超越了时空的感觉。景区内还为游客准备了大量的互动节目，宋城的民间奇人为游客展示生平绝艺：指画、魔术、杂技、口技、木雕、陶塑、草编、糖画……千奇百怪的传奇绝艺可以让游客们充分感悟传统文化的魅力，古街道两旁还有许多写着"游客学艺点"招牌的小铺，如果游客有兴趣，还可以和这些艺人们学上几招，带一个"DIY"的特殊纪念品回家。在城门边上的"王员外楼"每天还准时上演"王家小姐彩楼抛绣球"，更是将游客们的情绪推向极点。由于任何项目都要衰老，维持独特性或新鲜感的根本是项目持续创新。为防止节目老化，景区还根据季节的不同，适时推出"火把节""泼水节""天灯节"等能够让游客广泛参与其中的活动。这样，游客们离开景区时的收获就不仅仅是见识了一些古建筑，他们带走的将是一次美妙的体验感受和愉悦的心情。景区获得的也不仅仅只是门票收入，还有游客口口相传的好评。

用高技术含量的主题表演塑造难忘印象。约瑟夫·派因二世（B. Joseph Pine II）与詹姆斯·吉尔摩（JamesH. Gilmore）（1998）在《哈佛商业评论》中指出了体验经济时代的来临。提出体验是以服务为舞台、以商品为道具，围绕消费者创造出值得消费者回忆的活动。他们将体验分为四大类：娱乐、教育、遁世和美学。让人感觉最丰富的体验，是同时涵盖四个方面，即处于四个方面的交叉的"甜蜜地带"（Sweet Spot）的体验。每天在景区内准时上演的"宋城千古情"就是这样一部同时涵盖了娱乐、教育、遁世、美学于一体的大型歌舞剧，给了游客最丰富的体验。该剧耗资 5 000 万、由 300 位演员演出。它以河姆渡文化、白蛇传、岳飞抗金等杭州的历史典故、神话传说为基点，融合世界歌舞、杂技艺术于一体，运用了全彩激光、瞬息万变的魔幻灯阵、从天而降的垂帘水幕、真切立体感受的江南烟雨、百米旋转幕布景等现代高科技手段组成跌宕起伏的宏大场面，营造出如梦似幻的意境，给人以强烈的视觉震撼。观众置身其中仿佛又回到了千百年前，既愉悦了身心又了解了杭州的古老历史。《宋城千古情》上演至今，已经迎来了 1 000 多万观众，据统计，每年的观众人数达到 200 多万，成为每一个到杭州的游客必看的剧目。

（节选《看宋城景区对体验式营销策略的运用》（2008）黄勇，徐金鹏。）

思考：试分析宋城旅游景区市场营销在产品开发方面成功的原因。

第一节　旅游市场调研

旅游市场调研，即旅游市场调查，是指运用科学的方法和手段，有计划、有目的、有步骤地系统收集、记录、整理、分析和总结与旅游市场变化有关的各种旅游消费需求，以及旅游营销活动的信息、资料，并对特定问题或突发情况进行集中性研究，能为旅游开发提供客观决策依据的活动。

一、旅游市场调研的目的与意义

随着世界旅游业的发展，旅游市场范围不断扩大，从地区旅游市场逐步发展到全国旅游市场、国际旅游市场，客观上要求旅游地进行市场调查分析，掌握更多的市场信息，进行正确的决策。旅游市场调研的目的和意义具体表现在以下几个方面：

（一）为旅游地了解市场需求，明确发展方向提供依据

旅游市场营销规划在探明旅游市场需求变化特点，掌握市场供需情况的基础上，结合旅游地旅游资源自身的特点，为旅游地主要旅游产品的开发提供科学的依据，引领整个旅游地的发展方向，对旅游规划的效果有至关重要的作用。

（二）为旅游地开拓潜在市场、开发新产品提供依据

产品生命周期理论归纳了这样一个事实——任何旅游地都不会在现有市场上保持一成不变的销售旺势。因此，一些旅游地往往采用重新规划、专题规划等手段改善或提高市场销售效果。通过旅游市场调查，系统、连续地收集来自市场各方面的信息资料并进行市场预测。在某种旅游产品的特定客源市场还未达到饱和状态时，制定行之有效的产品开发战略。

（三）为旅游地改善经营管理、规避风险提供依据

在旅游市场竞争中，知己知彼是取胜的关键。旅游地通过市场调研了解自身在市场竞争中的能力、了解竞争对手的优势，在经营管理过程中及时掌握市场动向，扬长避短，有效规避经营风险。

二、旅游市场调研的主要内容

旅游市场变幻莫测，市场营销过程中会遭遇各式各样的问题，故旅游市场调研的内容也极为广泛。由于调查目的和时间的限制，内容不尽相同。但一般而言，旅游市场调研的基本内容包括：旅游市场环境调研、旅游市场需求调研、旅游市场供给调研、旅游市场营销调研。

（一）旅游市场环境调研

旅游地的生存与发展是以旅游市场环境为依托的。对旅游地而言，市场环境属于不可控因素，旅游地的开发、经营必须与之协调。具体而言，涉及：

1. 政治环境，包括政府对旅游发展的态度和制定的相应政策，以及当地的政治氛围和社会稳定状况。

2. 经济环境，包括我国及客源国（地）的国民经济特征、消费结构与消费水平、物价水平，以及全球旅游经济发展趋势。

3. 法律环境，包括与旅游业发展有关的方针政策和法律法规，如旅游法、环境保护法、出入境管理条例、地区旅游条例等。

4. 文化环境，包括旅游目的国（地）的价值观、文化素养、职业特征、民族特征、宗教信仰与风俗禁忌、审美观等。

5. 自然环境，包括区位条件、目的地的可进入性、自然景观、气候状况、旅游资源状况等。

（二）旅游市场需求调研

旅游市场需求是指在一定时期内、一定价格上，旅游者愿意并能够购买旅游产品的数量，即某一价格下所有旅游者对旅游产品需求数量的总和。旅游市场需求状况直接影响到旅游市场的购买能力和市场规模的大小。针对旅游者所进行的

旅游市场调研涉及：

1. 旅游市场总体状况，包括国民经济发展水平与人口特征、收入水平与闲暇时间、现实与潜在旅游者的数量、旅游市场结构等。

2. 旅游动机，即对致使游客产生旅游行为的内在原因进行调查，以便有针对性地开展营销活动。

3. 旅游行为，即旅游者在实际旅游过程中的具体表现，如旅游时间、地点、出行方式、停留时间、旅游偏好、消费结构等。

（三）旅游市场供给调研

旅游市场供给是指一定条件和一定价格水平下，旅游经营者愿意并且能够向旅游市场提供的旅游产品的数量。对旅游市场供给的调研，涉及：

1. 旅游资源，是指那些能够对旅游者构成吸引力的自然因素、社会因素及其他因素，是旅游业发展的基础。旅游资源的数量和质量决定着旅游者对目的地的选择，同时也制约着当地旅游业的发展状况。

2. 旅游设施，是旅游地为直接开展旅游经济活动向旅游者提供的食、住、行、游、购、娱等方面服务的凭借物。旅游设施和相应产品、服务的数量和质量反映着目的地的接待能力。包括旅游交通、旅游饭店、娱乐设施和购物点等。

3. 旅游服务，是旅游产品的核心。包括售前服务、售中服务和售后服务。

（四）旅游市场营销调研

现代旅游营销活动是包括产品、价格、分销渠道、促销状况等在内的营销组合活动。旅游市场营销调研也围绕着这些要素展开。

1. 旅游产品，是旅游地赖以生存的物质基础。只有不断推出能够满足旅游者需要的产品，才能在激烈的市场竞争中赢得生存空间。包括产品设计、产品组合、产品生命周期、新产品的研发等情况的调查。

2. 产品价格，直接影响到旅游产品的销售状况和旅游地的盈利水平。旅游地必须事先对产品供求状况及变化趋势、替代产品和新产品价格策略等进行调研，制定合理的价格策略，应对市场竞争。

3. 分销渠道，影响到旅游产品的销售效率和销售成本。必须对销售渠道的长度和宽度、旅游中间商、提高销售效率和降低销售成本的方式等进行调研，选择合理的产品销售渠道。

4. 产品促销，着重于促销对象、促销方法、促销投入和促销效果四个方面的调研。

三、旅游市场调研的方法与步骤

（一）旅游市场调研方法

市场调研方法很多，在旅游市场调研中常用的方法有：

1. 文案调查法

文案调查法，又称间接调查法、资料分析法、室内研究法，就是通过收集各种历史和现实的动态统计资料（二手资料），从中摘取与市场调查课题有关的情报，在办公室内进行统计分析的调查方法。旅游市场调研需要收集的数据，主要来源于：国家机关公布的相关资料；旅游组织、旅游行业协会发布的资料；旅游研究机构、专业情报机构和咨询机构提供的研究结构和市场情报；旅游地内部资料和旅游地间的共享资料；国内外公开出版物等。可以通过文献资料筛选、报刊剪辑、情报联络网络等方式获取以上资料。鉴于文案调查法所需时间和成本相对较低，故通常被作为市场调查的首选方法。

2. 访问调查法

访问调查法，即访谈法，是指市场调查人员采用访谈询问的方式向被调查者了解旅游市场情况的一种方法。旅游营销人员在需要了解如学历、爱好、工作、收入水平、家庭结构、宗教信仰、兴趣爱好、对旅游产品的满意度等情况时，可以采用访谈法。依据实际情况，可采用面谈、电话访问、邮寄访问、留置问卷等方式进行调研。

3. 观察调查法

观察调查法，即观察法，是指调研人员凭借自己的眼睛，或借助仪器设备，在调研现场对被调查者的行为和事物信息进行观察和记录的一种收集方法。由于调查者通常是在不知不觉中被观察调查，处于"无意识状态"，故收集到的资料较之访谈法要更为客观、可靠。依据客观需要，可以采用直接观察、亲身经历、痕迹观察、行为记录等方式进行记录调研。但在实际观察中，无论采用哪种方式，都必须保持客观公正的态度，摈除主观偏见。

4. 实验调查法

实验调查法，即实验法，是指把调查对象置于特定的控制环境下，通过控制外来变量和检验结果差异来发现变量间的因果关系，获取信息资料的调查方式。该方法起源于自然科学的实验室试验法，数据的客观性很强，排除了主观臆测的可能，对于研究变量之间的因果关系非常有效。实验法主要包括市场试销实验法、实验室实验法、模拟实验法。其中，市场试销实验法适用于旅游市场调研。

5. 抽样调查法

抽样调查法，是指从研究对象的全部单位中抽取一部分单位进行考察和分析，并用这部分单位的数量特征去推断总体的数量特征的一种调查方法。抽样调查法是对客源市场需求和反映进行调研的最为常用的方法之一。其对象主要是外来游客。抽样调查的关键在于调查问卷的设计，其形式和内容可根据调研对象和目的灵活设置。但一般要包括游客的个人信息、旅游目的和动机、旅游消费结构等。采用此法时，一般要选择便于调研的地点，如车站、码头、景区景点、旅游集散中心等。

6. 网络调查法

网络调查法，是指调查人员利用互联网了解和掌握市场信息的方法。具体方式是通过 Web 方式附加调查问卷、给被调查者发送电子邮件等方式获取资料。较之传统调研方法，网络调查在组织实施、信息采集、调研效果等方面具有明显的优势，但受众范围的局限性较强，仅限于上网人群，缺乏广泛性。网络调查法在具体实施过程中，要慎重选择搜索引擎。

（二）旅游市场调研步骤

旅游市场调研步骤，是指从明确营销活动中面临的特定问题开始，到对这一问题的营销调研结束的全过程中，按照顺序进行的工作步骤。一般而言，有效的旅游市场调研要经过：确定调查目标、制订调查方案、实地调查和收集信息、分析信息并撰写调查报告四个步骤。

1. 确订调查目标

调查目标是调查所要达到的具体目的，包括旅游地产品和服务问题、经营中出现的困难、市场竞争问题及未来发展方向等。为使调查方向更为明确、调查结果更为科学，旅游市场调研之初，就应当确定旅游市场调查中存在的问题，找出导致问题出现的原因，提出解决建议和调查工作所要达到的目标。根据调查目的，考虑调查的范围和规模大小，调查的力量、时间和费用负担保障程度，对调查本身进行可行性研究。综合考虑经济效益和社会效益，避免调查工作走弯路，致使调查结果和取得的信息资料不能发挥有效的作用。

2. 制订调查方案和调研计划

确定调查目标后，就应当制订调查方案和调研计划。

调查方案是对某项调查本身的设计，包括调查目的和要求、调查对象、调查内容、调查的地域范围、调查方式等，是指导调查顺利实施的依据。

调研计划是对某项调查的组织领导、人员配备和考核、工作制度、完成时间和费用预算等的预先安排。目的在于更为有计划、有秩序地开展调查工作，保证调查方案的实施。在制订调研计划时，需要考虑调研计划的价值、调研的费用和调研所要收集的资料范围，避免资源的浪费。

3. 实地调查和收集信息

拟订的调研计划经主管部门审批之后，就进入了实地调查和收集信息的阶段。这个阶段要做的工作，就是组织调查人员按照调查方案的要求和调研计划的安排，通过实地调查或文案调查，收集、整理相关资料。在信息收集过程中，调研人员要随时对问卷中的不合理之处进行沟通、反馈，以便调研计划的完善。

4. 分析信息和撰写调查报告

资料收集完毕之后，旅游调研人员应运用恰当的统计分析方案，对所有信息进行整理、筛选、分析，进而得出全面而符合逻辑的结论。并根据分析结果，用清晰明了的语言和数据，以解答问题的形式，撰写调研报告。

调研结果一般有两种类型：专门性调研报告，包括调研报告纲要、调研目标、方法、资料来源、数据分析、结果与建议、附录等；一般性调研报告，包括调研发现与调研结果、调研目的、方法、建议和附录等。调研报告的格式并无严格要求，但报告所引用的数据必须加以复核，力求准确无误。同时，报告的内容要简明扼要，客观完整。

第二节 旅游市场营销策划

一、旅游市场细分

（一）旅游市场细分的概念

市场细分是美国市场学家温德尔·斯密于 1956 年提出的一个概念，指营销者通过市场调研，依据消费者的需要和欲望、购买行为和购买习惯等方面的差异，把某一产品的市场整体划分为若干消费者群的市场分类过程。正是由于旅游者所处的地理环境、文化、社会、个人行为和心理特征的不同，决定了旅游者之间的需求存在着广泛的差异。旅游地要提高自身竞争力，获取较大的市场份额，必须对整个旅游市场进行细分。

旅游市场细分，是指根据旅游消费者的需求特点和旅游活动的差异性、相似性，将所有旅游消费者划分成若干个不同的旅游者群，即将整体旅游市场划分成若干个不同的旅游分市场，并从中选择一个或多个分市场作为目标市场的一种方法。

（二）旅游市场细分的作用

旅游市场细分是分析旅游消费需求的一种手段，对于旅游地而言，有以下作用：

1. 有利于潜在市场机会的发现

通过市场细分，可以发现尚未满足的需求，从而找到最有利的市场营销机会。一个未被注意到的细分市场，可能比拥有众多竞争对手的大市场给企业带来更多的价值，为企业赢得生存空间。

2. 有利于集中优势资源

任何一个旅游地的资源、人力、物力、财力都是有限的。通过细分市场，在选择适合自己的目标市场后，旅游地可以集中区域资源优势，包括人力、财力、物力等，去争取局部市场的优势，进而占领自己的目标市场。

3. 有利于竞争策略的制定灵活

对细分子市场特点的分析，便于了解旅游者的需求，根据自身条件，确定目标市场，并制定相应的营销策略。同时，由于市场细化，旅游者的需求变化可以及时得到反馈，使得旅游地迅速改变营销策略，提高自身的竞争力。

（二）旅游市场细分的原则

1. 可衡量性原则

可衡量性是指进行市场细分的标准和细分后的细分市场的规模、潜力等是可以衡量的。主要包含两层含义：一是细分旅游市场所选择的标准要和旅游者的某种或某些旅游购买行为有必然的联系；二是细分旅游市场所选择的标准要能定量测定，能明确划分各细分市场的界限。这样才能使细分市场的购买行为明显地区别开来，从而找出真正相似的消费行为，同时从旅游消费者那里得到相关的旅游信息，并对其进行定量分析，为旅游营销者有效地针对不同细分市场制定营销组合提供实际可能。

2. 可盈利原则

可盈利原则，是指市场被细分出来以后，所选择的细分市场一定是要有开发价值的。市场细分的过程使整体的大市场小型化，但如果分得太细，规模太小，投入远远超过收益，那就毫无意义。某些细分市场虽然在整体市场中所占的比重很小，但购买力足以达到盈利水平，也是值得考虑的。

3. 可进入原则

可进入原则，即要求细分出的市场使旅游产品能够进入，从而占有一定的市场份额。一方面，客观上有接近的可能（可接近原则），即营销者要有与客源市场进行有效信息沟通的可能，同时还要具有通畅可达的销售渠道，这对于具有异地性特征的旅游市场尤为重要。假使旅游广告根本无法让细分市场的旅游者看到或理解，或细分市场的旅游者受种种限制根本不可能达到旅游目的地，这样的细分市场即使开发潜力再大，对旅游地也没有任何价值。另一方面，主观上要有能开发的实力（可执行原则），即营销者要有吸引和服务于相关细分市场的实际操作能力。

4. 稳定性原则

旅游市场细分是一项复杂又细致的工作，细分后的市场应具有相对的稳定性，便于企业制定较为长期的市场营销策略，进而有效地开拓并占领目标市场，获取预期的经济效益。如果变化太快、太大，会使企业制定的营销策略很快失效，造成资源浪费的同时，使企业陷入前后脱节的被动局面。

（四）旅游市场细分的标准

一般的旅游市场细分标准可以概括为地理因素、人口统计特征、心理因素和行为特点四个方面。具体方法如下：

1. 以地理因素为标准进行划分

即按照旅游者所处的地理位置、自然环境来细分市场，其标准包括行政区域、地理位置和气候条件等。

（1）地理区域标准

地理区域是细分旅游市场最基本的变量，即根据旅游客源产生的地理区域和行政区域为标准对旅游市场进行划分。对于国际旅游市场，通常以洲别、国别或地区为单位进行划分；对于国内旅游市场，通常以省、市、县等行政区域作为单位划分。比如，世界旅游市场分为六大旅游区域，包括欧洲市场、美洲市场、东亚及太平洋市场、南亚市场、中东市场和非洲市场。不同地理区域的特征不同，对旅游者的吸引力不同，旅游需求也各有差异。

（2）按距离远近划分

旅游客源地与目的地之间空间距离的差异，在旅行时间、费用、语言交际、文化交流等方面都构成了旅游的障碍。据此，可将旅游市场细分为近程市场、中程市场和远程市场。

（3）按气候特点划分

各地气候不同会影响到旅游产品的消费和旅游者的流向。按照气候特点的不同，可将旅游市场细分为热带旅游区、亚热带旅游区、温带旅游区和寒带旅游区。

2. 人口统计标准

按人口统计特征细分，是将市场按年龄、性别、职业、家庭规模、婚姻状况、收入、受教育程度、宗教信仰、民族、国别等为依据划分为不同群体。由于人口统计特征较之其他变量更容易区别，且与消费者的兴趣爱好、文化习惯及产品使用率等都有密切联系，因此在旅游市场细分中较为常用。

（1）按年龄细分

年龄是旅游市场细分理论的一个重要社会——人口学变量，不同年龄阶段的消费者在其消费偏好、出游方式、出游频率和空间行为等选择上的差异，直接影响到整个旅游市场的发展。按照这一要素可以将旅游市场细分为少年市场、青年市场、中年市场、老年市场（银发市场）。

（2）按性别细分

不同性别的旅游需求有所差异，可以细分为男性旅游市场和女性旅游市场。对于国内大部分旅游景区而言，性别差异在旅游市场中的区别并不明显。但对于特殊旅游项目，如高强度运动型、探险型、刺激型的旅游景区和旅游项目，吸引的男性游客较女性游客多。而安全系数高、价格优势明显的旅游项目，则更受女性游客青睐。但随着社会的进步，这种区别也在逐渐缩小。

（3）按职业特征细分

不同职业的旅游者，由于其知识水平、工作条件和生活方式等的不同，消费模式存在着很大差异。不同职业的购买水平和休假制度，也影响到对旅游目的地、交通方式等的选择。

（4）按受教育程度细分

不同学历层次的旅游者，其文化素养、价值观念、生活方式等都存在着差异，并直接影响到他们的旅游行为选择。一般而言，受教育程度越高，旅游的品位就越高，对旅游的需求也相对较高。不同类型的旅游景区（点）必须根据自身资源的特色来确定相应程度的群体作为目标市场。

3. 心理因素标准

按心理因素细分，是按照旅游者的生活方式、态度、个性等心理因素来细分旅游市场。旅游者的需要、消费能力、购买行为，不仅受人口统计特征因素的影响，还受到心理因素的影响。其细分方法主要有：

（1）按生活方式划分

生活方式是一个人对生活、消费、工作、娱乐活动等的不同态度。旅游地可以根据旅游者生活方式的不同，设计不同的营销组合来适应不同细分市场的需求。

（2）按社会阶层划分

社会上相对的同质性和持久性的群体构成了社会阶层，每一个阶层的成员都具有相同或相似的价值观、兴趣爱好和行为方式。一个人的社会阶层与其收入水平、职业、受教育程度等多种因素有关。不同社会阶层的旅游者对旅游产品的需要不同。旅游市场营销人员应根据不同阶层的旅游心理特点去提供产品和服务。

（3）按性格划分

性格，就是导致一个人对其客观环境做出持续反应的明显特征。人们外出旅游主要追求的是一种精神享受，自身的性格特征会直接影响到其行为选择。按性格划分，旅游者的心理特征可分为"自我中心"型和"多中心"型两种。

4. 行为特点标准

按行为特征划分，是指根据旅游者对产品的购买行为和使用情况等进行市场细分。常用的细分标准有：购买目的、购买时间、购买方式、购买数量、购买频率和品牌信赖程度等。

（1）购买目的

按购买目的细分，通常可分为观光旅游市场、度假旅游市场、商务旅游市场、会议旅游市场等。

（2）购买时间和购买方式

按购买时间划分，可分为淡季旅游市场、旺季旅游市场和平季旅游市场。

购买方式，包括旅游者购买旅游产品过程的组织形式和渠道。按其组织形式，可分为散客旅游市场和团体旅游市场。按渠道，可分为网络购买、电话购买、零售商处购买等。

（3）购买数量和购买频率

按旅游者购买产品的数量和频率特征，可分为较少旅游者、多次旅游者和经常旅游者。旅游地应适当保持与旅游者的联系，深入探析不同购买者数量特征的旅游群体在人口属性、心理特征等方面产生差异的深层原因。特别要加强与经常使用者之间的联系，使其频率进一步提高。

（4）购买习惯

购买习惯，体现出旅游者对产品的忠诚度。据此可分为，坚定品牌忠诚者、多品牌忠诚者、转移忠诚者、无品牌忠诚者。旅游地必须善于辨析其消费者的忠诚度，以便更好地满足他们的需求，适当给予忠诚顾客以某种形式的回报。

（五）旅游市场细分的程序和步骤

旅游市场细分的目的在于，通过对旅游者的归类，使企业能够更好地把握各个消费群体的特征，并据此作出正确的决策。但旅游者人数众多，需求特征差异大，可供选择的变量很多。因此，要有效细分市场，必须遵循一定的程序与步骤。

1. 选定市场范围

旅游地在选定市场范围时，要根据旅游市场的需求来划定市场范围，选择符合自身资源特点和经营目标的市场来进行研究。旅游市场细分是在一个整体市场中划分出的分市场上进行的。如旅游产品设计上，是以观光型为主，还是以休闲度假或商务旅游为主。旅游市场定位必须以市场需求为基础。

2. 列举潜在顾客的需求

在选定产品市场范围的基础上，旅游地可以从地理、人口、心理、行为等各种因素入手，初步预测潜在旅游者的需求，以进一步了解市场需求状况。如会议旅游者要求通信方便，而疗养旅游者要求环境清静、空气清新等。

3. 分析潜在顾客的不同需求

在初步分析的基础上，旅游地以罗列出的各种需求为依据，对不同类型、具有鲜明特征的潜在顾客进行归纳，并进一步了解他们较为迫切的需求，然后集中选择两三个作为市场细分的标准。

4. 确定市场细分的标准

对初步选定的各细分市场的需求因素进行验证，剔除各细分市场的共同需求和次要需求因素，保留那些具有鲜明特征的主要需求作为细分标准。

5. 进一步了解各细分市场旅游者的旅游需求和购买行为

为使企业的市场细分更加科学合理，企业必须对各细分市场旅游者的需求和购买行为进行进一步的了解。了解影响细分市场的新因素，以决定对各细分市场有无必要再做细分或重新合并，以适应市场变化。

6. 分析各细分市场的规模和潜力

对个细分市场进行综合评估，尤其是对各细分市场的发展潜力、规模和经济效益等进行评价，使旅游地能选择到有一定规模和发展空间的细分市场，便于进入细分市场后有利可图并持续经营。

 案例解读

丽江市的旅游市场细分及定位

丽江，位于云南省西北部云贵高原与青藏高原的连接部位。（简述）1990—2009 年 20 年间丽江市累计接待海内外旅游者 5 316.33 万人次，其中国内旅游者 5 045.57 万人次，海外旅游者 270.69 万人次，形成了以国内旅游客源市场为主、海外旅游客源市场为重要组成部分的市场格局。国内旅游客源增长较快，覆盖了国内 30 多个省内市，旅游收入所占份额较大，是主要的收入来源；海外客源持续稳定增长，覆盖了全球 68 个国家和地区，海外旅游收入在全国排名第九位。除 2003 年受"非典"疫情影响短期下滑外，丽江的旅游客源市场一直保持持续稳定

增长趋势。

（一）国内外旅游市场细分

国内旅游市场细分

从全国绝大多数地区的旅游统计数据来看，国内旅游的比重都远远大于国际旅游，丽江市也不例外。丽江旅游业呈纵深发展趋势，逐步形成了由发展初期的传统旅游客源、发展中期的新兴旅游客源和未来的潜在旅游客源三部分构成的国内旅游市场体系。国内传统客源地以北京、上海、广东和四川为主，其分布符合旅游流一般流向特征，即由经济发达地区流向欠发达地区、以近程旅游为主。仅2005—2007年三年间，丽江市的国内客源市场中传统客源地和新兴客源地集中份额从97%降低到85.5%再到76.4%，市场范围在不断扩大。截至2007年，丽江市国内客源地已经增加到31个，客观表明丽江的旅游知名度在不断扩大。

国外客源市场细分

早在20世纪30年代，丽江已为西方各国所认知。目前，丽江已经形成了传统旅游客源市场、新兴旅游客源市场和潜在旅游客源市场并驾齐驱、长足发展的海外旅游客源市场格局。传统旅游客源市场由港澳台、东南亚、日本、韩国等亚洲近距离国家和地区以及欧美等发达国家和地区构成。2007年，传统旅游客源市场占丽江海外旅游客源市场份额的89.12%，港澳台市场依然是海外旅游客源市场的重要组成部分。新兴旅游客源市场主要由加拿大、澳大利亚、新西兰、瑞士、意大利、挪威等欧美发达国家和中东、东盟等经济发展较快的国家构成。其潜在旅游客源市场涵盖了印度、西班牙、比利时、菲律宾、缅甸、俄罗斯、墨西哥以及非洲、南美洲等地区，市场规模和游客流量增长缓慢。

（二）丽江市旅游客源市场定位

根据丽江市旅游客源市场统计资料及调查情况，将丽江市海内外及国内客源市场按照一级、二级、机会市场进行划分：

1. 省内客源市场定位：一级市场以昆明为中心的滇中地区和以丽江市为中心的邻近地州为主，包括昆明、玉溪、曲靖、滇西北、滇西等。二级市场以滇东南、滇东北和滇西南等为主。

2. 国内客源市场定位：一级市场以经济较为发达、出游率高的珠江三角洲、长江三角洲和京津塘为主，包括西南地区。二级市场以西北、华中和东北等地区为主。机会市场以陕西、甘肃、内蒙古等西部地区省份为主。

3. 国际客源市场定位：一级市场以亚洲和美洲的国家和地区为主，包括港澳台、日本、韩国、新加坡、马来西亚、美国和加拿大。二级市场以德国、法国、澳大利亚、印度尼西亚等为主。机会市场以菲律宾、俄罗斯、意大利、墨西哥等国家为主。

（资料来源：刘晓亮、丁林，《丽江市客源市场现状分析》）

二、旅游市场环境分析

旅游规划与开发过程中的一个重要任务，就是对旅游市场的市场环境进行分析，主要包括宏观环境分析和微观环境分析。

（一）旅游市场宏观环境分析

旅游市场宏观环境，是指那些给旅游地带来市场机遇和挑战的外部力量。主要包括：人口因素、政治法律因素、经济因素、社会文化因素、科技因素等。旅游市场宏观环境既不受企业控制，也不受其影响。对任何一个旅游地来讲，宏观环境都是无法回避的。

1. 人口因素

旅游市场是由具有旅游动机和购买力的旅游者构成的。作为旅游活动的主体，人口环境是影响旅游市场营销最活跃的因素。具体包括人口规模、人口地理分布、人口结构等。人口数量与旅游市场需求呈正比。在收入条件相近的条件下，人口规模的大小直接决定着旅游市场潜在需求的多少。人口地理分布涉及人口的密度、客源地与目的地之间的距离，人口的地理分布情况直接影响到需求的多少和旅游动机的产生。人口结构涉及因素较多，包括年龄结构、性别结构、职业结构等。年龄阶段的不同，对旅游产品的需求也不同。而职业结构的差异，决定了休闲时间的多少。这些都直接影响着旅游产品的设计。所以，研究旅游市场环境，首先要对人口因素进行统计分析。

2. 政治法律因素

政治法律因素是旅游地市场营销活动所处的外部政治法律形势和制度状况。一个国家的政治形势、法律制度、方针政策都会对旅游地的营销活动产生或多或少的影响。例如，如果一个国家政局动荡，旅游者的生命随时受到威胁，出游的概率会大大下降，旅游市场就会受到很大的冲击；相反，一个国家国泰民安，旅游市场就会面临较好的机遇。基于此，旅游地应时刻关注政治法律环境的变化，以便及时采取措施进行应对，抓住机遇，规避风险，减少损失。

3. 经济因素

经济因素是指一定时期国家或地区的国民经济发展状况，表现为影响旅游者购买力和支出结构的各种因素。购买力是构成市场和影响市场规模大小的一个重要因素，而购买力又直接或间接受消费收入、价格水平、储蓄、信贷等经济因素的影响。所以，旅游地必须密切关注企业所在地及客源地的经济环境动向。在进行经济环境分析时，着重考虑经济规模、国家或地区的经济发展阶段、货币汇率等因素。

4. 社会文化因素

社会文化环境是由一个国家和地区的民族特征、文化特征、价值观念、宗教信仰、风俗习惯等因素组成的，是一种复杂、特殊的环境因素，对旅游消费产生着潜移默化的影响。对旅游地的产品开发、价格策略、营销渠道、宣传促销方式等每个环节，都产生着影响。只有适应当地的社会文化，市场营销才能获取成功。旅游地要进入某一细分市场，首先必须了解当地的文化传统，尊重当地风俗习惯，意识到不同地区的文化差异。在产品设计和营销过程中，充分利用当地的文化特征，做到差异性营销。

5. 科技因素

科学技术是现代生产力中最活跃、最具有决定性的因素，对于经济发展、社会进步、生活方式的变革都起着巨大的推动作用。科学技术的发展可以为旅游地的市场营销提供先进的技术支撑，如互联网系统、电子防盗系统、会议同声传译系统等。科技的发展为旅游也提供了新的管理方式和手段，善加利用，可以提高旅游地的营销效率和竞争优势。所以，旅游地应当适当增加旅游产品的科技含量，采用科技化的营销手段，为旅游者提供更为满意的产品和服务。

 小资料

智慧旅游

智慧旅游，也被称为智能旅游。就是利用云计算、物联网等新技术，通过互联网/移动互联网，借助便携的终端上网设备，主动感知旅游资源、旅游经济、旅游活动、旅游者等方面的信息，及时发布，让人们能够及时了解这些信息，及时安排和调整工作与旅游计划，从而达到对各类旅游信息的智能感知、方便利用的效果。智慧旅游的建设与发展最终将体现在旅游管理、旅游服务和旅游营销的三个层面。18 个城市入选首批"国家智慧旅游试点城市"。这 18 个城市分别是：北京、武汉、福州、大连、厦门、洛阳、苏州、成都、南京、黄山、温州、烟台、无锡、常州、南通、扬州、镇江、武夷山。

智慧旅游的"智慧"体现在"旅游服务的智慧""旅游管理的智慧"和"旅游营销的智慧"这三大方面。其中，营销智慧体现在：

智慧旅游通过旅游舆情监控和数据分析，挖掘旅游热点和游客兴趣点，引导

旅游企业策划对应的旅游产品，制定对应的营销主题，从而推动旅游行业的产品创新和营销创新。智慧旅游通过量化分析和判断营销渠道，筛选效果明显，可以长期合作的营销渠道。智慧旅游还充分利用新媒体传播特性，吸引游客主动参与旅游的传播和营销，并通过积累游客数据和旅游产品消费数据，逐步形成自媒体营销平台。

（资料来源：百度百科）

（二）旅游市场微观环境分析

旅游市场营销的微观环境是指存在于旅游营销管理组织周围并影响其营销活动的各种因素和条件。旅游市场的微观环境主要由旅游地本身、供应商、中间商、顾客群、竞争者和公众组成。各种制约力量与企业形成协作、竞争、服务、监督的关系，影响着企业为目标市场服务的能力。

1. 旅游地

现代旅游地为开展营销活动，必须设立某种形式的营销部门。为使市场营销业务卓有成效地开展，不仅营销部门内各类专职人员需要尽职尽力、通力合作，更重要的是必须取得管理部门内部其他部门的协调一致。旅游地内部的微观环境可分为两个层次。第一层次是高层管理部门。营销部门必须在高层管理部门所规定的职权范围内做出决策，并且所制订的计划在实施前必须得到高层领导部门的批准。第二层次是旅游地的其他职能部门，在制订和执行营销计划的过程中，各部门必须通力配合，才能取得预期的效果。

2. 旅游供应商

旅游供应商，是指向旅游地提供满足其经营活动所需的各种资源的企业。如旅游饭店的供应者有水电部门、菜市场、客房低值易耗品供应商，旅行社商品供应者有旅游风景管理区、旅游饭店、交通部门等。旅游供应商所提供产品和服务的数量、质量、时间和价格等对旅游地市场营销活动会产生一定影响。所以，旅游地要把握旅游资源供应环境，掌握供应旅游产品的市场变化情况并尽可能加以控制，使综合利润构成达到最大化。

3. 旅游中间商

旅游中间商是指处于旅游生产者与旅游者之间，参与旅游产品流通业务，促使买卖行为发生和实现的集体和个人，包括经销商、代理商、批发商、零售商、交通运输公司、营销服务机构和金融中间商等。旅游中间商的介入，为旅游产品的供给者在市场调查、广告宣传、产品销售及为消费者服务等方面的营销工作分担了部分职能。他们还能够将各种旅游产品组合起来，形成系列化的完整的旅游产品，提供给各种旅游者，满足市场需求。同时，旅游中间商是联结旅游产品供给者和消费者的纽带和桥梁，促使双方之间信息的交流。由于旅游中间商的类别不一，并且其在目标市场、营销实力、信誉程度等方面不尽相同，因此，旅游营销活动一定要慎重选择好中间商，可以采用高销量、高佣金的方法提高中间商的销售积极性，并采用提供免费电话及保证提供宣传材料等各种助销措施，使旅游中间商便于销售有关产品。

4. 顾客群

顾客群是影响旅游营销活动的最基本、最直接的环境因素。旅游顾客群体分为两类：一是个体购买者，即出于各种动机购买旅游产品和服务的旅游者；二是组织购买者，即为开展业务而购买旅游商品和服务的各种企业或机关团体。不同类型的顾客群体有着不同的需求特点。旅游地在开展营销活动时需要区别对待，力求提供高价优质产品和服务营销策略，满足不同顾客群体的需求。

5. 竞争者

旅游地面临四种类型的竞争者，即愿望竞争者、一般竞争者、产品形式竞争者和品牌竞争者。愿望竞争者是指提供不同产品以满足不同需求的竞争者。一般竞争者是提供能够满足同一需求但不同产品的竞争者。产品形式竞争者是生产不同规格档次的竞争者。品牌竞争者是产品规格、档次相同，但品牌不同的竞争者。后两类竞争属于同行竞争。不同竞争对手的存在，对旅游地的营销活动形成十分重要的制约。所以，旅游地在开展市场营销活动时，必须充分了解竞争对手。

6. 公众

旅游地营销所面对的公众，是指对实现本企业目标有显现或潜在利害关系和影响力的一切团体、组织和个人。主要包括融资公众、媒介公众、政府公众、群众公众、社区公众、一般公众和内部公众等。得道多助，失道寡助，旅游地的生产与发展依赖于良好的公众关系和社会形象，必须慎重处理与各类公众之间的关系，力求获取互利双赢。

案例解读

网络团购对旅游地客流的影响

——以拉手网、糯米网、窝窝团为例

网络营销是旅游企业、旅游目的地旅游产品营销的重要渠道。2010 年作为网络营销新模式的团购营销出现后，受到了众多消费者的青睐，旅游产品以其非标准化定价的特点迅速与该模式结合，旅游产品网络团购营销效益凸现。但相对餐饮、酒店团购效益，旅游产品的营销效益还有较大的提升空间。

（一）数据来源

数据来源于国内知名团购网站拉手网、糯米网、窝窝团，时间为2011年"十一"黄金周前，即9月1日到9月30日。除港澳台地区及在拉手、糯米、窝窝团上未向游客提供任何旅游团购产品的旅游地外，每天选取拉手网、糯米网、窝窝团26个省区站点旅游度假栏目产品和团购人数（重复的不累计）。

（二）研究结果

1. 团购旅游流省际流向特征

全局空间自相关：26个省份团购流全局空间自相关指数为-0.051 9，检验值Z值的绝对值为0.07，小于1.96。团购流表现出微弱的负空间自相关，即表现出微弱的离散分布特征。这可能源于团购产品中总是推出本区域最经典、最便宜的旅游产品，使游客向不同省份购买其最质优价廉的旅游产品，即使是资源匮乏地，由于经典产品的推出同样可以吸引客流。以上揭示了团购流全局流向的综合特征，还不能表明各省区与周边邻近省区之间的客流分布状态，因此需要结合局部空间自相关指数来分析26个省份团购流局部流向特征。

局部空间自相关：分析显示，海南、广东、福建推出的网络旅游团购产品较受欢迎，团购流量高；四川、黑龙江、河北、安徽、山西、辽宁、河南、吉林、山东推出的网络旅游团购产品不太受欢迎，团购流量较低；天津、浙江、贵州、陕西、湖北相对周边区域推出的网络旅游团购产品较受欢迎，团购流量相对周边省份较高；甘肃、重庆、北京、云南、上海、湖南、江西、江苏推出的网络旅游团购产品相对周边地区不太受欢迎，团购流量较低。旅游产品网络团购流主要流向南方沿海与中部文化旅游资源丰富省域；中偏西部及东北部、华北部旅游团购流量相对较低。可见，"十一"黄金周旅游产品网络团购流主要流向气候温润的南方省域及文化旅游资源知名省域，而东北部旅游的旺季主要集中在冬季，因此受到气候影响旅游产品网络团购流流向这些省份较少。西部地区由于受到网络经济的影响，网络营销势头相对较弱，对游客引导不够，造成旅游产品团购流量较低，只有个别旅游资源丰富的省份有相对高的旅游产品网络团购流量。

2. 团购流省内流向特征

为了研究团购流在省内的流向特征，将省内团购流从高到低进行排序，利用位序-规模法则、首位度等计算方法研究团购流省内流向特征。其特征表现为：省内团购流集中性，产品过热或过冷情况明显；团购流首位集中性，23个省份都有较突出的受旅游者十分欢迎的旅游团购产品；团购流省内流向具有城市等级性，主要流向省会城市，其次为市级城市和县级城市。旅游产品网络团购流流向市县级城市的区域基本位于沿海、西南、海南岛以及中部几个文化大省（如四川、安徽、河南）。这些区域是旅游经济发达地，旅游资源较多，旅游网络营销也相对其他区域的市县级区域走在前列。

（三）结论与对策

1. 结论与讨论

研究结果显示：

（1）旅游产品网络团购流省际流向总体表现出"微弱离散、相对均衡"的分布特征，局部表现出一定的流向聚集性。大尺度的团购流流向表明，季节、网络经济差异对团购流流向影响较大。

（2）团购流省内流向主要受产品导向的影响。由于各省份提供产品的类型不同，因此对游客的吸引力也不同，从而使团购流呈现不同的流向，省内团购流流向具有一定的集中性，首位集中明显，团购流集中流向依次为省会城市、市级城市、县级城市，省内旅游产品网络团购流流向具有城市等级性，这是营销产品规模、产品类型、产品知名度等综合作用的结果。

（3）团购流省际与省内的流向区域特征表明大尺度的团购流流向依赖于季节、网络经济驱动，小尺度的团购流流向以产品驱动为主。可见，旅游产品网络团购流流向依赖于产品本身的同时也依赖于区域旅游网络经济、区域季节特征。旅游产品网络团购流省际、省内流向研究为旅游地和旅游企业的网络营销提供了一定的参考，今后可在研究尺度上进一步缩小，从城市区域出发研究不同城市的旅游产品网络团购营销和团购流，从而使研究更具有应用性。旅游产品网络团购流的流向不仅受到营销导向的影响，也受到产品本身属性、产品所在区域季节特征的影响，今后可对旅游产品网络团购流流向动力机制上做深入探讨，更好地指导旅游地和旅游企业的网络营销。

2. 对策

（1）加快省域自身网络经济建设，旅游地旅游产品网络团购营销需求因时不同：网络营销已成为 21 世纪重要的营销方式，团购作为网络营销的新模式，与旅游产品营销的结合更是天作之合，中偏西部、华北部和东北部团购流量较小，除了季节上的原因外，更重要的是网络经济落后，尤其是西部和东北，由于其网络经济落后致使其营销局限在传统的营销媒介，而网络正是年轻一代、背包客查询旅游信息的重要媒介。因此，中偏西部、华北部及东北部应加强网络经济建设，并根据季节的不同推出不同的团购项目，多样化包装旅游资源，从而使区域旅游淡季也能生机盎然。

（2）做好热点产品网络团购流的现实接待和较冷线路的网络团购推广：团购

流省内流向的集中性启示产品的冷热不均，有些产品大受欢迎，有些产品无人问津。基于该现象，旅游地可加强区域联合，除了推出本区域热点旅游路线外，还可采用"冷热搭配"的形式进行网络团购网络营销，并可在较冷旅游路线网络团购营销上采用高折扣、低价格、限时购买、长期有效等方式实现较冷旅游路线的推广。同时，对旅游产品网络团购较旺盛的旅游产品，景区应做好团购流的接待与分流，一方面使团购游客享受团购的便捷服务，另一方面应注意控制产品的购买人数，防止给景区造成超额负担。

（3）加强市县级城市的旅游产品网络团购营销，为区域游客量的增长做贡献：省内团购流流向具有一定的集中性，首位集中明显。团购流依次集中流向省会城市、市级城市、县级城市，可见市县级城市旅游产品网络团购营销相对落后，而旅游产品网络团购营销是很多景区短时间吸引大量游客的重要手段，也是宣传景区的重要手段。因此，市县级在游客量相对较小的现状下可考虑加强旅游产品网络团购营销，为区域吸引更多的游客量，也为本区域旅游制造更大的声势。

资料来源：涂玮，金丽娇. 黄金周旅游产品网络团购流流向特征研究——以拉手网、糯米网、窝窝团为例［J］. 资源开发与市场，2013，29（9）：1005 -1008.

三、旅游市场营销策略组合

旅游市场营销组合是指旅游地为了占领目标市场、满足旅游者的需求，整合和协调使用可控因素，实行优化组合，推出一套完整、行之有效的综合营销方案。

市场营销组合概念是现代营销学理论的一个重要概念，由美国哈佛大学鲍敦教授在 1946 年首先提出。由于企业可控制的营销因素很多，产生了多种市场营销因素的分类方法，最为常用的一种是麦卡锡分类法，把各种营销因素归为四大类，即产品、价格、渠道与促销，简称"4P"。20 世纪 90 年代后，美国学者舒尔茨提出"整合营销传播"理论，简称 IMC。IMC 认为传统的 4P 策略已经不适应新的形势，提出用 4C 组合，即顾客、成本、便捷性和沟通取代 4P。

（一）4C 策略的基本内容

1. 顾客（Customer）

消费者指消费者的需要和欲望。企业要把重视顾客放在第一位，强调创造顾客比开发产品更重要，满足消费者的需求和欲望比产品功能更重要，不能仅仅卖企业想制造的产品，而是要提供顾客确实想买的产品。

要求：暂时先把旅游产品抛到一边，先研究旅游者的需求。不要再卖旅游地所能出售的产品，而要卖目标市场旅游者所希望购买的旅游产品。

2. 成本（Cost）

成本指消费者获得满足的成本，或是消费者满足自己的需要和预想所愿意付出的成本价格。其中包括：企业的生产成本，即生产适合消费者需要的产品成本；消费者购物成本，不仅指购物的货币支出，还有时间耗费、体力和精力耗费以及风险承担。因此企业要想在消费者支持的价格限度内增加利润就必须降低成本。

要求：暂时先抛开研究价格策略，而要去研究旅游者愿意为满足其旅游需求而支付的成本。

3. 便捷性（Convenience）

便利指购买的方便性。比之传统的营销渠道，新的观念更重视服务环节，在销售过程中强调为顾客提供便利，让顾客既购买到商品，又购买到便利。企业要深入了解不同的消费者有哪些不同的购买方式和偏好，把便利原则贯穿于营销活动的全过程，售前做好服务，及时向消费者提供关于产品的性能、质量、价格、使用方法和效果的准确信息。售后应重视信息反馈和追踪调查，及时处理和答复顾客意见，对有问题的商品主动退换，对使用故障积极提供维修方便，大件商品甚至终身保修。

要求：暂时忘掉渠道策略，先思考如何给旅游者提供购买上的便捷。

4. 沟通（Communications）

沟通指与用户沟通，企业可以尝试多种营销策划与营销组合，如果未能收到理想的效果，说明企业与产品尚未完全被消费者接受。这时，不能依靠加强单向劝导顾客，要着眼于加强双向沟通，增进相互的理解，实现真正的适销对路，培养忠诚的顾客。

要求：暂时先忘记促销，而应把促销转变为沟通。

（二）4P 组合策略

1. 产品策略（Product Strategy）

从不同角度去理解旅游产品，会得出不同的结论。从旅游产品的供给者角度看，旅游产品是旅游地凭借一定的旅游资源和设施向消费者提供的、能满足其需要的各种服务。从旅游需求者的角度，旅游产品是旅游者支付一定的金钱、时间和精力所获得满足其旅游欲望的全部经历。旅游产品有整体和单项之分。一个完整的旅游产品通常包括：核心产品、形式产品和延伸产品三个层次。旅游地必须从消费角度理解和设计产品。以旅游者需求为导向，树立全新的整体旅游产品竞争意识，正确认识旅游产品的特殊性，科学运筹旅游产品经济生命周期，建立旅游产品质量评价体系，打造旅游产品的知名品牌，关注旅游新产品开发和旅游产品"绿化"问题，使旅游者常见常新，以满足旅游市场不断变化的需求。

2. 价格策略（Price Strategy）

旅游价格是旅游者为了满足其旅游活动需要所购买的旅游产品的价格，是旅游产品价值的货币表现形式。旅游价格也是旅游产品价值、旅游市场的供求关系和一个国家或地区的币值三者变化的综合反映。影响旅游产品价格的因素有很多，主要包括：营销目标、成本因素、市场需求、竞争状况和法律法规因素。在运用价格策略时，旅游地要研究旅游价值链下的游客成本，考虑旅游产品价格的影响因素，明确制定旅游产品价格所要实现的目标，运筹主要的旅游价格策略、价格的执行以及适应旅游市场变化的价格调整，使旅游产品价格让旅游者满意。

3. 渠道策略（Place Strategy）

旅游销售渠道，是指旅游产品从旅游生产企业向旅游者转移过程中所经过的一切取得使用权或协助使用权转移的中介组织和个人。旅游生产企业、旅游中间商和旅游消费者都是渠道成员的组成部分。旅游地要确立持续的竞争优势，必须以方便旅游者购买的便捷性为基本出发点，充分利用旅游中间商等营销渠道，以最低的成本、适当的途径、在适当的时间把旅游产品提供给适当的旅游者，重视三种渠道策略的运用，重视包括网络渠道在内的渠道构建问题。

4. 促销策略（Promotion Strategy）

促销是指旅游地利用各种有效的方法和手段，使旅游者了解和注意本企业的产品，激发消费者的购买欲望，并促使其实现最终购买行为的活动。促销是旅游地市场营销的一个重要策略，实质上促使了旅游地与旅游消费之间的沟通。促销策略包括沟通与促销策略，以沟通为主轴，将旅游地有关信息有效地传播给旅游者，激发旅游者需求欲望，树立旅游地和产品的良好形象。在发挥旅游地四大传统沟通与促销方式——广告、公关、营业推广和人员推销的同时，还应善于利用新型沟通与促销手段。

● 第三节　旅游市场预测与定位

一、旅游市场（前景）预测

（一）旅游市场预测的含义

旅游市场预测是在旅游市场调查获取的各种信息的基础上，运用科学的方法对旅游市场需求和旅游地需求以及影响旅游市场需求变化的诸多因素进行分析研究，对未来的发展趋势做出判断和推测，为旅游地制定正确的市场营销决策提供依据。

旅游市场预测可以帮助旅游地掌握市场需求的变化及其发展趋势，避免旅游发展的盲目性，规避经营风险，是旅游地制定发展战略和市场营销决策的基本依据。要进行旅游市场预测，必须搞好旅游市场调研，只有通过调查获取大量可靠的数据，并对相关数据进行分析和处理，才能对未来的旅游市场做出比较切合实际的预测。

（二）旅游市场预测的方法

旅游市场预测的方法很多，涉及许多专门的技术。对于旅游地管理人员来说，应该了解和掌握的企业预测方法主要有定性和定量两大类方法。

1. 定性预测法

定性预测法，又叫直观判断法，是指预测人员根据历史资料、自身经验和分析判断，对有关市场需求指标的变化趋势和未来结果进行预测的方法。定性预测法简单易行，特别适用于那些难以获取全面资料进行统计分析的问题，在旅游市场预测中得到广泛应用。

根据预测人员的不同，分为经验判断法和专家预测法两种。

（1）经验判断法

经验判断法是以旅游市场营销管理人员和基层人员的经验和判断为基础，对预测事件发生的概率做出估计，并计算其平均值，以此对预测对象作出推断的一种定性预测法。经验判断法依赖于预测者的经验、知识水平和对预测的把握，带有明显的主观性，容易出现过于乐观或过于悲观的判断。因此，经验判断法主要适用于市场预测过程中缺乏足够资料、难以进行科学的定量分析的情况。

（2）专家预测法

专家预测法，是指根据有关过去和现在的资料，运用专家丰富的个人知识、经验和分析能力，判断、预测未来的经济形势和市场前景的一种预测分析方法。专家预测法的具体操作方式很多，如专家会议法、头脑风暴法、德尔菲法、个人判断法和集体判断法。其中，德尔菲法（Delphi）法，在旅游市场营销预测中应用较为广泛。通过发函询问、匿名调查的方式进行预测。具体做法如下：第一，成立预测领导小组，并确立预测目标；第二，成立和邀请专家；第三，设计征询表；第四，逐轮咨询和信息反馈；第五，采用统计分析方法对预测结果进行定量评价和表述，得出比较符合市场发展规律的预测结果。

2. 定量预测法

定量预测法，又称统计预测法，是指在掌握大量历史和现实的数据资料的基础上，利用统计方法和数学模型近似地揭示预测对象的数量变化程度及其结构关系，对旅游市场的未来变化趋势做出数量预算的一种预测方法。定量预测基本上分为两类，即时间序列模式和因果关系模式。

（1）时间序列预测法

时间序列预测法，是指将某种经济统计指标的数值，按照时间先后顺序排列形成序列，再将此序列数值的变化加以延伸，进行推算，预测未来发展趋势的一种方法。主要包括平均数预测法和变动趋势预测法。

平均数预测法，是以一定时期内预测目标的时间序列的平均数作为预测目标趋势的预测依据，据此计算趋势预测值。具体包括简单平均法、移动平均法、加权平均数法和指数平滑法四种。

变动趋势预测法，是在移动平均数的基础上考虑市场趋势因素，趋势因素仍然采用平均值，据此做出预测。

一般而言，旅游需求的时间序列图形为季节性需求图形。季节变化通常以年为周期，以季节和月份为时段。在这种情况下，可以应用时间序列模式进行旅游需求的预测。旅游业发展总体规划中涉及的旅游市场需求预测一般都是以年为单位的预测，季节性影响因素在总体规划预测中应用性不是很强。采用时间序列预测法，首先要找出影响变化趋势的因素，再运用因果关系进行预测。

（2）因果关系预测法

因果关系预测法，又称回归分析法，就是对具有相互联系的现象，根据大量的观察和相关因素分析，找出变量间的统计规律，用一种数量统计方法建立合适的数学模型，近似地表达变量的平均变化关系，并依此模型进行预测的一种方法。这种数学模型称为回归方程。这种方法有两个或两个以上的变量，一（几）个变量（自变量）的变化导致另一（几）个变量（因变量）的变化。根据是否存在数值对应关系，分为相关关系和函数关系。

一元线性回归模型是最简单也是最常用的方法，应用一元线性回归进行旅游市场预测的主要步骤是：

首先，确定预测目标和影响因素，收集历史统计资料数据。

其次，建立一元线性回归方程：

$y = a + bx$

式中：y——因变量，即预测值；x——自变量，通常为时间标值；a、b——回归系数（a 为直线截距，b 为趋势线斜率）

再次，建立标准方程，求 a、b 直线回归参数。

标准方程为：

$$\sum y = na + b\sum x$$

$$\sum xy = a\sum x + b\sum x$$

最后，用回归方程进行预测，并对预测结果进行分析。

值得注意的是，要运用一元线性回归模型进行旅游市场预测，需要满足几个条件：一是至少可以找到 5 年的旅游市场特征值，且这些数值与年份之间是线性相关的；二是预测的时间不能过长，比较适合短期旅游市场的预测；三是要假定历史数据的趋势在未来一段时间内持续下去，不会有突发因素对其产生较大影响。

（三）旅游市场预测的程序

旅游市场预测要遵循一定的程序和步骤，一般而言有如下几个步骤：

1. 确定预测目标

旅游市场预测程序的首要环节就是确定预测目标，通常包括预测的主要对象、预测的项目、预测的范围、预测的期望、预测的精确程度、预测的各种指标等。

2. 收集整理资料

预测的结果与资料的多少和可靠度之间密切相关，因此，要广泛收集与预测目标相关的资料，且收集的资料要具有针对性、真实性和可比性。对所收集的资料需要进行认真的核实、整理和审查，确保预测的质量。

3. 选择适当的预测方法

旅游市场预测的方法很多，各有优劣。旅游地应综合考虑各种方法的适用范围、自身环境条件、资料的内容和特点，选择最为适当的预测方法。

4. 实施预测

在对所收集的资料和数据进行分析、整理的基础上，寻找各种经济变量间的数量模型，提出理论假设，建立预测模型。在进行预测时，如果是定性预测，要在客观资料的基础上，凭主观经验和认识进行逻辑推理，对未来趋势加以判断；如果是定量预测，就要根据企业销售活动中各种因素、现象之间的关系，建立数学模型，通过对数学模型的计算来进行预测。

5. 分析预测误差

预测结果与实践情况之间必然存在误差，分析其产生的原因，及其对未来发展的影响，进而对预测的可靠性做出评价。

6. 提出预测报告

预测报告是对预测结果的文字说明，可以采用图文结合的形式来表达。阐述要简明扼要，注重事实，说清问题。

二、旅游目标市场定位

（一）旅游目标市场定位含义

旅游目标市场，是指旅游地的目标消费者群体，是旅游资源的主要消费对象，也是旅游地在整体旅游市场上选定作为营销活动领域的某一或几个细分市场。

旅游目标市场定位，就是指旅游地为使其产品或服务在目标市场顾客的心目中树立明确、独特并深受欢迎的形象而进行的各种决策和展开的各种活动。旅游目标市场定位的出发点和根本要素在于确定旅游目的地或旅游地产品的特色。在进行旅游市场定位时，一方面要了解竞争对手的旅游产品具有何种特色；另一方面要研究消费者对该产品的各种属性的重视程度，然后根据这两方面进行分析，再选定目的地旅游产品的特色和独特形象。

（二）目标市场定位的原则

只有甄别出最具吸引力的目标市场，将有限的营销资源集中在目标市场上，才能获得较高的回报。旅游目标市场定位，必须遵循以下原则：

1. 要有一定的规模和发展潜力

旅游地选择某一或某些细分市场作为旅游目标市场，其最终的目的是期望进入该领域后能够获得充足的发展空间、获取可观的利润，这就要求选择的目标市场必须具有一定的市场规模和未来的发展潜力。如果市场规模狭小或者趋于萎缩，旅游地进入后就难以如愿。测量目标市场的发展潜力，一般要估算目标市场的需求总量，它是在一定时空条件下，该市场旅游者人数、旅游者购买力、旅游者购买意愿三者的乘积的结果。

2. 力求避免"多数谬误"

多数谬误是指过多景区都把同一个细分市场作为自己的目标市场，从而造成某一种旅游产品的供给大大超过市场需求的状况。许多旅游地共同经营同一种旅游产品，争夺有限的消费群体，必然会导致各种资源和社会劳动的浪费，影响企业的经营成本和经济效益。同时，也造成机遇的浪费，白白流失了其他有条件满足的旅游市场需求。因此，旅游地在考虑某一目标旅游市场时，要充分考虑自己的竞争对手和可以获取的市场份额，最大限度地提高有限资源的利用率。

3. 符合经营的目标和能力

旅游地选择目标市场必须具备开发该市场所需要的人力、财力、物力资源条件，同时还必须与企业的最终发展目标相一致。某些细分市场虽然具有较大吸引力，但不能推动企业实现发展目标，相反还会分散旅游地的精力，使之无法完成其主要经营目标，这样的市场应该考虑放弃。旅游地在选择目标市场时，应当把企业拥有的资源条件作为首要参考依据，选择能使旅游地充分发挥自身优势和资源、突出特色、使得营销获取成功的目标市场。

（三）目标市场定位策略

旅游地在选择目标市场范围时，可采取"由面至线，由线至点"的战略，逐步缩小市场范围，最终确定企业的目标市场。而在进行市场营销时，则采取"由点至线，由线到面"的原则，步步为营，进入整个市场。旅游地在选择目标市场时，可采用的策略一般有以下几种：

1. 无差异性市场策略

无差异性市场策略，是指旅游地将整体旅游市场看做一个大的目标市场，以一种产品、一种市场经营组合去满足所有旅游者的需求的策略。采用无差异性市场策略的优点在于：平均成本低、不需要进行市场细分，可以节约大量人力、财力和物力，规模效应显著。但同时由于旅游者的需求不尽相同，旅游地采用这样的策略会大大缩小旅游者的选择空间，进而流失客源。

对于新产品介绍期的旅游地，产品供不应求的旅游地，竞争较弱、需求差异性小的旅游地，可以采用无差异性市场策略。

2. 差异性市场策略

差异性市场策略，是指旅游地选择两个或两个以上细分市场作为自己的目标市场，供给不同的旅游产品，运用不同的旅游营销组合，为满足不同的细分市场的需求服务。采用差异性市场策略的优势在于：针对不同的市场需求，进行小批量、多品种生产，能够满足不同顾客的需求，有利于扩大销售，同时可以分散企业的经营风险。但实行差异性策略必然要增加产品的品种、型号和规格，导致资源的分散、成本的增加，且需要相当规模的人、财、物等资源的投入。对于规模有限的企业，是无法办到的。

对于产品成熟期、竞争激烈时期、规模大和资源雄厚的旅游地，适于采用差别性市场策略。

3. 集中性市场策略

集中性市场策略是指旅游地把全部资源力量集中投入到某一个或少数几个细分市场上，实行专业化的生产和经营策略。其优势在于：将有限资源最大限度地投入到一个或几个细分市场上，力争获取尽可能大的市场占有率。适当时机，还可以创造出意想不到的超额效益。但采用集中性市场策略的风险性较大，一旦目标市场需求下降，必然带来企业收入和利润的下降。

中小型旅游地，以及资源独具特色，能吸引一定类别的旅游者前往的企业，适于采用集中性市场策略。

（四）旅游目标市场的定位过程

1. 确定定位层次

企业通过与竞争者在产品、成本、服务、促销等方面的对比分析，了解自己的长处和短处，进而认定自己的竞争优势，进行恰当的市场定位。对于旅游地而言，一般应考虑三个层次的定位：组织定位、产品线定位、单一产品定位。企业需要准备定位层次，不需要同时在所有层次定位，但必须提高定位的准确度和效率。

2. 确定产品和服务特征

旅游地在确定定位层次之后，应根据目标市场需要选定能使旅游地自身产品和服务区别于竞争对手的产品特征。从目标顾客的需求出发，突出景区风格与个性，在竞争中树立企业形象，让顾客情有独钟。旅游地在进行市场定位的过程中，要根据市场环境的变化，不断进行调整，力求区别于竞争对手、与顾客的偏好一致。

3. 实施定位

旅游地的市场定位最终要通过景区与目标市场的互动过程来实现。旅游地需要把自身的特色通过宣传促销和媒介影响等方式传递给目标顾客，包括旅游地各个部门、员工及市场营销活动与目标市场的各种接触。最大限度地实现有效传播，拓宽旅游地的影响力。

 **案例**

中华恐龙园的市场定位

中华恐龙园是全国最大的恐龙博物馆和恐龙类主题公园，占地面积 600 余亩（1 亩≈666.67 平方米），是以中华恐龙馆为核心，以恐龙化石、恐龙标本、恐龙群雕、恐龙主题游乐为内容的主题公园。它突破了传统意义上博物馆的定位，利用高科技声光电、影视特效与多媒体网络等手段，把死的恐龙做活，令人耳目一新。在全亚洲数千家主题公园中，中华恐龙园名列第 11 位，位居中国第四，排名仅在香港海洋公园、香港迪斯尼乐园和深圳东部华侨城之后。2010 年，包括中华恐龙园在内的旅游景点组成的环球恐龙城获国家旅游局授牌，成为常州市首家 5A 级旅游景区，同时也是江苏首家跻身 5A 级旅游景区的文化创意类主体景区。

中华恐龙园处在华东旅游圈，历来是主题公园竞争最为激烈的地区。建设伊始，中华恐龙园就确立了"以科普拉动游乐，以游乐促进科普"的主题定位，并以"打造东方侏罗纪、演绎世界恐龙王国"为经营口号，通过"主题展示+主题游乐+主题演出+主题商品+主题环艺"五主题的经营模式，体现了"主题凸显力+文化创新力"的双核心竞争力，走出了独具特色的发展之路。在确定自身定位的前提下，恐龙园做出了详细的整体营销规划测量。首先将龙城旅游控股集团旗下的"中华恐龙园""环球恐龙城旅行社""恐龙谷温泉"等资源进行整合，形成了系统的旅游产业链，从点到面形成规模效应。其次，鉴于恐龙园所在的常州是传统的工业化城市，旅游资源相对匮乏，常州的旅游线路一般以一日、二日为主，要让恐龙园走向全国还有待时机。故决策层提出营销的重点以江浙沪市场为主，以中心辐射周边，进而瞄准安徽、山东等地，开园伊始就明确了"稳固大常州、大无锡，重点撬动南京市场，有计划诱发上海市场"的启动市场策略。中华恐龙园在开业一年半的时间内，入园人次就达到 170 万。在成百上千的人造景点都没有摆脱从名噪一时到门庭冷落甚至关门破产的命运时，以恐龙为主题的常州恐龙园却取得了骄人的成绩，开业四年依然保持着每年 100 多万游客、5 000 多万元营业收入的佳绩。而随着规模的不断扩大，自身的吸引力增加，辐射范围扩张，恐龙园又瞄准了上海市场、辐射浙江及华东市场，进一步开发全国和部分国外市场，并对这些市场进行了拓展。据企划部游客意见调查统计资料显示，来恐龙园的不仅有常州本地人，还有来自苏北、上海、南京等周边城市的游客，甚至出现了山东、安徽等外省游客。据测算，夜公园一个月给恐龙园带来 700 多万元收入。游园次数调查显示，第一次来园游玩与游玩恐龙园两次以上的游客之比达到了 4∶5，有相当比例的游客已经是第三次、第四次来恐龙园游玩了。

资料来源：王健. 中华恐龙园产品差异化策略研究［J］. 商业经济，2015，(4)：86-88.

本章小结

本章重点对旅游市场调研、旅游市场预测、旅游目标市场定位等内容进行了介绍。首先，重点对旅游市场调研的概念做介绍，对包括旅游市场环境、旅游市场需求、旅游市场供给和旅游市场营销等在内的市场调研时的基本内容进行概括，阐述了旅游市场调研的常用方法和工作步骤。其次，重点对旅游市场细分进行介绍，包括旅游市场细分的定义、运用时所要遵循的可衡量性、可盈利、可进入和稳定性四条原则，阐述了包括地理因素、人口统计特征、心理因素和行为特点等在内的常用的市场细分标准。再次，重点介绍了旅游市场预测的定义、方法和步骤。最后，重点介绍了旅游目标市场定位的定义、原则、策略和过程。本章还介绍了旅游市场宏观环境、微观环境的分析，以及旅游市场营销组合策略。

主要概念

旅游市场调研；旅游目标市场定位；旅游市场细分

思考与练习

1. 旅游市场调研的内容有哪些？
2. 旅游市场预测的步骤有哪些？
3. 旅游目标市场定位的策略有哪些？
4. 旅游市场细分的标准包括哪些？
5. 旅游市场宏观环境分析包括哪些内容？

 ## 案例分析

中国主题公园冷与热

据世界旅游组织预测，2020 年，中国将成为世界第一大旅游目的地，每年将吸引国际游客 1.4 亿人次；中国的主题公园"每年至少有 1 亿人次的潜力目前还未开发"。正是这个商机，让中国兴起第二轮主题公园开发热潮。根据国家旅游局资源开发司不完全统计，我国的主题公园总体数量以每三年上一个台阶的速度呈阶梯上升趋势；1989 年年底有 30 多个（时称"人造景观"），1993 年年初增长至 600 多个（时称"人工景区"），到 1996 年年底发展到 1 730 多个（时称"主题公园"），现在已经超过 2 500 个。而在这 2 500 多个中，盈利的只占到一成。美国近 60 年的主题公园发展，总数量还不到我们的十分之一，但普遍盈利。据此可反映出我国主题公园建设的一个问题：盲目建设与跟风建设严重。

（一）主题公园发展

自 1989 年深圳"锦绣中华"建成开放以来，旅游主题公园作为一种现代旅游形态，曾一度成为我国旅游景区中令人羡慕的佼佼者。进入 20 世纪 90 年代以后，国内旅游热的兴起，使庞大的国内旅游市场被启动，诞生了一批非常成功的主题公园，如深圳华侨城的锦绣中华、中华民俗村、世界之窗等。在这短短的二十几年里，我国主题公园经历了探索游乐选择方向、实现形态概念模式化、建设旅游目的地等与欧洲旅游主题公园大致相似的三个发展阶段。

1. 萌芽阶段（1978—1989 年）

这一时期以各地兴建机械游乐园和机械游乐项目被列入市政公园为代表。以 1983 年广东中山兴建的"长江乐园"为开端，短时期内在全国引发建设游乐园的热潮，例如广州的"东方乐园"、珠海的"珍珠乐园"、上海的"锦汇乐园"、无锡的"太湖明珠乐园"、北京的"龙潭湖乐园"、四川的"成都游乐园"等。这些游乐场大都直接引进国外大型机械游乐设施，像大风车、旋转飞机、过山车、摩天轮等，给习惯传统观光游览方式的旅游者以全新的刺激，因而在短时期内获得巨大的成功。但由于缺乏文化内涵，门票等游乐费用过高以及重复建设过多，至1980年代中后期，绝大部分游乐园陷入困境。与此同时，国内的主题公园也发展了另一种模式：旅游与影视结合。1983年北京的"大观园"和1984年河北正定的"荣国府"在作为电视《红楼梦》的拍摄基地后，进而向多功能发展形成了新的旅游地。随后正定县投资兴建的"西游记宫"再度在全国掀起了兴建此类主题公园的狂潮。低层次的泛滥结果导致了此类主题公园的失败命运，现在除了无锡的"宋城"等少数几个此类主题公园尚在营业外，其他的均已关门大吉。

2. 快速发展阶段（1989—1997年）

1989年9月深圳"锦绣中华"的成功开业，标志着中国主题公园的诞生。"锦绣中华"是中旅集团参照荷兰小人国的创意，采用微缩景观的方式，选取我国有典型代表性的名胜山水、古迹民俗进行高度提炼和再创造，形成80个微缩景点。其丰厚的文化底蕴，精心设计和科学有效的经营管理使得一推出就获得了巨大的成功，开业一年多就收回了一亿元的投资。紧接着，中旅集团又推出了"中国民俗文化村""世界之窗"两个景区，也取得了极好的经济和社会效益。随后产生了北京的"世界公园"、无锡的"太湖影视城"、上海的"环球乐园"、江苏的"苏州乐园"等一大批的大型主题公园。

在这个阶段，主题公园的发展已经突破以往单纯依靠机械游乐项目、缺乏文化内涵支撑的缺陷，进入真正概念化提升阶段。许多主题公园挖掘地方文化，采用高科技手段和文化包装产品，导入大型娱乐节目表演和动态参与项目，实施标准化管理，取得了成功。但仍有大多数主题公园在缺乏严格的市场调查和科学分析的前提下，匆匆上马，致使主题公园经营不善，投资难以回收。

3. 规范化发展阶段（1997年至今）

深圳华侨城将集团属下的"锦绣中华""中国民俗文化村""世界之窗"等旅游资产进行重组，组成旅游概念的上市公司——深圳华侨城实业股份公司，并于1997年9月10日在深圳交易所成功挂牌上市，这是我国第一个以旅游主题公园为题材的上市公司，标志着我国旅游主题公园开始进入规范化发展阶段。

这一时期的主题公园由于经受了前两个阶段的曲折与反复，开始步入规范化、理性化的发展阶段。投资方在正式投资前，开始十分注重项目的总体论证和市场调研，注重项目的内涵发掘和设计修建，对建成后的经营管理以及产品后期发展也有预先详细的分析与安排。因此，这一阶段诞生的主题公园多为精品，例如深圳的"欢乐谷""未来世界"、昆明世博园、番禺"香江野生动物世界"等，推出后受到市场的欢迎；同时，经过市场残酷竞争生存下来的一些主题公园加强了产业化的规范运作，实施品牌化、规模化的发展战略。

（二）我国主题公园发展现状

1. 从模仿到原创

我国的主题公园的主题选择日趋多元化，已经突破了"锦绣中华"模式的"仿景观"概念和"民俗村"模式的"仿文化"概念，出现了"真景观和真文化"的概念，以及"仿"与"真"相结合的二元复合概念。在注重自然遗产和历史文化遗产的基础上，开始对现代文明成果和高科技的转化应用，乃至对未来文明的探索。在建园原理上突破了传统园林的景观造园理念，形成了以"主题"为线索、以满足游乐需求为目标的新造园概念，使人们走出了"小桥流水""曲径通幽""亭台楼阁"的写意山水，走进了求新、求奇、求知、求趣的"主题娱乐"环境；在休闲娱乐活动方式上，突破了"景静人静"模式，形成了"景动人静"的模式，并慢慢向"景动人动"的模式发展，许多主题公园已经致力于追求景区与游客之间的"互动"，例如深圳"欢乐谷"提出的"体验即是生活，生活即是体验"的全新理念就充分体现了我国主题公园的发展理念已逐渐向体验型迈进。这三方面的探索与创新，不断强化着旅游主题公园作为现代休闲娱乐选择方向的核心吸引力。

2. 投资主体多元化

一是地方政府投资，例如云南楚雄彝族自治州在首府鹿城建造的"中国彝族十月太阳历文化园"等；二是国有大型集团投资，如深圳华侨集团投资兴建的"锦绣中华""中华民俗文化村""世界之窗"；三是股份制经济，如"苏州乐园"；四是联营经济，如"西双版纳原始森林公园"就是由浙江金洲集团投资8 600万元与云南西双版纳地方政府联合建设的；五是港澳台投资，如台湾企业1996年在深圳大南山投资兴建的观光农场式主题公园———青青世界；六是外国投资，如2005年在香港大屿山正式营业的"香港迪斯尼乐园"。

（三）发展中存在的问题

1. 缺乏客观分析盲目决策

主题公园是旅游发展到一定阶段的产物，与人们的收入水平、休闲时间、行为偏好、审美情趣、旅游频度和强度等因素密切相关。由于缺乏对国内旅游客源市场的正确认识，一些投资者往往高估客源流量，忽略了某些主题公园只适合一定的消费群体，导致决策失误，缺乏对投资回报期的正确认识。一些地方在建设主题公园时，缺乏对自身条件和客源市场的客观分析，以至于公园建成之日，就是亏损之时。江苏的福禄贝尔、海南的中华民族文化村、河南的官渡古战场等，都是这样的例子。

2. 规划布局选址不当

国外主题公园的发展特别强调地理位置对经营成败的关键作用，认为主题公园的理想位置必须邻近2个商业密集区而不与其他主题公园相临近，同时在2小时车程的地域内有1 200万以上的居民或者离大的旅游度假区不到1小时车程等。

3. 规划设计施工简单粗糙

主题公园的成功不仅要有一个有魅力的主题，还要有良好的规划设计。由于国内主题公园发展历史短，多数主题公园在规划设计上没有规范性模式，只是简单模仿国外先期开发的成功范例。大部分的旅游项目只是纯观光性的静态景观，游客无法参与其中，主题缺乏特色。即便是有较好的主题，也会因为规划设计人员的肤浅理解而难以展现其魅力。

4. 数量过多内容雷同

我国的主题公园主要分布在长江三角洲、珠江三角洲及环渤海等经济较发达地区，而内陆一些经济较落后地区则数量很少，甚至目前有十几个省市自治区的主题公园的数量为零。且在我国主题公园自诞生开始，每一种新的主题出现总有大批"疯狂"的追随者群起效仿，造成该形式的主题公园过度开发，从1980年代中期开始，城市机械游乐园热、"西游记宫"热、微缩模拟景观热等热潮此起彼伏。1987—1992年拟建和已建的近百处人造景观中，以《西游记》为蓝本开发的计23处，以民间传说、神话故事、名著等为主题内容的计17处，以历史人物为主要题材的有8处，以风光、民俗、游乐为内容的计34处，以参观、游览为主的占13处。主题公园的大量重复建设，给国家的财力、人力及土地资源造成了极大的浪费。

5. 产品更新慢门票价格高

主题公园生命周期较短，必须不断地进行产品更新换代、推陈出新，增加其产品吸引力，来延长其生命周期。国内有些主题公园，原始创意不错，但由于建园之初缺少远景规划，没有更多后续新建项目推出，一阵热闹过后，市场越来越难做，最后门可罗雀凄惨度日。主题公园是旅游发展到一定阶段的产物，与人们的收入水平、休闲时间、行为偏好、审美情趣、旅游频度和强度等因素密切相关。一些投资者由于对投资回报期缺乏正确认识，急于求成（国外一般把投资回报期定为6~8年，而国内往往定在2~3年），加上对国内旅游客源市场过于乐观，往往过高估计客源流量，导致对门票决策失误，就造成了票价大大超出了游客的心理承受值，从而影响了游客的出游心理。门票过高，市场难以接受，导致游客市场狭小，重游率低。

除了以上所列举的问题之外，主题公园的发展还存在着经营僵化、管理不善，产品后续发展能力不足，从业人员素质低下等问题，这些问题得到妥善解决，才能使我国的主题公园走上稳定、健康发展的道路。

资料来源：宋祎. 中国主题公园冷与热［N］. 海南日报，2010-01-18（C7）.

案例思考：

1. 试分析中国主题公园遇冷的原因。
2. 结合所学知识，提出治理方案。

 实训设计

找一家自己熟悉的旅游地，通过问卷调查，了解该旅游地游客的主要特征，并结合旅游地旅游资源的特点，分析其未来营销的策略。

第四章　旅游地（区）形象策划与功能分区

学习目标

- 了解旅游地形象策划和功能分区的基本知识。
- 掌握旅游地形象策划的基本技能。
- 掌握旅游地功能分区的基本方法和技能。
- 掌握游览线路设计的基本方法。

重点和难点

- 旅游地形象定位的影响因素。
- 旅游地形象塑造的内容及载体。
- 旅游地功能分区的方法。
- 游览线路设计的程序。

本章内容

本章主要阐述旅游地形象定位的相关理论知识，旅游地形象塑造与推广的方法和途径，以及旅游功能分区与游览线路设计的规则与方法。

 ## 案例导读

锦里激活武侯祠

武侯祠（汉昭烈庙）位于成都市武侯区，肇始于公元 223 年修建刘备惠陵时。它是中国唯一的一座君臣合祀祠庙和最负盛名的诸葛亮、刘备及蜀汉英雄纪念地，也是全国影响最大的三国遗迹博物馆。成都武侯祠现占地 15 万平方米，由三国历史遗迹区（文物区）、西区（三国文化体验区）以及锦里民俗区（锦里）三部分组成，享有"三国圣地"的美誉。2004 年 10 月 31 日，成都"锦里"民俗一条街正式开市，老街、宅邸、府第、民居、客栈、商铺、万年台坐落其间，青瓦错落有致，青石板路蜿蜒前行，让人恍若时空倒流。川茶、川菜、川酒、川戏和蜀锦等古蜀文化如清风扑面而来。这条在武侯祠东侧出现的老街，全长 350 米，采用清末民初的四川古镇建筑风格，与武侯祠博物馆现存清代建筑的风格相融，二者之间又以水为隔。游人在短短 350 米的距离内，就能享尽原汁原味的四川滋味。如果游人在"锦里"的古色中流连忘返，还可以住进高挂着丝绸灯笼的栈，在彻夜辉煌的灯火中感受时空变换的神奇。"锦里"民俗一条街有"成都版清明上河图"之称。"锦里"民俗一条街由成都市武侯祠博物馆创建，投入资金上千万、耗时三年。"锦里"也是对文化、商业结合的互动式旅游景观模式的一种新探索。"锦里"所处位置原来是一排破烂的旧民房，影响观瞻，还给仅一墙之隔的武侯祠博物馆带来潜在的安全隐患。同时，由于武侯祠作为国家级文物保护单位，只能向游客作静态展示的弱势，难以满足现代游客体验式、休闲式、互动式的旅游方式。于是以蜀文化为内涵的锦里一条街应运而生。古戏台将定期上演川戏的经典剧目，戏台前会定期放映坝坝电影，以特色小摊的方式举行民间艺人的展演（如糖画、捏泥人、剪纸表演、皮影表演、西洋镜等）。短短 10 来年，锦里已成为成都市的一张重要的形象名片，成为国内外游客大加赞誉的休闲购物场所。

依托观光游览区，精心设计休闲购物区已经成为众多景区延伸旅游产品、丰富旅游项目的重要策略。旅游规划中的功能分区理论正是来自于这些成功的案例，同时该理论也可以为其他景区的规划和开发提供成功开发的途径。

第一节　旅游地形象定位

一、旅游地形象定位概念

（一）旅游地形象定位相关概念

1. 旅游地形象定位的含义

商业领域的定位（Positioning）概念最早来自艾·里斯与杰克·特劳特。1972年，艾·里斯与杰克·特劳特提出了定位理论，开创了一种新的营销思维和理念，被评为"有史以来对美国营销影响最大的观念"。其核心为——每个品牌都需要一句话来表述它与竞争对手之间的区隔。具体而言，"定位"就是在对本产品和竞争产品进行深入分析，对消费者的需求进行准确判断的基础上，确定产品与众不同的优势及与此相联系的在消费者心中的独特地位，并将它们传达给目标消费者的动态过程。如奔驰的定位是突出"声望"，宝马的定位是突出适合"驾驶"，沃尔沃的定位是突出"安全"，法拉利的定位则是突出"速度"。定位的策略有类别定位、比附定位、档次定位、USP（Unique Selling Proposition）定位、消费者定位、比较定位、情感定位、功能性定位、文化定位等，这些定位策略是旅游形象定位的重要参考。

形象是目标群体对某一主体的感觉、认知、评价以及对其所持的态度。不同主体有各自相应的形象，如个人形象、组织形象、产品形象、企业形象、旅游地形象、旅游产品形象、民族形象、国家形象等各种各样的形象。其中，对产品形象定位的研究非常普遍，是深入研究旅游地形象定位的重要参考。产品形象定位是在广告策划中，表现产品独特形象的一种方法。产品形象定位不仅要求产品形象具有不同于其他产品的识别性，还要求产品具有独特的情感与文化的品格，从而使产品在消费者心中占有一席之地。

根据形象定位主体的不同，可以有不同的旅游形象定位，如旅游地形象定位、旅游区形象定位、旅游产品形象定位等，通常都可以简称为旅游形象定位。

小知识

旅游地与旅游区

旅游地是旅游目的地的简称。一般而言，旅游地往往包括了不同数量的旅游景区，从功能上看，能满足游客食、住、行、游、购、娱等多种需求，而且都包含一个旅游中心城市作为服务的中心及空间转换的枢纽。

旅游区通常有两种含义。一种是地理区划意义上的旅游区，如西南旅游区、长江旅游区、沿海旅游区等；另一种则是指旅游景区，但通常不包括小型的旅游景点。

由于旅游地和旅游景区通常在相对独立的行政范围内，便于操作和实施，是规划的主要对象。

根据前面对定位、形象以及产品形象定位概念的剖析，可以得到旅游地形象定位的概念：旅游地形象定位就是对旅游地以及竞争对象的旅游资源、旅游产品进行调查、对比和分析，对旅游市场的需求趋势进行判断，探求旅游地的旅游资源及旅游产品在内容展示以及精神内涵方面的市场优势及其在旅游消费者心中的独特地位，并通过形象的语言传递给目标市场的动态过程。

2. 旅游地主题定位与旅游地形象定位的关系

旅游地形象定位是旅游地主题定位的重要组成部分。旅游地主题是在旅游区建设和旅游者旅游活动过程中被不断地展示和体现出来的一种理念和价值观念，主要包括发展目标、旅游地功能和旅游地形象。相应地，旅游地主题定位包括发展目标定位，旅游地功能定位和旅游地形象定位。发展目标从根本上影响着旅游区的功能定位和形象树立，在旅游规划中，发展目标是三个方面中最根本的要素，决定了旅游区发展的总方向。旅游地功能定位是在旅游发展目标的指导下，以当地的资源条件以及历史文化为基础，确定旅游地在旅游功能方面的发展方向。而旅游地形象定位则是将旅游地旅游资源及旅游产品的内容展示以及精神内涵传递给目标市场。

在实际规划过程中，对旅游地主题中旅游地形象的考虑较多，这是由于旅游产品是无形的，具有不可移动性，游客必须前往旅游产品的生产地而不是产品被递送过来，这就意味着旅游地必须要采用更积极办法，将旅游地的旅游形象传递给潜在的旅游市场，吸引他们到旅游地来旅游。因此，旅游地形象定位对旅游地旅游发展的成败影响极大。

影响旅游形象定位的因素主要有旅游地的文脉地格和旅游市场两个因素，其中文脉地格主要与人文旅游资源和自然旅游资源有关；而旅游市场则主要与游客感知、市场定位以及市场竞争等有关。

3. 旅游地形象与旅游品牌的关系

品牌简单地讲是指消费者对产品及产品系列的认知程度，是人们对一个企业及其产品、售后服务、文化价值的一种评价和认知，是一种信任。旅游品牌则是指旅游产品中最具代表性的一部分产品。而旅游地形象则是旅游客源市场对旅游地在功能特色、服务特色、精神内涵方面整体的感知、共鸣与认同。由此可见，两个概念非常相近，但旅游地形象更强调对整体的认知。因此，单一的旅游品牌一般较难形成一个旅游地的总体形象，除非某一旅游品牌的影响力非常大，则该旅游品牌可以作为旅游地形象定位的重要参考。如乐山市，除了乐山大佛之外，附近有许多有价值的景点，如郭沫若故居等，但乐山大佛的影响力巨大，可以作为乐山市旅游地形象定位的主要内容。

4. 旅游地主题口号与旅游地形象定位的关系

在汉语词典中，"主题"指文艺作品中所表现的中心思想，泛指主要内容。由此可见，"主题"有两层意思：一是它与思想相关，是一个抽象的概念；二是它概括了主要内容，因此，其内容非常精炼。而"口号"则表明主题的内容是要传递给目标市场的。因此，主题口号表明传递给目标市场的内容比较抽象、核心，而且精炼，也就说把旅游地精神层面核心的内容传递给目标市场。由此可见，主题口号与旅游地形象定位是非常相通的，通常主题口号就作为旅游地形象定位的表述。

（二）旅游地形象策划体系

旅游业因其对当地带来的社会经济效益，已经成为许多地方促进当地经济发展、改善居民生活环境、提升目的地形象的重要途径。在我国，几乎每一个县都有旅游发展的规划。越来越多的旅游景区不断产生，新的规划景区面临发展方向、市场开拓的困惑，原有的景区面临新景区的竞争和挑战。如何沟通旅游地与市场，规划出具有市场竞争力的旅游产品是旅游规划面临的首要问题。由此，对旅游目的地形象策划成为影响一个旅游目的地规划与开发的关键因素。

旅游地形象策划是指在对旅游地旅游资源及旅游市场调查分析的基础上，确定旅游地旅游资源及旅游产品在内容展示以及精神内涵方面的优势，并将这些优势借助具体的载体，通过一定的方式途径传递到目标市场，从而达到树立市场形象，增加旅游市场号召力及旅游收入，提高旅游地旅游竞争力的作用。

从旅游地形象策划的概念可以知道，旅游地形象策划包括三个主要的要素：旅游形象定位、旅游形象塑造、旅游形象推广。通过对旅游地形象定位的分析形成旅游发展的理念，通过对旅游地形象的塑造从而构成旅游形象的载体，通过对旅游地形象的推广策划实现旅游地形象的传播。旅游地形象定位、旅游地形象塑造、旅游地形象推广三个形象策划因素的关系如图 4.1 所示。

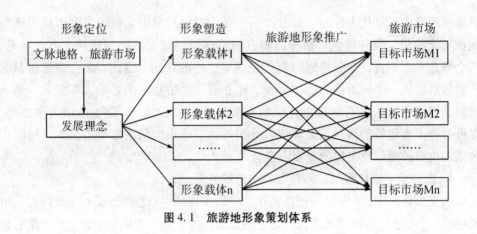

图 4.1　旅游地形象策划体系

二、旅游地形象定位影响因素

美国著名营销专家菲利普·科特勒（Philip Kotler）曾对形象定位理论进行了系统化、规范化的描述。他指出：定位就是树立组织形象，设计有价值的产品和行为，以便使细分市场的顾客了解和理解本企业组织与竞争者的差异。影响形象定位的因素有：主体个性、传达方式和受众认知。主体个性指旅游地主体的品质个性和价值个性，即旅游企业、组织或旅游产品的品质和价值内涵的独特风格。传达方式指的是把主体个性有效准确地传递到目标受众的渠道和措施。所谓受众认知是指旅游地主题旅游形象被目标受众（旅游者）所认识知晓与感受的程度。由于影响旅游形象定位的因素中，传达方式与营销中的渠道较为一致，在此不再赘述，本文主要从文脉地格、旅游市场两个方面进行分析，分别对应主体个性和受众认知两个方面。其中文脉地格包括文化脉络和地理特征两个方面的内容，旅游市场包括受众感知与需求、市场竞争、目标市场三个方面的内容。

（一）地格文脉

1. 地理格局

旅游地的地理格局分析是将旅游地的地理位置和地质及其所影响的地貌、山脉、水系、气候、景观等特征放到一个大的背景里面分析，找到自身最具有特色、最具有代表性的自然状况。一个地方在地理特性方面具有与其他地区截然不同的特征或者占有特殊地位都有可以被强化、开发为吸引旅游者的事物。在地方旅游开发中，抓住该地的地理特征，有时对潜在旅游者是一个很有吸引力的号召，可以作为形象定位的切入点。再看我国各地的旅游形象定位，不难看出不少地方以地理位置、地质构造、地貌、山脉、水系、气候、景观等作为形象定位的要素。

小资料

以地理格局作为旅游地形象的地方

以地理位置作为旅游地形象定位的要素：天津——渤海明珠、魅力天津；彩云之南——云南；银川——塞上明珠，中国银川。

以地质构造作为旅游地形象定位的要素：天下穹窿——中国·威远。

以山脉作为旅游地形象定位的要素：泰安——登泰山、保平安。

以水系作为旅游地形象定位的要素：湖南省——锦绣湘江、快乐湖南；西藏——千山之宗万水之源！郑州——黄河之都。

以气候作为旅游地形象定位的要素：哈尔滨——冷酷冰城；昆明市——昆明天天是春天。

以景观作为旅游地形象定位的要素：厦门——海上花园，温馨厦门；桂林——山水甲天下、魅力新桂林；锡林郭勒——天堂草原；南宁——中国绿城；雅安——川西明珠，熊猫故乡。

2. 文化脉络

文脉地格分析即对一个地方文化脉络和地理表象、特征和内涵进行深入剖析，确定其层次结构。文脉地格分析是进行旅游地形象定位的重要参考和内容。

文化脉络分析不同于之前的人文旅游资源分析，人文旅游资源分析主要是对规划区域内人文旅游资源单体进行分析和评价。而文化脉络分析则要分析现有人文旅游资源之间的文化联系；其次要分析旅游地的文化变迁情况，以及与周边地方文化的关联。

文化脉络分析的主要目的：一是从更高的角度，审视现有旅游目的地的文化所处的位置及历史意义，从而突出旅游地旅游产品或旅游项目的独特性；二是赋予所开发旅游产品或旅游项目以灵魂，提高其品位和吸引力；三是将现有零散的人文旅游资源通过一条线索串联起来，形成一个有机的整体。

文化脉络已经成为各旅游区或旅游景点塑造旅游形象以及旅游区打造旅游产品或旅游项目的重要途径。在分析文化脉络的时候，有两个方面值得注意：一是范围不同，形象口号的一致性也不同，范围越大，内容越多，越难统一。二是在形象口号方面，选择的内容可以是重要的历史人物、历史事件等。以成都为例，在历史上，有许多文化，如三星堆文化、金沙文化，而最具有影响力的文化当属三国文化，因此，成都将三国文化作为主题文化。

作为形象定位的文化脉络要素通常有：名人名著、城市历史、民俗特色等。

 **小资料**

以文化脉络作为旅游地形象的地方

以名人名著作为旅游地形象定位的要素：中山——伟人故里、锦绣中山；文成——刘基故里、山水乐园；富阳——富春山水、孙权故里；曲阜——孔子故里、东方圣城；焦作——峡谷极品、太极之乡；鹤壁——诗经淇河、生态鹤壁；周口——羲皇故都、老子故里；南阳——卧龙之地、灵秀南阳。

以城市文化作为旅游地形象定位的要素：许昌——曹魏故都、宜居花城；洛阳——九朝古都、牡丹花城；温州——时尚之都、山水温州；杭州——东方休闲之都；福州——八闽古都、有福之州；大连——浪漫之都；漯河——许慎故里、食品名城。

以民俗特色作为旅游地形象定位的要素：梅州——世界客都、中国梅州。

（二）旅游市场

市场调查与分析的目的是为了了解现实的和潜在的旅游市场的类型、规模及其潜力，目的是确定旅游景区的目标市场。市场调查与分析的结果是确定旅游景区主题与形象定位、旅游项目策划、服务设施和基础设施规划的前提和基础。市场分析也是市场营销战略和促销计划的决策依据，如旅游流的流向变化、流量大小、规律等。旅游市场主要包括受众感知与游客需求、目标市场、市场竞争三个方面。

1. 受众感知与游客需求

受众感知是指人们对规划地政治、经济、文化的知晓度以及对旅游景区的了解情况。游客需求一方面指游客认为规划地可能提供的旅游项目，另一方面指旅游地可以为游客提供的产品和服务。

受众对市场定位的影响表现在对不同的市场时可能会采用不同的形象定位，不同的时间采用不同的形象定位。客源市场丰富多彩而有变化，在进行旅游目的地定位时，需要进行客源市场细分，确定一个或几个目标市场，针对不同的目标市场进行不同的旅游地形象定位。例如，我国香港每年要依据客源市场调研，根据不同区域的客源市场宣传不同的旅游形象。在我国台湾，宣传香港大都市的魅力；在日本，强调香港豪华消费享受价格比日本便宜；在澳大利亚和新西兰，宣传介绍香港是一个缤纷多姿的亚洲旅游胜地；在北美和欧洲，突出香港的神秘东方色彩和现代化国际化面貌等。旅游地形象定位只有以旅游者所接受的、所拥有的信息为依据，从旅游者的立场及其心中现实的本底感知形象出发，正确认识媒介与受众的互动关系，才能凭借媒介的传播，使形象定位有效地深入旅游者心中。

2. 市场竞争与市场合作

旅游形象定位的目的之一就是要确定旅游资源的开发方向，旅游资源的开发需要分析旅游市场情况。分析市场就是要考虑现有类似旅游产品市场以及周边旅游产品市场的发展情况，以及现有旅游资源开发成旅游产品之后对周边旅游市场产生的影响及形成的格局。

景区、旅游地之间往往存在着市场竞争。由于旅游产品需要游客亲自前往才能体验，因此，景区、旅游地之间的竞争在游客来旅游地之前就已经存在，而且具有决定性。因此，就吸引游客前往目的地旅游而言，景区、旅游地之间的竞争首先是形象竞争，其次是产品竞争。形象竞争分析的主要任务是寻找出与自己具有相似地方性特征和市场指向的旅游目的地，以及在旅游形象上相同或类似的旅游目的地。当今旅游处于买方市场的情况下，有许多可相互替代的旅游地供游客选择，人们可以将有关的旅游地进行形象比较，选择能满足其旅游需求和心理预期的旅游目的地。可能产生的竞争一方面是资源雷同带来的竞争；另一方面是非同质但等级高的旅游地对规划旅游地带来的影响，从而形成两种可能的形象关系：

（1）旅游形象相互映衬

旅游目的地为了达到各个景区的形象相互映衬，形成合力，尽量缩小目的地各景区之间相互竞争的目标，最有效的办法是采用差异化形象定位。差异化形象定位可以突出不同旅游地的个性化形象，在同一区域内产生"形象叠加"的效果，从而使该区域的吸引力倍增。例如，云南作为一个少数民族较多的地方，在充分利用已有的资源如石林、大理古城、丽江古城的同时，云南石林景区突出彝族文化，大理古城突出白族文化，丽江古城突出纳西文化，香格里拉突出藏族文化，因此，即使这几个景区都存在一定的资源相似性，如古城，但由于采用了差异化形象定位，从而使旅游形象相互映衬，更具有吸引力。

（2）旅游形象遮蔽

旅游形象遮蔽，指在某一区域内分布着若干旅游景区，其中有两个或多个旅游景区在旅游资源的基本特色或旅游资源的品质级别方面存在差异，导致旅游资源级别最高、特色最突出、抢先树立旅游形象的旅游景区，在旅游形象方面会更突出，从而对其他相邻旅游景区形成旅游形象遮蔽。总体而言，在旅游形象遮蔽中会出现下列三种情形：

①旅游资源类型相似，品质差异小

旅游资源特色相似的两个或更多的旅游地都可以用同一形象，谁抢先树立起形象，或者树立的形象更能打动潜在的消费者，则就会对其他旅游地形成形象遮蔽。如位于成都市金堂县的成都野生动物园，相比于雅安野生动物园，其形象相对而言缺乏吸引力，因此，于 2010 年关门歇业。

②旅游资源类型相似，品质有一定差异

同一区域内，旅游资源具有相似性，级别、品质高的旅游资源所在景区对其他景区形成形象遮蔽。例如，位于自贡市的荣县大佛，属于全国第二大古代石刻大佛，由于有近邻的第一大古代石刻大佛——乐山大佛，因此其形象受到遮蔽。

③旅游资源类型不同，品质有一定差异

同一区域内，尽管旅游资源各有特色，并不具有相似性，但品牌效应大，旅游资源级别高，特色明显的景区对其他景区也会形成形象遮蔽。以四川的红色旅游景点为例，芦山县县城北街曾作为中国工农红军总政治部旧址，是非常重要的机构所在地，但是附近石棉县安顺乡安顺村的大渡河由于"强渡大渡河"战役非常有名，因此，在红色旅游形象方面，芦山县不及石棉县突出。

3. 市场定位

旅游市场定位就是确定旅游地的目标市场群，对客源市场进行细分，以便进行针对性营销，并开发出适应目标市场需求的旅游产品。旅游市场定位对旅游地形象定位的影响主要在于旅游市场定位决定了旅游地产品特色的定位，产品特色定位在某种程度上会影响甚至改变旅游地形象定位。由于旅游者的偏好差异，应对不同的市场采取不同的定位。旅游市场通常按照其重要性可分为核心市场、外围市场、拓展市场。其中，核心市场是指能够为旅游景区提供最多的旅游者人数、最大份额旅游收入、具有较高重游率的市场，是旅游景区的主要目标市场。外围市场是指所占份额较小，其重要性仅次于核心市场的区域。对于旅游景区长期发展来说，应努力保持并尽量扩大外围市场的空间，以长期获得理想的经济效益。拓展市场则是目前表现不突出，但是在未来可能会成为旅游景区重要市场的潜力区域。按所在区域可分为本地市场、国内市场以及国际市场；按旅游目的可分为观光市场、度假市场、商务旅游市场、宗教旅游市场等。

小案例

基于"四脉"理论的武汉市旅游形象定位

传统旅游形象定位的"二脉"理论（地格和文脉）在旅游开发与营销中存在

多层次、产品观念导向、叠置性及时代感不强等缺陷，"四脉"理论综合考虑地脉、文脉、商脉、人脉四个影响旅游目的地形象的因子，以"商脉"作为旅游目的地形象定位的核心。

武汉市是中部最大的城市，素有"九省通衢"之称，区位优势明显，且历史文化悠久，自古以来就是文化重镇。但近年来，武汉市的旅游业发展滞缓。不仅落后于同处于长江沿线的南京、重庆等大都市，甚至落后于同处于中部地区但城市规模和经济地位远不如武汉的长沙市。造成这一状况的一个重要原因是武汉旅游形象定位的模糊和游移，导致旅游者对武汉旅游形象的认知不清，影响武汉市的旅游吸引力。

已有的武汉旅游形象定位多是基于"二脉"理论，且主题诉求多变。包括：

1. "龟蛇卧龙锁大江，动感江城不夜天"（《武汉市"十五"旅游规划》）；
2. "白云黄鹤之都""水上动感之都""浪漫之都"（《武汉市文化产业发展计划（2003—2007）》）；
3. "白云黄鹤，知音江城""长江经典，中国武汉""wuhan—touch Chinese heart"（《武汉市旅游发展总体规划（2004—2020年）》）等。

以上三种武汉旅游形象定位基于"二脉"理论，分别强调了都市文化、黄鹤文化、知音文化等多个文脉主题，且没有一定的延续性，使游客对武汉旅游形象产生模糊感。以上旅游形象定位过多地注重地脉、文脉的因素，而未考虑商脉。如在"白云黄鹤，知音江城"的旅游形象定位中，黄鹤楼是江南三大名楼，也是武汉市的地标，在军事、文学、建筑美学上都有很高的地位，宣传黄鹤文化是题中应有之义。但知音文化则还需商榷。知音文化虽千古流芳，但并非妇孺皆知，属于阳春白雪型的历史传说，且武汉仅有古琴台一处景点可以依托知音文化，景观的可游览性和吸引力不强。另外，"动感江城"和"浪漫之都"的形象定位有很强的模仿性，仅是武汉市一厢情愿而已，既没有得到外来游客的认同，也没有得到当地居民的认同，更没有相依托的自然、文化景点。

基于商脉为中心的四脉均衡考虑，武汉市应将其旅游形象定位于"白云黄鹤，百湖江城"，突出武汉市"百湖之市"和"两江之城"的独特优势。因此，"江、湖"主题形象是武汉市有别于其他旅游目的地的独特性和差异性所在，也是武汉市进行旅游形象定位的核心诉求。

资料来源：熊元斌，柴海燕. 旅游目的地形象定位理论的新发展 [J]. 2010，武汉大学学报：哲学社会科学版，2010（1）.

三、旅游地形象定位的原则及方法

形象策划需要首先需要通过形象定位确定一个具有市场优势的形象，在此基础上，对旅游形象进行策划，再进一步通过形象推广将该形象传递到旅游市场，达到树立形象，建立市场号召力的最终目标。在分析一个地方旅游形象定位的影响因素之后，进而可以探讨形象定位的原则和方法。

（一）旅游地形象定位的原则

旅游地主题形象的定位首先要依托本地主要旅游资源的文脉地格和目标市场的需求特征，确定可供旅游地形象选择的范围；其次，在可供选择的形象里，要进一步确定更具竞争力的形象则需要遵循所有旅游地形象定位都遵循的一些基本原则。一般而言，旅游地形象定位主要遵循以下几个原则：

1. 主题具有吸引力

旅游主题要做到具有吸引力，这不仅要求旅游主题独特而鲜明，而且要能满足时下游客的旅游品味与需求。每个旅游地都必须有一个或若干个鲜明的主题，并通过景观设计、建筑风格、项目策划等将这些主题直观地表现出来，以突出本地区旅游产品或服务的明显差异，从而对游客形成深刻的印象。

2. 功能具有多样性

如前面所述，旅游形象的塑造主要涉及旅游目的地，而旅游目的地通常有多个不同的旅游景区，可以提供多样的功能。因此，在旅游形象定位的同时，要考虑旅游目的地能够提供的综合旅游功能，这样也能使旅游目的地在旅游功能方面的形象更加丰满，从而扩大目标市场。

3. 活动充满参与性

现代旅游活动正在向主题化、自主化、参与化方向发展，因而旅游地在设计旅游产品时除了安排传统的娱乐项目外，还应根据现代游客的需求，设计一些参与性强，有趣味，而且新鲜独特的旅游活动项目，丰富旅游的体验效果。

4. 表达富有感染性

旅游地在形象定位方面，一方面是语言方面如形象口号的表达，另一方面是直接面对面地为游客提供服务。无论哪种情况，都在表达方面下功夫进行设计，使形象口号，以及实际的服务能触及游客心灵，使游客具有更深层次的感受，满足游客更深层次的需求。

（二）旅游地形象定位的策略

随着旅游业的发展，众多的"景点品牌"让游客眼花缭乱，因此，旅游地需要采取科学的形象定位方法，让旅游地的形象从众多旅游地中脱颖而出。以下是旅游地在形象定位时一些较为基本而有效的策略：

1. 领先定位法

旅游者根据各种渠道得到的信息，在头脑中对各旅游地建立起金字塔形的形象体系。对旅游者而言，在金字塔顶端的旅游形象所对应的旅游地是独一无二、不可替代的旅游资源。而这些旅游地在形象方面都具有领先定位的特征，例如，埃及的金字塔，北京的故宫、长城，都是世界上绝无仅有的人类奇迹的旅游地，处在旅游目的地形象的顶端，不需要很多努力就可以保持长久不衰的形象地位。如黄山采用"五岳归来不看山，黄山归来不看岳"的形象定位就是这种策略。

2. 比附定位法

比附定位法并不去占据游客心目中金字塔形形象体系的最高级，而是借用著名景区的品牌影响来突出、抬高自己。比附的主要方法是避开"首席"，抢占第二位。实践证明，与处于旅游目的地形象最高阶梯或领导地位的形象"第一品牌"进行竞争往往非常困难，成功率较低。因此，可以采用比附定位方法。例如，成都曾将旅游形象定位为"东方伊甸园"。

3. 逆向定位法

逆向定位法强调并宣传定位对象是消费者心中较为固定形象的对立面和相反面，从而开辟了树立旅游景区形象的新途径。例如河南林州市林滤山风景区以"暑天山上看冰堆，冬天峡谷观桃花"的奇特景象征服市场。

4. 空隙定位法

空隙定位法的核心是分析旅游者心中已有的形象体系的类别，发现和创造新的形象类别，树立一个与众不同、从未有过的旅游形象。比附定位和逆向定位都要与游客心中原有的旅游形象体系相关联，而空隙定位则开辟了一个新的形象类别。

5. 重新定位法

重新定位法并非一种独立的定位方法，而是原旅游地采取的再定化策略。由于旅游地在过去建立了一定的旅游形象，因此，要重新定位是一件非常困难而且需要慎重考虑的策略。当旅游地的旅游业出现明显的下滑时，旅游地可能处在旅游地生命周期的衰退期，这时就需要对旅游市场的需求变化以及竞争者的情况进行分析，此时，对旅游地形象进行重新定位可能是旅游地走出衰退的一种策略选择。

（三）旅游地形象定位方法

规划区域旅游形象定位的最终表述，往往以一句主题口号加以概括。旅游主题是在旅游地的规划建设和旅游者的旅游活动过程中被不断地展示和体现出来的一种理念或价值观念。口号是旅游者易于接受和了解旅游地形象最有效的方式之一，能够产生神奇的广告效果。旅游地形象主题口号在旅游地形象定位的基础上，可参考以下方法进行设计：

1. 源自地格文脉的独特性

旅游地形象主题口号要吸引潜在的游客，就必须体现旅游地与众不同的特色，此外，这种特色又是其他旅游地难以复制的，这就要求，旅游地在形象主题口号内容的选择方面，尽量以旅游地的地格文脉为主要要素，才能够在旅游产品方面避免被其他旅游景区复制，从而提高旅游地的竞争力。

2. 面向游客的需求特性

旅游主题口号面对的对象是游客，因此，口号的设计必须充分考虑游客的心理需求和偏好，以达到吸引游客的目的。通常，旅游地面对的游客市场是比较广泛的，因此，在主题口号的设计方面，不宜只突出某一方面的特色，从而导致目标市场过窄。

3. 反映旅游的时代特征

旅游者具有求新、求奇，紧跟时代的需求心理。要使旅游主题口号具有活力、吸引力、号召力，在内容方面就要反映时代特征，具有时代气息，体现热点、主流和趋势；但在语言表述方面则不能过于陈旧。例如，近年来康体休闲、低碳旅游、生态旅游、田园旅游、亲近自然、郊野派对、中药养生、养颜美容、农业观光、亲子同乐与全家同乐等成为国内城市追逐的旅游主题。

4. 打动游客的广告效应

旅游活动内容主要以感性为主，只有这样，才能获得更高层次的体验效果。游客在接触旅游主题口号的时候，也会带有更多的感性成分。旅游地的主题口号必须能够打动旅游者的心，激发旅游者的旅游欲望，并广泛而迅速地传播，获得广告效应。旅游形象的主题口号的词语要准确、凝练、生动和富有影响力。旅游地形象主题口号创意要借鉴商品广告词的创意设计艺术，用独特的思维、丰富的内涵、精练的语言、动人的表述，达到别具一格的效果，创造出充满魅力的旅游地形象。

第二节　旅游地形象塑造与推广

如何使旅游地形象的内涵更加鲜明和丰富，并迅速传递到目标市场，激发潜在旅游市场的旅游动机，需要进一步对旅游形象进行塑造和推广。旅游形象塑造和推广需要解决三个具体的问题：一是向旅游市场传递什么旅游形象？二是借助什么载体来传递旅游形象？三是通过什么渠道来传递旅游形象？

一、旅游地形象塑造与推广理论

旅游地形象策划是旅游地形成竞争优势的强有力工具。策划一个良好的、个性鲜明的旅游地形象可以帮助旅游地形成较长时间的旅游市场垄断地位，获得较大的市场空间。旅游地形象的竞争方式可以借鉴企业形象识别系统（CI）。CI，也称 CIS，是英文 Corporate Identity System 的缩写，目前一般译为"企业视觉形象识别系统"。CI 设计，即有关企业视觉形象识别的设计，由 Mind Identity（MI，理念基础），Behavior Identity（BI，行为准则），Visual Identity（VI，视觉形象）三部分组成。相应地，旅游地形象策划也随之系统化，形成旅游地形象策划体系。

（一）理念基础（MI）

MI 是确立企业独具特色的经营理念，是企业生产经营过程中设计、科研、生产、营销、服务、管理等经营理念的识别系统，是企业对当前和未来一个时期的经营目标、经营思想、营销方式和营销形态所作的总体规划和界定，主要包括：企业精神、企业价值观、企业信条、经营宗旨、经营方针、市场定位、产业构成、组织体制、社会责任和发展规划等。属于企业文化的意识形态范畴。

旅游地的发展理念主要体现的是一种价值观念、独特精神。它是旅游地形象策划的基础、核心和灵魂。理念可以分为一、二两级。一级理念是将重点放在向旅游者传递一种旅游地能够带来的氛围和感觉，即能够给旅游者带来的核心价值，这种核心价值主要通过主题口号来表达；二级理念则是根据旅游地不同的特征（历史、地理、文化、景物等）分别作为主题，与客源市场所接受的特点相结合，进行有针对性的具体的阐述，将旅游地系统完整地呈现在旅游者面前，并对一级理念进行全方位的支撑，二级理念通常通过宣传口号来表达。例如，成都温江区中医药养生旅游文化园在形象设计的理念是：一级理念为"中药圣地，养生仙境"。二级理念：芙蓉长卷纵横经——合一庭、芙蓉长卷纵横经——药博园、芙蓉长卷千金方、芙蓉长卷本草园等。

（二）行为准则（BI）

BI 是企业实际经营理念与创造企业文化的准则，对企业运作方式所作的统一规划而形成的动态识别形态。它是以经营理念为基本出发点，对内是建立完善的组织制度、管理规范、职员教育、行为规范和福利制度；对外则是开拓市场调查、进行产品开发，透过社会公益文化活动、公共关系、营销活动等方式来传达企业理念，以获得社会公众对企业识别认同的形式。

旅游地人的行为活动主要表现在对内部员工的管理行为、对旅游者的旅游服务行为、对外的社会公益活动。行为准则（BI）是反映理念基础（MI）及其主题口号并渗透在以上三个方面的行为规范及规章制度。例如"三全服务"指全天候、全过程、全方位服务，是旅游景区在服务过程中较为常见的服务准则。

（三）视觉形象（VI）

VI 是以企业标志（LOGO）、标准字体、标准色彩为核心展开的完整、系统的视觉传达体系，是将企业理念、文化特质、服务内容、企业规范等抽象语意转换为具体符号的概念，塑造出独特的企业形象。视觉识别系统分为基本要素系统、应用要素系统两方面。基本要素系统主要包括：企业名称、企业标识（LOGO）、标准字、标准色、象征图案、宣传口语、市场行销报告书等。应用系统主要包括：办公事务用品、生产设备、建筑环境、产品包装、广告媒体、交通工具、衣着制服、旗帜、招牌、标志牌、橱窗、陈列展示等。

根据心理学的研究，人类接受外界刺激所获得的信息，由视觉器官获得的占听觉、味觉、嗅觉、触觉和视觉等所有感觉的 83% 左右，而且由视觉器官所归集的信息在人类记忆库中具有较高的回忆值。因此发展视觉传播媒体，开发符号化、标志化的视觉设计系统，是传达精神理念、建立知名度和塑造形象的最有效方法。

二、旅游地形象塑造的对象及载体

旅游地形象策划包括了旅游地形象定位、旅游地形象塑造，以及旅游地形象的推广。之前对旅游地形象定位进行了分析，旅游地的形象定位主要通过主题口号来进行，而单靠一句主题口号，不足以使旅游地树立具有竞争力的旅游形象，需要围绕形象定位，对旅游地的形象进行塑造，丰富形象体系，再推广到旅游市场。因此，旅游地形象塑造就是要解决向旅游市场传递什么的问题。

旅游地的旅游产品是无形的，具有不可移动性，游客必须前往旅游产品的生产地而不是产品被递送过来，这就意味着旅游地除了积极与旅行社和导游员进行沟通之外，更主要的是对潜在游客和现实游客展开攻势，增加潜在游客对旅游地的了解以及来此旅游的意愿；增加现实游客的重游率，提高其满意度，从而产生更多积极的口碑效应。

（一）旅游地形象受众分析

由前面对旅游形象策划的定义可知：旅游地形象受众的需求是旅游形象塑造的重要依据。因此，有必要对旅游地形象的受众进行分析，进而才能对他们的需求进行分析。旅游地形象受众主要有三类：一类是潜在游客，一类是现实游客，一类是旅游中间商和经销商。其中，旅游地传递给不同受众的途径有所不同：潜在游客对旅游地的印象主要通过媒体的传播以及周围人群的口碑等；现实游客对旅游地的印象主要由来自之前相关的信息以及实地旅游体验形成；旅游中间商和经销商对旅游地的印象主要来自于旅游地提供的旅游产品以及游客的反馈。

（二）旅游地形象塑造的目的

旅游地形象塑造的目的是为了吸引潜在的游客到旅游地旅游，吸引中间商和经销商来参与旅游产品的销售。要达到这样的效果，具体而言，对潜在的旅游而言，主要是提高旅游地的知名度；对现实游客而言，主要是引导他们对旅游地的旅游产品的进行体验，并提高他们对旅游地的知晓度、美誉度、满意度，以及对品牌产品的认可；对中间商以及经销商而言，主要是要提高他们对旅游地旅游产品的发展前景以及旅游产品性价比的认可。

（三）旅游地形象塑造的对象

旅游地形象塑造最终还是要立足于旅游地本身的资源特色以及旅游产品的设计。因此，旅游地形象的塑造对旅游地产品的开发具有一定的指导作用，对旅游地旅游的发展方向具有非常重要的指导意义。

1. 旅游地人文环境和自然环境

旅游地的人文环境和自然环境在潜在游客中的形象对于其旅游动机有非常大的影响。文化内涵是否丰富，自然环境是否宜人是潜在游客选择旅游目的地的重要因素，同时也是旅游中间商以及经销商选择合作的重要参考。因此，旅游地在树立旅游地形象的时候，需要充分展示人文环境和自然环境的积极形象。

2. 旅游地品牌旅游项目

旅游地的品牌旅游项目是吸引游客前往旅游的重要影响因素之一，一些著名的景区，其形象几乎替代了其所在旅游地的人文和自然环境的形象。

3. 旅游地设施设备和服务水平

旅游地的设施设备和服务水平反映了旅游地的接待能力，也是影响游客前往旅游的重要因素。包括交通方面的情况、住宿方面的情况，以及信息服务导游服务等方面的情况。也是旅游中间商选择合作，以及经销商进行产品设计的重要参考。

4. 旅游地价格体系

对团队游客而言，旅游过程不仅包括参团费，而且要考虑提供的相应服务，此外，还有考虑不少的自费项目，购物项目等；对散客而言，则要考虑更多分散的价格因素。对中间商和经销商而言，则要考虑旅游地的价格体系对于公司企业的盈利是否有利。

（四）旅游地形象塑造的载体

旅游地形象塑造的载体可以根据 CI 理论，将形象塑造的载体分为语言、视觉符号和行为三类。具体采用的形象塑造的载体则主要有以下几类：

1. 广告

广告是一种高度大众化的信息传递方式，传播面积广、效率高、速度快。据调查，约有 68.6%的顾客是因为广告而购买产品的。广告不仅有推销商品的作用，还可以达到宣传和建立企业、产品形象的目的。对于旅游目的地而言，通过广告追求公众的认同和建立品牌忠诚度是理想的形象传播方式。在进行广告宣传时，旅游地应该认真策划广告活动，尽可能提高形象传播的效果。首先，要明确广告宣传的主要目标市场；其次，依据成本费用、产品定位、受众特征及传播效果等因素，选择适当的广告媒体；最后，选取一条最易打动人的信息，在合适的时间传递给目标市场。广告的内容可能简单，也可能非常丰富，简单的广告如几句宣传口号，内容稍丰富些的如文字介绍、图片等，内容再丰富些的广告如游记、旅游视频，甚至旅游电影等。

广告可以分为通知型、说服型和提醒型三类。通知型广告主要用于旅游地及其产品的市场开拓阶段，目的在于触发初始需求。一个新的旅游地在投放市场之前必须告诉游客有关的各种情况。说服型广告的目的在于建立选择性需求，增强顾客对特定品牌的信任。提醒型广告在旅游地及其产品的成熟期有重要作用，其目的在于使到过该旅游地的游客保持对该地的美好回忆。

2. 新闻

目的是增加旅游地、旅游企业中新闻信息的曝光率，同时利于有目的地邀请记者来访、采风，并有针对性地策划主题活动，使报道消息更有深度，深化旅游形象。

3. 专题活动

通过策划与旅游地相关的专题活动，形成一个对旅游地某个方面有比较深入探讨的认识，比如科学考察的专题活动、养生的专题活动等。专题活动虽然只是提供了了解旅游地部分特点的一个窗口，但这样一个窗口往往可以激发参与者或旁观者旅游的欲望，是一个非常有效的形象塑造方法。

4. 标志系统

标志系统——英文翻译为 Signage 或 Signage System；以标志系统化设计为导向，综合解决信息传递、识别、辨别和形象传递等功能的整体解决方案。它是指在旅游地能明确表示内容、位置、方向、原则等功能的，以文字、图形、符号的形式构成的视觉图像系统的设置。

5. 节事活动

利用各种节庆活动吸引媒体和公众的注意力，围绕节庆活动策划专题活动，增强吸引力，使节庆活动更有影响力，扩大旅游地的知名度。旅游节事包括节庆和盛事两方面，节庆是有主题的公众庆典，而盛事则指历史上或社会上发生的不平常大事。旅游节事能够融自然与人文观光、休闲度假娱乐、商贸洽谈、科技文化交流于一体，使其成为当今旅游地宣传的拳头产品之一。具有鲜明主题的旅游节事活动能在人们心目中构造一个积极的直观形象，而且会促进目的地的基础设施建设，从而迅速提高旅游地的知名度和综合接待能力。常见的节事活动有：

（1）节庆型

节庆型主要是以传统民俗活动为吸引内容的旅游事件。它们常常与当地所处的地理环境以及当地的生产状况、生活条件、文化内涵有密切关系，带有浓厚的地方文化特色。除了我国传统的民俗节日，如春节、元宵节、端午节、中秋节、重阳节等外，还有各地因自然条件而形成的特殊节庆，如牡丹节、荷花节、荔枝节、葡萄节等。同时，传统文化和现代生活相结合形成的新兴节庆也越来越多，如青岛啤酒节、大连国际服装节、潍坊风筝节、海南岛国际椰子节等。

（2）商务型

由于全球经济的迅速发展、跨国公司的不断壮大，企业的合作趋势日益加强，以城市为中心的各种商务、会议活动数量不断增加，随之带来的大量客流受到极大重视，并出现了不少商贸、会议城市。以商贸、会议活动为主要内容的商务型旅游事件正逐渐增加，例如广交会、上海"99财富论坛"等。

（3）博览型

随着经济的发展和人们自身素质的提高，会展旅游逐渐成为人们陶冶情操、拓展知识面的重要途径：不同类型的展览活动以琳琅满目的各类展品吸引了大量游客前来观赏，增长见识，如珠海航展、昆明世界园艺博览会等。

（4）体育型

体育运动是人类展示健康体魄、冲击人体极限的主要方式之一，竞技体育由于其强烈的观赏性、高度的对抗性以及所体现的拼搏精神引起了众多体育爱好者的兴趣，由此形成了体育型旅游事件，如奥运会、世界杯足球赛、亚运会等。

6. 公共关系

公共关系策略是一种协调旅游地与公众关系，使旅游地达到所希望的形象状态和标准的方法和手段。一般运用于庆典活动，如开业剪彩、周年纪念、庆功表彰、重要仪式、赞助活动、举办文化体育竞赛评选活动、新闻发布会等。公共关系活动的一般目标包括传播信息、联络感情、改变态度和引起行动四个方面，总之都是为了树立旅游区（地）的美好形象，提高旅游地形象的知名度和美誉度。有时，公共关系活动还有具体目标，如开拓新市场、参加社会公益活动、创造良好的消费环境、摆脱形象危机等。旅游地形象公共关系活动的基本策略包括制造和发布新闻、举办有影响力的活动以及游说活动。公共关系活动并不需给广告媒体付费，但活动本身可吸引媒体的关注，从而达到对外发布旅游地形象的目的，被认为是一种低投入、高产出的旅游地形象传播方式。

7. 形象代言人

形象代言人的职能包括各种媒介宣传，传播品牌信息，扩大品牌知名度、认知度等，参与公关及促销，与受众近距离地信息沟通，并促成购买行为的发生，建立品牌美誉与忠诚。

三、旅游地形象推广

旅游地形象策划完成后，旅游地面临的问题就是如何将旅游地的形象有效地传播推广给受众（现实或潜在的旅游者）。如果旅游地的形象不能以有效的途径加以传播推广，就不能实现形象策划的根本目标：旅游地形象的推广是旅游者及公众对旅游地感知不可或缺的重要组成部分。旅游地形象推广的任务即通过利用一定的媒体和信息技术在不同的时间和区域、针对不同的对象传播旅游地的形象信息，塑造和传播旅游地的良好形象，达到旅游市场营销的目的。

（一）旅游地形象推广的原则

1. 一致性

旅游地形象的信息传播应在目标、风格、特色上前后保持一致，这样在效果上有累积作用，可以使形象传播收到事半功倍的效果。

2. 多样化原则

旅游地形象的传播在传播方式上应尽量多样化。除了采用多媒体之外，还可以在交通时刻表、饮食场所、交通工具、娱乐场所、旅游纪念品等外部的设计上融入旅游地的形象信息，应尽可能做到传播方式的多样化。

3. 网络化原则

旅游地在不同的空间规模、以不同方式传播旅游地形象信息时，应尽可能实现相互衔接，形成网络。在目前网络快速发展的前提下，旅游地还应该通过计算机网络信息技术和设备，为旅游者提供不同广度和深度的旅游地形象信息。

4. 交互化原则

交互化原则，一是指组织者在听取特定人群意见的基础上，有针对性地组织活动，形成游客满意的旅游地形象；二是指游客与旅游目的地管理者交互化，旅游地管理者应从游客的角度，编制游客可以理解的旅游地形象信息，避免单调、僵化的宣传，避免在游客心中给旅游地形象抹上阴影。

5. 经济性原则

经济性原则指旅游地在推广旅游地形象信息时要考虑投入和产出，尽可能地用最少的投入获得最佳的传播效果。

（二）旅游地形象推广渠道

常见的旅游地形象推广的渠道有以下几种：

1. 直接推广渠道

直接推广渠道即直接将旅游地的形象通过某些载体传递到目标市场。

（1）广播电视电影

广播电视电影是通过无线电波、导线或者信息储存介质向广大地区播送音响、图像节目的传播媒介，具有形象化、及时性和广泛性的特点。形象化即可以以声音和图像的形式来传递信息；及时性指以电波传播的速度来传送信息；广泛性指覆盖范围最广泛的一种传播媒介。

（2）互联网络与手机通信

随着人类进入互联网时代，网络已经成为人们获取信息的重要渠道，网络营销成为旅游区（地）开展市场营销活动的主要工具之一。由于互联网具有传播范围广、传播及时、更新快捷等特点，利用互联网塑造和推广旅游形象，能让旅游者得到融图、文、声于一体的全方位感受。采用网络进行旅游地形象推广时应做到：

①旅游地要请专业人士为旅游地建立主页，全面介绍旅游地的旅游资源；

②旅游地网页要有专业人员定期进行维护和更新；

③旅游地力争使自己的网页进入各主要网络搜索引擎，与热门站点友情链接；

④旅游地应在自己的网页上建立网上预订服务系统，包括预订机票、火车票、客房等，给游客提供便捷的服务。

随着手机功能的日益强大，许多原来需要通过电脑完成的工作手机也能完成，如手机可以实现上网、查询、预订、付费等功能，双微（微博、微信）等成为旅游地树立形象的一个重要渠道。

小资料

APP 助推旅游地形象推广

APP 是 Application 的缩写，智能手机上"移动应用"的代称。APP 与"旅行天生就在路上"的特性高度吻合。随着使用智能终端的旅行人群逐步增长，旅游业也无疑是进入了无线时代。除了携程、艺龙、百度、淘宝、腾讯、京东等网络公司相继开始了在旅游 APP 上的新探索外，根据旅游消费的不同环节，各类细分市场的 APP 也在迅猛增加，如线路预订、资讯提供、旅游点评、行程规划、分享社区、定制服务等。同时，由于 APP 的便携性、移动性和可支付性，又衍生了许多新的"旅游业务"形态。

APP 改变了旅游预订的方式。比起网络预订，APP 最大的优势在于可实现随身随时预订，更符合用户当即决策的思路。途牛网最近数据显示，用户通过手机客户端浏览景点、周边路线等指示，进而直接预订，通过手机预订旅游产品的人数在以每月 30% 的比例上升。

APP 改变了"导游"的定义。借助于 APP/定位/景区等技术的支撑，查找景点、景区内导航、城市导览都变得容易。

增强现实（AR）旅游 APP 让旅游虚实结合。AR 技术借助计算机和可视化技术将虚拟的信息应用到真实世界，真实的环境和虚拟的物体实时地叠加到了同一个画面或空间同时存在。将手机的照相镜头瞄准身处位置的四周环境，手机屏幕上便会显示出附近的主要景点、商店、餐厅、地铁等信息，然后点选这些景点、商铺，便可获取详尽资料。

阅图旅行 APP 还可以足不出户图览全球美景，开辟了导游导览的另一条道路。如美国 Fotopedia 公司推出的巴黎、朝鲜、缅甸、世界遗产等 APP，每一个城市都有数千张由专业摄影师专门拍摄的震撼人心的照片构成，而所有照片都被有序分类和整理，同时，提供幻灯片式的探索模式，除了人们熟知的景点以外，还专门收录了很多"隐藏的瑰宝"，诸如艺术、建筑、咖啡店、城堡、时尚、历史、购物、街头生活。此外，近期 Pinterest（全球最有名的图片社交网站）风靡全球的态势，也让人看到"读图时代"的来临。

旅行直播 APP 结合游记和微博这两个理念，通过记录下每张图片的 GPS 位置，系统自动地在地图上将行程足迹串联起来，通过关联微博等社交平台，每一张照片也同时会被分享出去，最终自动生成一张完整的足迹图和带时间轴的照片墙，真正实现了边走、边记、边分享。"Tripcolor"和"在路上"这两款应用是旅行直播 APP 的典型代表。

"在路上"的核心功能是记录和分享每一段旅行。用户点击"记录"按钮即可开始发布旅程。这一应用从 5 个维度去记录一段行程。照片、位置、日期、笔记心情和标题引导。其中位置功能是亮点，以地图模式记录具体地点；而当游客身处户外时，经常遇到没有信号的情况，就可以利用该应用的"离线记录"功能，保存拍照位置，留待之后发布（现在智能手机大都可以在照片上保存 GPS 位置信息）。旅程中的照片虽然是碎片化的，但是由于加载了时间和位置两个信息，使得行程记录看上去有序、清晰、美观。

（资料来源：《四川省"十二五"旅游业发展规划实施评估报告》）

（3）实物与资料

实物类旅游地形象推广的渠道有旅游艺术品，如反映旅游地主要人文和自然景观特色的各类三维的艺术品如雕刻，以及二维的旅游纪念品，如旅游宣传画册、旅游地图、明信片、台历等。资料方面，通常的资料有报刊、书籍、文艺作品和电子声像制品等。

优点是易于接近大众旅游市场，影响力强覆盖面广，发行量大，费用较低影响面广，影响力大。缺点是费用高，保留性差信息量小，立体感差，设计人员多，成本高，技术要求高，受地域限制更新速度慢，传播效果较好。旅游事件网络宣传影响面广，影响力大，带动性强，价格低廉，传播速度快，范围广，效果好。

（4）广告媒介

广告作为一个非常成熟的传播方式，传播媒介种类繁多，常见的媒介有：利用报纸、期刊、图书、名录等刊登广告；利用广播、电视、电影、微电影、录像、幻灯等播映广告；利用街道、广场、机场、车站、码头等的建筑物或空间设置路牌、霓虹灯、电子显示牌、橱窗、灯箱、墙壁等广告；利用影剧院、体育场（馆）、文化馆、展览馆、宾馆、饭店、游乐场、商场等场所内外设置、张贴广告；利用车、船、飞机等交通工具设置、绘制、张贴广告；通过邮局邮寄各类广告宣传品；利用馈赠实物进行广告宣传；利用网络，如知名网站、网络社区、Email 等进行广告宣传。

2. 间接推广渠道

（1）旅游企业

旅行社是潜在游客了解旅游地形象的重要途径，通过旅行社推出的旅游线路的特点，可以将旅游地的旅游形象传递到旅游市场。此外，其他的旅游企业如酒店，通常有信息咨询的服务以及酒店所在地主要景区的介绍资料，这些服务都有助于对旅游地的形象推广。

（2）政府公众

通过政府公众对旅游地社会责任的认可，将旅游地旅游形象传递到旅游市场。旅游地、旅游企业通过资助慈善事业、社会公益事业、政府主办的大型活动等来赢得良好声誉，对树立旅游地、旅游企业良好的形象意义重大，有利于提高旅游地、旅游企业在公众心目中的形象和地位。

（3）现实游客

现实游客在对旅游地的旅游过程中，通过对旅游地的旅游产品、节事活动的体验，以及对旅游地服务、标示等的感知，会形成一个非常具体的旅游印象，然后通过口碑传递的形式传递到旅游市场，从而会影响潜在旅游市场对旅游地的印象。

案例

微电影与城市旅游形象推广

微电影以其短小精悍的形式、丰富多元的题材呈现出嬉笑怒骂，记录了平凡生活，讲述社会生活现象，无疑已经成为城市旅游形象推广最为有效的手段，微电影成为了"微生活"时代深受宠爱的一种传播方式。微电影不仅展示和传播着城市形象，更能加强人们已有旅游经验的提升和凝练，获得审美体验，同时也能够提高尚未拥有审美体验人们的渴望度。

美国著名社会哲学家刘易斯·芒福德在坚持科技发展与人文底蕴共生的同时提出"城市是文化的容器"的观点。城市文化是城市旅游形象的核心和财富。绍兴因鲁迅而成名，成都因火锅而令人印象深刻，云南傣族以泼水节闻名等。1975年，亨特（J. D. Hunt）较早地将目的地形象定义为"人们对其非居住地国家（州）所持有的印象"；著名学者塔帕沙伊和沃瑞斯扎克（Tapaehai&Waryszak）精辟地阐释了旅游目的地形象的内涵，认为是"旅游者所持有的与期望利益和消费价值相关的目的地的感知或印象"。简而言之，一个在文化意义上苍白的城市不具备成为旅游目的地的条件。一个城市的外观呈现是其内部文化的重要表征，而不仅仅是一种钢筋水泥的城市景观，对于其文化意义和品位的定位是旅游目的地城市要重点考虑的问题。旅游目的地形象作为城市形象的代表在微电影更好地呈现，微电影以其形象传播力，传播城市形象、凝练城市精神，一部电影带火一座城，引爆一个地方的旅游经济，这样的例子不胜枚举。2012年2月7日——四川旅游局发布了《爱，在四川——美食篇》，作为中国第一部旅游微电影成功地将城市文化元素与城市意象融入影像化的叙事中。例如四川人文景观元素的宽窄巷子、锦里古街等多种元素的呈现，以火锅为代表的四川的美食文化的表达，同时包含其民俗文化的川剧变脸，诸多元素融合为四川城镇旅游宣传造势。绍兴市旅游集团创作的旅游微电影《樱为爱情》，更是绍兴旅游元素与电影元素融合的佳作。影片中绍兴代表性文化意象如沈园、鲁迅故居、咸亨酒店、百草园等历史文化遗存完美地融入电影中，给人们呈现了一个精美与雅致的绍兴。

资料来源：王坤. 基于城市旅游形象推广的微电影与城市旅游的理性联姻 [J]. 新闻知识，2015（6）.

第三节　旅游功能分区与游览线路设计

一、旅游功能分区概述

（一）旅游功能分区概念与分类

功能分区是旅游规划的重要组成部分，是指根据规划区的资源禀赋、土地利用、项目策划、游客行为规律、游客组织管理等因素对区域内空间进行系统划分，以确定次一级旅游区域的名称、发展主题、形象定位、旅游功能和相互关系的过程。功能分区有不同的层次，在各功能分区内部，还可以进行次一级的功能分区。功能分区的目的主要是为了确定不同分区的主题，空间布局则是围绕这些主题具体布局项目设施。

关于旅游功能分区的分法有多种。黄羊山（1999）将旅游地划分为游览区、旅游接待区、休假疗养区、野营区、文化娱乐区、商业服务区、行政管理区、居民区、农林园艺区、加工工业区等旅游功能分区类型，认为并不是每一个旅游地都要具备所有的功能区，根据实际需要，规划适合当地的功能区类型。任黎秀（2002）将旅游地旅游功能分为游览、度假疗养、康体娱乐、避暑或避寒、宗教朝觐、民俗风情、科学考察、文化教育等类型。全华、王丽华（2003）指出规划区内的时空布局应当功能完善，一个成熟的旅游区必须有旅游接待区、游客游览区、旅游物流集散地（镇、城）等功能区，满足游客游、购、吃、住、行等方面的需求。严国泰（2006）认为，旅游战略规划可根据区域内资源特性与文化内涵及旅游活动的需求，将规划区域划分为观光游览区、文化体验区、休闲度假区和服务接待区等不同分区。

（二）旅游功能分区的原则

旅游功能分区有利于实现区域内旅游资源和土地资源的优化配置与合理布局，还可使旅游开发战略、资源保护与开发以及容量控制等规划理念具体化为空间框架，从而保证旅游区的可持续发展。另外，通过对旅游区合理的功能分区，有助于日后的规划与管理，方便管理者对游客活动进行有效控制，避免旅游活动对保护对象造成破坏，以保证核心保护区的资源与环境得到有效保护。要达到功能分区的效果，需要把握以下分区原则：

1. 突出分区原则

这是旅游功能分区的核心原则之一。在旅游规划与开发中，必须通过各种产品与服务来突出旅游区的主题形象，即通过自然景观、建筑风格、园林设计、服务方式、节庆事件等来塑造与强化不同旅游功能分区的形象。

2. 集中性原则

对于不同类型的设施如住宿、娱乐、商业设施等，在功能区划分上可以归为同一类功能区，采取相对集中的布局方式。功能分区的集中性原则可以防止布局散乱，促进主题形象的形成，防止对主要自然景观的视觉污染；同时，规模聚集效应对举办各种促销活动可以产生一定的整体规模优势。首先，在开发方面，集中功能单元的布局能使基础设施低成本、高效益，而且随着旅游开发的深入与市场规模的扩大，新的旅游后勤服务部门更易生存。经验表明，当饭店与社会餐馆相邻近时更容易形成综合的市场竞争优势。其次，在经济方面，集中的布局带来的景观类型多样性还可以吸引游客滞留更长时间，从而增加地方经济中旅游服务部门的收入，带动社区经济的发展。最后，在社会方面，集中布局有利于游客与当地居民的交流与沟通，有利于社会风俗的优化，进而可将其开发成一种新的旅游吸引物。另外，在环境保护方面，集中布局有利于环境保护与控制，对污染物的处理更为有效，敏感区能得到有效保护。

3. 协调性原则

协调性原则表现在处理好旅游地与周围环境的关系、功能分区与管理中心的关系、功能分区之间的关系、主要景观结构（核心建筑、主体景观）与功能分区之间的关系上。在规划设计时，某些功能分区因具有特殊生态价值应划为生态保护区，需严格控制区内的建筑与活动，而旅游娱乐区则能承受较强的外界干扰，可引入适当的设施使其达到最佳的使用状态。另外，协调功能分区还应对各种旅游活动进行相关分析，以确定各类活动之间的互补、相依或相斥关系，并据此为各功能分区的各种设施、各类活动安排适当的位置，如野餐区必须具备良好的排水条件、浓密的遮阴、稳定的土壤表层和良好的植被覆盖及便利的停车场。

4. 完整性原则

完整性原则主要体现在两个方面：一方面，在划分功能区时，应尽量保持那些具有鲜明特征的旅游资源的完整性，避免自然环境和人文环境的人为割裂；另一方面，在旅游业刚起步或初步开发的地区，旅游区域市场发育不充分，旅游企业还不能担当开发和经营的主体，地方政府要起主导作用时，需考虑功能分区行政范围的完整性。

5. 环境保护原则

环境保护的目的是保障旅游区的可持续发展。一方面，是保护旅游区内特殊的环境特色，如主要的吸引物景观；另一方面，要把游客接待量控制在环境承载力范围之内，以维持生态环境的协调演进，保证旅游区土地的合理利用。另外，实施环境保护，还要充分体现以人为本的原则，即旅游区最终是为人类旅游活动而设计的，实现人与环境的协调，也就是规划应同时满足旅游功能及美学上的需求，实现经济价值观与人类价值观的平衡。

二、旅游功能分区方法

刘家明（1998）认为不同的国家、不同的规划类型法也各不相同，分区时要根据具体情况来分析。功能分区的方大堤礁海洋公园，于 1992 年被澳大利亚东北部管理当局规划为保护区（严格控制保护研究），国家公园区（游憩和旅游、科学研究），缓冲区（可以钓鱼），保护公园区（游憩与旅游、科学研究、有限制地钓鱼），生态环境保护区（游憩与旅游、科学研究、可以商业性和娱乐性钓鱼但不能用网）和综合利用区（可以各种形式捕鱼、人工建设、游憩和旅游以及科学研究）。吴承照（1998）研究发现美国国家公园最初是采用自然与游憩两大分区法，即核心地区保存原有自然状态，而周边地区可设置游客中心、员工宿舍及各种维护设施。后来又演变为三分法分区，即在周边游憩区与核心保护区之间形成一个带状缓冲区，旨在抵挡人为因素对核心区的直接冲击。

在我国，不同类型的景区也有不同的功能分区方法。如国家森林公园可分为森林旅游区、生产经营区与管理生态区三大区，其中森林旅游区又分为游览区、游乐区、休养区、接待服务区和生态保护区。1994 年国务院颁布的《中华人民共和国自然保护区条例》规定自然保护区分为核心区、缓冲区和实验区，其中核心区是自然保护区内保存完好的天然状态的生态系统以及珍稀、濒危动植物的集中分布地，除经允许的科研活动外，禁止任何单位和个人进入；核心区外围可以划定一定面积的缓冲区，只准进入从事科学研究观察活动；缓冲区外围划为实验区，可以进入从事科学试验、教学实习、参观考察、旅游以及驯化、繁殖珍稀或濒危野生动植物等活动。

旅游规划依据不同的理论与原则，产生了许多功能分区的方法。旅游规划可以参照目前现有的分区模式对规划区进行功能分区，也可遵循一些科学的分区方法，探索性地完成规划区的功能分区。目前常用的旅游地功能分区方法主要有认知绘图法、降解分区法和聚类分区法。

（一）认知绘图法

该方法由弗里根等人于 1983 年提出，主要通过综合旅游者对旅游地形象的认识，计算出旅游位置分数来进行分区。其基本步骤为：

第一步，选择一种抽样调查方法，以确保能获得一个具有代表性的随机样本。

第二步，向被调查者提供一张画好的地图，要求他们在认为是旅游地中心的地方画上预先定好的标注"×"，并画出 3~5 个旅游分区范围。

第三步，算出每个旅游位置的分数（TLS）：

$$TLS = (A+B+C) \times (A+B) / (1+C)$$

式中：

A 为一个分区所得"×"的次数；

B 为该区被划归为旅游分区的次数；

C 为一个地区部分被划入旅游分区的次数。

第四步，汇总 TLS 分数，标在新地图上，高积分处即为旅游分区的位置中心，然后沿低谷处画线即可得出各区之间的界线。

（二）降解分区法

降解分区法，或称降序分区法，由史密斯于 1986 年提出，是一种大尺度地域范围区划定位方法。该方法从较大区域范围入手，逐渐按两分法分解成越来越小的区域。

（三）聚类分区法

聚类分区法，或称上升区划法，是降解分区法的逆向过程，是指从小的地域系统（旅游点或村镇）入手，逐渐合并为数量较少的大区域的逻辑划分方法。

三、景点及设施空间布局

（一）旅游空间布局的概念

旅游空间布局，在国家建设部、国家计委有关风景名胜区规划内容要求中，相当于景区划分；国家旅游局（1999）制定的《旅游发展规划管理暂行办法》中称为"空间布局"；在加拿大的规划内容要求中称之为分区计划；有些教材或文章中又以近义词"旅游区划"出现。皮尔斯（pearce，1999）认为旅游空间结构主要由不同等级的旅游节点（首要节点、次要节点、三级节点等），不同等级与类型的旅游通道（旅游主通道、次通道、第三通道等），旅游区域系统（城市旅游单核、双核与多核系统）等组成。李玲、李娟文（2005）认为旅游区空间结构包括三种要素：点要素，包括旅游中心地、旅游目的地；线要素，包括联系旅游中心地与旅游目的地的区域内旅游线路、联系不同旅游中心地的区域间旅游线路等；面要素，包括旅游资源分区、旅游功能区、旅游圈等。旅游空间布局是功能分区的进一步延伸和具体化，从而使对应的旅游功能得以实现。旅游空间布局是指在完成功能分区之后，根据各旅游功能分区的名称、发展主题、形象定位、旅游功能、突破方向等，对分区内所要建设的旅游项目、旅游服务设施、旅游基础设施等进行科学合理的布局，使各功能分区内部形成一个能更好满足旅游功能的有机子系统，从而实现各分区的主导功能，体现各分区的发展主题。

旅游空间布局是旅游规划中的重要环节，是旅游规划的空间体现，是旅游线路安排设计的背景和基础，对旅游区获得良好的综合效益及其持续发展有着直接而重要的作用。旅游空间布局主要受资源、区位、市场和社会经济等多种因素的影响和制约。

旅游空间布局除了包括了旅游功能，还涉及其他多种辅助性的功能分区。具体而言，旅游景区的功能分区通常包括三类：

1. 旅游产品功能分区

这一类分区主要是为游客提供旅游体验条件，如游览区、度假疗养区、休闲娱乐区、商业服务区（购物）等。

2. 辅助服务功能区

这一类分区主要是辅助游客完成景区旅游，如旅游接待服务区、行政管理区、住宿接待区、员工居住区等。

3. 社区居民生产生活区

通常，社区居民的生产生活区在景区之外，但要使景区能健康地发展下去，在规划过程中，必须考虑社区居民的需求。一方面，旅游景区在规划过程中，通常会对当地社区产生影响，如土地的使用、水源的使用、废水的排放等都可能会影响当地社区的生产生活，因此要对社区进行相应的补偿；另一方面，当地的社区还可以为景区提供支持，如当地民俗旅游产品的提供、蔬果的供给等。因此，在景区功能分区中，需要考虑社区居民生产生活区。

（二）旅游空间布局影响因素

1. 旅游资源因素

首先，旅游资源的分布是决定旅游产品功能分区的基本因素。根据不同特色旅游资源的分布，策划不同功能的旅游产品，构成主要的旅游产品功能分区。

其次，旅游资源的类型是功能分区的重要参考因素。为了丰富旅游资源的层次，需要研究景区内现有旅游资源的类型，根据整个景区的形象定位，确定景区主要的旅游功能分区，在该分区内规划设计景区的品牌产品；确定景区的其他旅游功能分区，规划设计旅游景区的其他重要旅游产品。从而形成既有形象突出的品牌产品，又有层次丰富的重要旅游产品以及辅助产品。需要说明的，景区的旅游功能分区不是越多越好，而是要考虑每个分区能否提供不同特色的旅游产品。

此外，旅游资源的市场吸引力也是影响旅游产品功能分区的重要因素。如果旅游资源的规模过小，或者特色不突出，不能得到游客对该分区旅游功能的认可，则这样的旅游产品功能分区是无意义的。

2. 生态保护因素

旅游产品功能分区中，有的区域具有非常高的价值，但又非常脆弱，不宜近距离大规模地游览，因此有必要设立核心保护区对该区域进行保护，同时在其周边设立外围保护区，可以起到缓冲的作用。通过设立这些分区，可以较好地实现景区长期可持续发展的目标。

3. 当地社区因素

景区的规划往往与当地的社区息息相关，景区往往要与社区发生关系，影响当地社区居民的生产生活，如果不能很好地处理好与景区周边社区的关系，尤其是利益关系、环境影响关系，招致当地社区的反感，必然会影响景区的发展。此外，社区也可以为景区提供民俗方面的旅游产品，从而提高景区的吸引力。因此，如何通过设立一些分区，达到当地社区能从景区的发展中获益，同时又能为景区提供富有当地民俗特色的旅游产品是一项互利互惠的事情。

4. 游客行为规律

游客在旅游规程，包括到达旅游景区的时间、方式，以及在景区旅游的方式、游览的时间，以及在景区的消费构成等，都是进行空间布局的重要参考。

5. 管理服务因素

景区基础设施的布局在满足前面条件的基础上，要能够方便景区的服务与管理，从而提高经营效率，为游客提供更好的服务及旅游体验。通常，这些基础服务设施要尽量集中安排，提高这些设施的使用效率。

（三）景点及设施空间布局

旅游空间布局，是旅游规划的重要内容之一。旅游规划者在对一个具体的旅游区进行空间布局规划时，可以借鉴国内外一些经典的空间布局模式，再结合旅游区的实际情况设计最优方案。

1. 单核式布局模式

（1）环绕景点式布局

以自然风景魅力突出的旅游区为核心，围绕着核心自然景观依次布局娱乐设施、住宿设施等，并通过交通道路构成闭环，设施与中心景点之间也有步行便道或车道连接，交通网络呈车轮或伞骨状。这样布局可以充分利用旅游资源，同时，以核心资源做背景的服务产品开发，也提高了非核心旅游产品的价值。

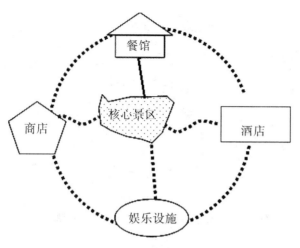

图4.2　环面自然风景点布局模式

（2）环绕旅馆式布局

缺乏明显的核心自然景点的旅游区，通过此布局模式使豪华（或特色）旅馆成核心。布局的重点是旅馆的建筑风格和综合服务设施体系。

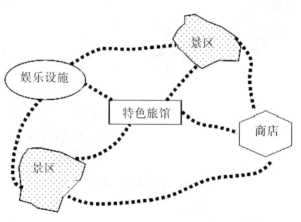

图4.3　环旅馆布局模式

（3）"社区-旅游吸引物综合体"布局模式

甘恩（Gunn，1965）提出了"社区-旅游吸引物综合体"布局模式（图4.4）。这种布局方式是在旅游区的中心布局一个社区服务中心，外围分散形成一批旅游吸引物综合体，在服务中心与吸引物综合体之间有交通连接。

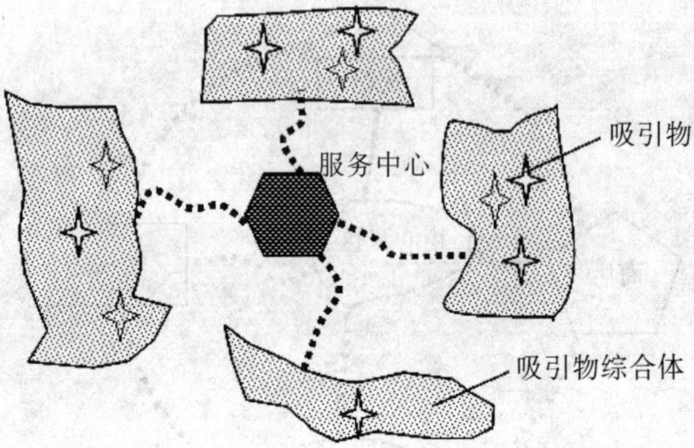

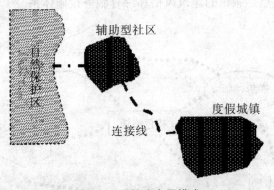

（图最上方为"社区-旅游吸引物综合体"布局模式图，标注有：吸引物、服务中心、吸引物综合体）

图 4.4　"社区-旅游吸引物综合体"布局模式

2. 双核式布局模式

该布局模式由特拉维斯（Travis，1974）提出（图 4.5）。这种布局方法为游客需求与自然保护区之间提供了一种商业纽带，通过精心的设计，将服务功能集中在一个辅助性社区内，处于保护区的边缘。

（图中标注有：自然保护区、辅助型社区、度假城镇、连接线）

图 4.5　双核式布局模式

3. 三区结构布局模式

景观设计师弗斯特（Forster，1973）提出了旅游区空间开发的"三区结构布局模式"。这种布局的核心区是受到严密保护的自然区，限制乃至禁止游客进入；围绕它的是娱乐区，在规划娱乐区里配置了野营、划船、越野、观景点等服务设施。最外层是服务区，为游客提供各种服务，有饭店、餐厅、商店或高密度的娱乐设施等。

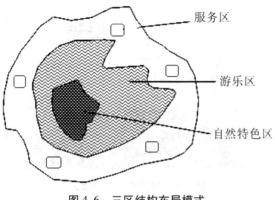

图4.6　三区结构布局模式

4. 专项旅游区空间布局模式

（1）草原旅游布局模式

草原作为旅游资源，具有分布广、地域内差异小等特点，立体条件不适合建造大型旅馆。蒙古包的布局是长期适应草原环境的结果，符合生态法则，具有一定的科学性。这种布局模式大多呈组团布局，中间是接待包，由中心向外依次是住宿包，厕所、草原活动区域。

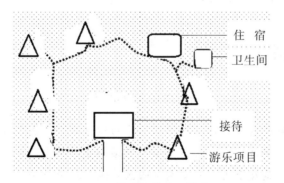

图4.7　草原旅游布局模式

（2）滨海旅游布局模式

滨海旅游空间布局一般模式，是从海水区、海岸线到内陆，依次布局海上活动区，包括养殖区、垂钓区、海滨浴场、游艇船坞等；海滩活动区，包括海滨公园、沿海植物带、娱乐区、野营区等；陆上活动区，包括野营区、交通线、餐宿设施、旅游中心等（图4.8）。

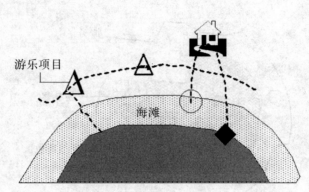

游乐项目

海滩

图 4.8 滨海旅游布局模式

（3）山岳型旅游布局模式

山岳型旅游区空间布局，除受到地势起伏、环境保护、方便游览等因素的制约外，还受到地形因素的制约。根据山岳型旅游区空间布局的宏观态势，可以分为放射状、过顶峰环状路线和网络状布局三种模式。放射状是以山顶为旅游线路汇集点向四周放射的布局，适合具有单纯攀登顶峰意义的旅游规划；过顶峰环状路线适合布局在山体各个高度均有较丰富旅游吸引物的山区；网络状布局适合景区景点十分丰富的山区旅游规划。

 资料

四川省旅游发展战略布局

四川省旅游发展战略布局紧扣国家主体功能区规划，围绕国家"一带一路"、长江经济带等战略部署，深入实施全省多点多极支撑发展战略，优化全省旅游经济发展空间格局，构建全省"一心两带四区六地"旅游布局。

一是做优"一心"。成都市围绕建设世界旅游目的地目标，以国际化的视野、更加开放的姿态主动接轨全球化，编制世界旅游目的地行动计划，实施旅游国际化战略，努力打造世界级景区（点）集聚的国际都市观光旅游目的地、环境舒适的国际都市时尚购物目的地、服务优良的国际都市商务会展目的地、国际节庆赛事荟萃的国际都市文化旅游目的地、内涵丰富的国际都市休闲度假目的地和中转便捷的国际旅游集散地。

二是做强"两带"。即"成德绵广"和"成渝旅游经济带"，推动构建以市州为重点的区域旅游联盟，促进旅游要素区域集聚发展。成德绵广以城际列车开通为契机，加快打造三国文化体验、蜀道探险、龙门山乡村休闲等旅游产品线路。

成渝旅游经济带要对接长江经济带规划，编制《长江经济带旅游发展规划（四川）》，推出一批佛文化、酒文化、盐文化、竹文化、恐龙文化等旅游新产品，塑造川南城市休闲品牌。

三是做大"四区"。即甘孜、阿坝所在的中国最美藏区，雅安、凉山、攀枝花所在的攀西雅安片区，广元、巴中、达州、南充所在的川东北片区，川南城市群为核心的川南片区。这四大区域旅游发展潜力巨大，要加快旅游发展速度，突出道路交通等基础设施互联互通，打造一批国家 A 级景区、国家级旅游度假区、国家生态旅游示范区、国家旅游扶贫试验区，在旅游规模上实现突破。川西北片区要错位发展，立足高原生态和藏羌文化优势，积极建设最具魅力、最具活力的全域旅游示范区，每年建设推出 10 条新产品线路，持续扩大旅游市场影响。攀西雅安片区，要依托独特的气候阳光优势和熊猫故乡生态环境、绚丽的彝族文化与民族风情，加快建设雅安生态文化旅游融合发展试验区，深化雅安与乐山、眉山和甘孜区域旅游合作；支持攀枝花建设首个"中国阳光康养旅游城市"，推动西昌环邛海湖建设国家级旅游度假区，打造中国西部冬季休闲度假基地。川东北片区，将旅游发展与连片扶贫工作紧密结合，突出秦巴山区、嘉陵江流域的绿（生态优势）、红（红色文化）、古（巴人文化）结合，打造成为川陕绿色生态走廊、红色文化走廊和旅游扶贫示范带。

六是打造"六大国际旅游目的地"。即大成都国际休闲目的地、大峨眉国际度假目的地、大九寨国际旅游目的地、大香格里拉世界级旅游目的地、大攀西阳光度假旅游目的地、大巴山生态休闲度假旅游目的地六个国际旅游目的地体系。

（资料来源：《四川省"十二五"旅游业发展规划实施评估报告》）

四、游览线路设计

旅游地通常有多个景区（点），而且这些景区（点）通常分散在不同地方，如何根据旅游地的文化脉络将旅游景（区）点、旅游设施等有机地串联在一起，需要对旅游线路进行科学的设计。

（一）旅游线路及类型

旅游线路是串联旅游目的地景区（点）、旅游基础设施、旅游服务接待设施、旅游服务等的重要纽带。旅游线路涉及的主体主要有旅游者、旅游目的地政府、景区主管部门、旅游企业等。对旅游者而言，就是要设计符合游客游览规律，提供更高质量体验的旅游线路；对旅游地主管部门而言就是要根据游客的需求，将旅游吸引物、旅游设施设备、旅游服务等有效地整合起来，发挥旅游地旅游资源的最大效益；对旅游目的地政府而言，就是要通过旅游线路将旅游目的地的旅游景区（点）、景区依托的城镇、旅游设施设备、服务等有机地串联起来，为游客提供更大范围的旅游体验，提供本地方旅游业的竞争力；对旅游企业主要是旅行社而言，就是通过旅游线路为游客提供更大范围的旅游景区游览体验、更全方位的旅游服务。

目前，关于旅游线路的类型并没有统一的分类。根据旅游者在旅游过程中位移的距离、所花费的时间、跨越的空间范围、运动的轨迹、线路组织设计者的对旅游资源开发的思路、组织形式及线路本身的特点等因素，可以将旅游线路划分为多种不同的类型。如按照旅行社组织的旅游方式，旅游线路可以分为包价旅游线路、拼合选择式线路、跳跃式线路和自助型线路；按照旅游活动的内容和性质可分为游览观光型、休闲度假型、专题型旅游线路。在实际的旅游规划过程中，主要从以下两个方面对旅游线路进行分类：

基于旅游产品的空间跨度来看，旅游线路可以分为三类：最大区域范围的旅游线路是旅行社提供的跨市甚至跨省的旅游线路；其次是旅游目的地提供的旅游线路，比如某个县、某个市提供的旅游产品；最后是旅游景区提供的旅游线路。由于规划工作一般是在单一的行政范围之内进行，因此，规划工作中，对游览线路的研究主要涉及后两类。

从旅游线路的层次来看，旅游线路分为串联辅助设施的明线和串联核心层次的隐线。也就是说，在旅游线路的设计过程中，既要考虑通过线路的连接，为游客提供服务设施，更重要的是根据旅游资源的体验层次等实现旅游景点在文化内涵的有机串联。形象地说，旅游线路一方面要注重"形"的连接，更重要的是注重"神"的连接，达到"形"与"神"的统一。

（二）旅游线路设计原则

旅游线路设计（planning of tourist route），是根据现有旅游资源的分布状况以及整个区域旅游发展的整体布局，采用科学的方法，确定最合理的游线，使旅游者获得最丰富的旅游经历的过程。旅游线路设计的目标，一是尽可能满足旅游者的旅游愿望，使旅游者获得最佳的体验效果；二是便于旅游活动的组织与管理；三是充分发挥旅游资源的效用、旅游设施设备的功能，增加旅游地的及旅游目的地的效益。

影响线路设计效果的因素除了线路本身固有的一些客观存在的制约因素外，旅游线路设计者的技巧和能力作为关键因素之一也有影响。旅游线路的设计需要遵循科学的原则，才能够设计出兼顾多方的较为合理的旅游线路。总体而言，有以下几个原则对于旅游线路的设计具有指导作用：

1. 把握旅游资源脉络，突出资源特色

主题和特色可使旅游线路充满魅力、强大的竞争力和生命力。个性化旅游需求推动旅游走向主题化，主题旅游线路、主题旅行社、主题旅游宾馆或度假村等蓬勃发展。旅游线路的特色或主题主要依靠将性质或形式有内在关联的旅游点联系起来，并在旅游交通、食宿、服务、娱乐、购物等方面选择与之相适应的形式。就一条观光旅游线路来说，应尽量安排丰富多彩的游览项目，在有限的时间里让游客更多地参观和领略当地最具代表性的风景名胜和民俗风情。在组合旅游吸引物时要尽可能地将最著名的景点连接起来，这样才能使旅游者在游览后对整体旅游线路有深刻体会。

2. 遵循游客行为规律，优化旅游功能

旅游者是旅游活动的主体，在设计和销售旅游线路时，必须以旅游者的意愿为出发点，最大限度地满足旅游者的需求。在一条旅游线路中应包含必要数量的、著名的、最有价值的旅游地，特别是自然环境和文化环境与游客常住地差异较大的旅游地。同样的旅游项目，会因旅游线路的结构顺序与节奏的不同而产生不同的效果。在旅游线路设计中，必须充分考虑旅游者的心理状况和体能，并结合景观类型组合、排序等，使旅游活动安排做到劳逸结合，有张有弛。遵循体验效果递进原则，把高质量的旅游景点放在后面，使旅游者兴奋度逐步上升。应注意将新奇与熟悉相结合。旅游者的旅游动机多种多样，但其共性是追新猎奇。一条旅游线路中，除了包括必要数量的旅游特色景区外，根据旅游线路的主题和目标市场，有针对性地选择一些对于旅游者来说还不是很熟悉的、新奇的旅游点，往往会取得出人意料的效果。

3. 适应市场需求变化，提升体验效果

随着社会经济的发展和旅游市场需求的不断变化，成功的旅游线路设计，必须首先对市场需求进行充分的调研，以市场为导向，预测市场需求的趋势和需求的数量，分析旅游者的动机，并根据市场需求的不断变化对原有的旅游线路进行加工、完善、升级，开发出新的旅游线路来满足旅游者的需要。根据旅游者的需求特点，结合不同时期的风尚和潮流，设计出适合市场需求的旅游线路产品，可以创造性地引导旅游消费。例如，现在越来越多的年轻人喜欢富于冒险、刺激的旅游活动以及野外露营、攀岩、漂流、沙漠探险等户外运动。它们既充满挑战性，又满足了年轻人的猎奇心理，得到年轻人的青睐并成为流行时尚。因此，针对不同的旅游市场，除了要以人为本外，还需强调线路产品的普适性与个性化的结合，设计出多种类型的旅游线路以满足旅游者的现实需求；还要从发掘潜在的需求和创造未来的需求的角度去设计旅游线路，以此来刺激旅游者，开拓旅游市场。

（三）旅游线路设计方法

从旅游发展看，单体旅游产品对游客的吸引力相对较低，因而需要对分散的产品进行统一规划、有机组合，形成旅游线路，这就要求地区之间进行分工协作，打造互补性旅游产品。根据旅游产品在交通网络中的关系以及游客的需要，旅游线路是由一系列景点、设施和服务组成的旅游产品的具体体现。

1. 不同时空规划设计旅游线路

这是比较传统的旅游线路规划设计模式，可以按照"X日游"到"一日游"的时间段，并结合旅游产品主题和交通方式安排，设计出相应的旅游线路，如"泰山双卧三日游"（往返乘坐火车卧铺）。同一个旅游地，不同季节的旅游资源景观、气候条件差异较大，据此，可以规划设计出不同的旅游线路。比如，我国东北地区，夏季以森林观光为主要旅游线路，而冬季主推滑雪度假旅游线路。我国属于季风性气候，除海南等地区外，绝大多数地区四季分明，在不同季节需要设计出不同的特色产品及其对应的旅游线路。

按照旅游线路的空间分布形态可分为两点往返式、单通道式、环通道式、单枢纽式、多枢纽式、网络分布式旅游线路。

2. 不同区域范围规划设计旅游线路

不同区域范围规划设计旅游线路主要分为三类：一类是范围较大的跨行政区域的旅游线路规划设计，二类是旅游目的地的旅游线路规划设计，三类是旅游地或旅游景区的旅游线路规划设计。

跨行政区域的旅游线路规划设计就是一种把旅游地周边的国内旅游线路或者附近的国际旅游线路进行通盘考虑的旅游线路组织方式，目的是把自身的旅游精品融入国际或国内的长线旅游产品当中。对于比较大的旅游地，可以结合旅游集散地位置、交通网络结构等因素，按照东线游、西线游、北线游、南线游等方向，结合旅游线路的主题、交通工具选择等规划设计出相应的旅游线路。

根据旅游地的规划任务，在区域线路的背景下，可以把旅游线路的规划设计限定在旅游规划地的范围之内，依托交通网络，设计出旅游规划地主体的旅游产品。在一个特定的旅游规划地内部，不同功能区的主题是不同的，可以根据不同的主题，规划不同的旅游线路。

规划地各个相对独立的核心景区需要有更加细致的线路规划设计。例如，对于一个山岳型景区，根据主入口、出口的开向和前山、后山的景观特色，依托游步道或者缆车等基础设施，可以规划设计出不同的旅游线路。

3. 不同产品特色规划设计旅游线路

根据旅游产品的类型或者客源市场、旅游目的等，可以规划设计出诸如自然文化观光旅游线路、休闲度假旅游线路、宗教文化旅游线路、农业观光旅游线路、名人古迹特色旅游线路，这是发挥旅游规划师能力、开拓特色旅游市场的主要体现，具有极大的发展空间。

（四）旅游线路设计步骤

旅游线路设计是一项系统而复杂的工作，它要求整个过程中的每一步环环相扣，严密有序。旅游线路的要素较多，其中以旅游资源（或景点）、游客行为规律、旅游设施、旅游服务和旅游时间为代表。旅游线路的设计大致可分为以下三个步骤：

1. 调查线路设计相关要素

旅游线路设计通常是基于现有线路的基础上，对现有线路进行改进或者全新设计。旅游线路设计的主体通常有三类：一是旅行社，二是旅游目的地政府，三是旅游景区主管机构。在旅游规划中，通常涉及的是后面两类主体，以下着重分析这两种情况。调查的内容有：

（1）旅游六要素——游览、交通、住宿、餐饮、娱乐、购物的基本情况

内容包括调查各行业以及主要旅游企业历年统计数据、价格水平、发展规划、未来发展趋势，以及游客的评价和要求等；分析现有六要素存在的不足以及可能提升的空间；分析新的规划项目对现有旅游六要素的影响，如接待规模、消费规模的变化等。

（2）现有游客的旅游行为特征

调查客源市场历年的市场细分的特征；调查历年游客在旅游地的主要游览线路；调查历年游客在旅游地的主要消费构成；新的旅游规划对游客游览线路的影响，以及对其消费构成的影响等。

（3）现有竞争态势

现有竞争态势包括开发设计和销售类似线路产品的竞争者数量和分布；竞争对手的产品结构、特点以及差异程度；各竞争对手采用的竞争策略、手段及变化情况；竞争对手的市场占有率和价格策略；潜在的竞争对手及他们进入线路产品市场的可能性；旅游者对类似线路产品价格方面的意见和要求等。

（4）旅行社调查

旅行社调查包括现有线路产品的需求量和需求时间市场；现有线路产品的销售量和市场占有率；现有线路产品的销售范围和目标；现有潜在旅游者数量及旅游者实际购买能力；旅游者对新产品的要求和希望；季节变动对线路销售的影响等。

2. 根据细分市场，策划线路类型

（1）对目标市场进行分类

旅游地的目标市场通常不止一类细分市场，通过对主要的几类细分市场进行

分析，以及对新规划带来的细分市场的变化进行分析，得到未来主要细分市场的规模、需求、消费等信息。

（2）确定主打线路的主题、时间、空间安排

根据旅游地未来细分市场的情况，分别设计相应的旅游线路，满足主要细分市场的需求。首先，根据不同细分市场的旅游需求及特点，对不同的旅游线路确定不同的主题。其次，根据主题，确定线路所串联的景点、服务设施等，并设计各旅游线路的旅游时间日程安排表。最后，根据线路的主题与时间，对各线路进行命名。

3. 完善旅游项目及服务设施

（1）根据功能需要布局设施设备

安排接待设施，接待设施包括停车场的选择。安排住宿餐饮，食、宿是旅游活动得以顺利进行的保证，应遵循经济实惠、环境幽雅、交通便利、物美价廉的原则进行合理安排，并注意安排体现地方或民族特色的风味餐，同时还要考虑旅游者的个性化要求。

（2）确定游览项目

游览项目尤其对传统的观光为主的景区而言是规划的重点内容，在之后的章节中会重点分析。需要说明的是，游览项目的规划受功能分区和线路设计的影响，其中功能分区会对游览项目的性质进行基本的确定，而旅游线路则会对游览项目的客流量有较强的约束作用。因此，在功能定位基础上，确定游览项目的性质之后，通过旅游线路策划确定游览项目的规模。

（3）策划购物项目

购物活动是一个完整的旅游过程所不可缺少的重要环节，购物通常在游客总花费中占据30%左右的比例。旅游购物的圆满实现，不仅能给旅游地带来丰厚的经济效益，还能让旅游者获得心理上的全面满足。当地的旅游纪念品被旅游者带回其常住地后，又能成为旅游地的"无声义务宣传员"。所以设计线路时，对旅游购物应予以充分关注。在线路设计时，应注意将线路上旅游商品最丰盛、购物环境最理想的景点，遵循时间合理、能满足大部分游客的需要，不重复、不单调、不紧张、不疲惫的原则尽量安排在游线串联景点的最后。在旅游活动即将结束返家之前，旅游者的购物需求是最强烈的。旅游者在旅游活动之初一般是不大想购物的。如果将主要的购物点安排在旅游初始之时的话，就会给旅游者的旅游活动留下缺憾。

（4）策划娱乐项目

筹划娱乐活动，在进行旅游线路设计时就要充分考虑安排游客参与旅游地的

节事活动。娱乐活动要丰富多彩、雅俗共赏、健康文明，体现民族文化的主旋律，达到文化交流的目的。以山东省为例，各地的节庆活动主要有曲阜国际孔子文化节（每年 9 月 26 日至 10 月 10 日），泰山国际登山节（每年 9 月 6 日至 8 日），青岛啤酒节（每年 8 月 6 日至 26 日），青岛海洋节（每年 7、8 月），潍坊国际风筝节（每年 4 月 20 日至 25 日），淄博陶瓷琉璃艺术节（每年 9 月 5 日至 11 日），菏泽国际牡丹花会（每年 4 月 20 日至 5 月初）等。

4. 确定线路组织方式

（1）确定空间节点

从形式上看，旅游线路是以一定的交通方式将线路各节点进行的合理连接。节点是构成旅游线路的基本空间单元，一个线路节点通常成为一个有特色的旅游目的地。一般来说，同一条旅游线路中的各节点，都有相同或相似的特点，用于满足旅游者的同一需求并服务于某一旅游主题，起着相互依存、相互制约的作用。节点可以是城市，也可以是独立的风景区。线路的始端是第一个旅游目的地，是线路的第一个节点；终端是最后一个节点，是旅游活动的终结或整个线路最精彩的部分；而途经地则是线路中的其他节点，是为主题服务的旅游目的地。因此，策划旅游线路就是安排从始端到终端以及中间途经地之间的游览顺序，并在线路上合理布局节点。

（2）设计旅游走廊

旅游走廊是线路设计中经常采用的，用来连接景点的主要方式。常见的旅游通道有仿古街、城墙、观景大道、水渠等固定的建筑设施。这些旅游通道可以将空间分布较近的景区（点）更紧密地连接在一起，从而使分散的旅游体验可以叠加，提升游客的整体体验效果。

（3）选择交通工具

交通方式的选择要体现"安全、舒适、经济、快捷、高效"的原则。首先，要了解各种交通的游览效果，依次为直升机、水翼船、汽车、火车、海轮、客机。其次，要了解各种交通工具的适用旅程，其中直升机、水翼船、汽车适宜短途旅游，火车、轮船适合中程旅游，客机、海上邮轮适于长途旅游。最后，要了解国内外旅游交通现状，如类型、分布、形式、网络等。在具体选择交通工具时要注意多利用飞机，以尽量减少旅行时间；少用长途火车，以避免游客疲劳；合理使用短途火车，选择设备好、直达目的地、尽量不用餐的车次；汽车作为短途交通工具，具有机动灵活的特点等。总之，要综合地利用各种交通方式与工具，扬长避短，合理衔接。

可以说，旅游线路一方面是对有主题特色的节点城市或景区的选择，另一方

145

面是对节点游览顺序的安排，是遵循时间最短、费用最省、交通便利、合理搭配的原则进行的全面考察、综合平衡及合理选择。

 案例

基于旅游偏好的大学生一日游线路设计——以秦皇岛为例

本调查主要针对秦皇岛5所学校的大一和大二的学生进行市场调查。此次调查是以作业的形式进行的，回收率和有效率都比较高。共发放1 500份，回收1 412份，全部有效，回收率为94.13%。其中：男生751人，占总样本的53.2%；女生661人，所占比例为46.8%。

调查结果分析：

（一）旅游态度和旅游意向

由于大学生正处于青春期，他们渴望自由，追求新异的事物，因此绝大多数大学生喜欢旅游，比例高达96.43%，对旅游持积极的态度，而且旅游的意向也很高，在1 412调查者中有1 112人愿意参加一次在周末进行的一日游旅游活动，占78.64%。由此看来，大学生一日游市场有很大的发展空间。在比重为21.36%的不能进行旅游活动的同学中，由于因课余时间和费用不足等问题放弃本次旅游的占70.94%。如果线路设计价格合理并且推出时间合适的话，估计出游率会达到90%左右。

（二）出游目的

通过调查，对于出游的目的结果出乎一般的设想，一日游旅游的目的主要是以放松心情和观光休闲为主，所占比重分别为31.01%和24.47%。

（三）出游伙伴选择和出游方式

调查数据表明，大学生选择的出游伙伴主要是"和好朋友同游"（包括"和男/女朋友同游"），比例高达62.11%，其中"和男/女朋友同游"占"和好朋友同游"的36.37%。其次为独自出游，占比例为16.93%，和家长同游和与班级团体同游比例相当，分别为8.42%和9.28%，其他方式为3.26%。

（四）旅游景点需求

在秦皇岛著名旅游景点中，由于其独特性和稀缺性以及广告、舆论等宣传作用，到访人数最多的是"天下第一关""老龙头"和"老虎石公园"，但需求人数最高的却是"南戴河国际娱乐中心""乐岛""新澳海底世界"和"秦皇岛野生动物园"等这些娱乐性、参与性比较强的景区。在这些景区（点）内的海上游乐项

目中，"摩托艇""乘坐游船"和"潜水"这些带有享受性、刺激性的活动较受欢迎，分别占总样本的 20.85%、19.17%、17.49%。

（五）景点数量与消费水平

对于旅游景点数量，认为 1~2 个景点比较合理的占 28.01%；认为 2~3 个景点比较合理的占 49.51%，接近一半；因此，一日游景点数量应该在 1~3 之间（二者合起来比例为 77.52%），过多则相对于一日的旅游时间略显匆忙。那么，相对于 2~3 个景点来说，学生接受的价格主要集中在 100 元左右。调查显示，选择 50~100 元的人数比例最高，占样本总人数的 58.34%，其次为 100~200 元的，占 28.79%，50 元以内占 20.17%。

综上，在校大一和大二学生刚刚从高考的压力和父母的约束下解放出来，对于一日游具有积极的旅游态度和很高的旅游意向。一日游的目的主要是以放松心情和观光休闲为主，由此决定其景点选择集中在自然风光和人文景观知名度高的景点以及娱乐性和参与性比较强的项目；受时间限制，景点数目上以 2~3 个景点组合最佳；旅游经济承受能力在 50~200 元之间，由于学生凭借学生证在秦皇岛大多数景区都可以买到半价票，因此线路报价必须考虑此因素，否则门票价格会偏高而使学生选择自助游。

具体线路设计如下：

（一）山海关一日游旅游线路：老龙头—乐岛—天下第一关。首先游览老龙头风景区：在万里长城的海上起点一睹万里无垠的碧波，一饱眼福的同时接受爱国主义教育，寓教于乐；接下来到达乐岛：自由活动，体验水上游乐项目。午餐在乐岛内采取自带方式；下午参观天下第一关：了解"一夫当关，万夫莫开"的天下第一雄关。这条线路以"老龙头"为序幕，在"乐岛"达到高潮，最后"天下第一关"为本次一日游画上了圆满的句号，节奏明快，井然有序。

（二）浪漫海滨一日游旅游线路：鸽子窝公园—南戴河国际娱乐中心—老虎石。凌晨出发，到鸽子窝公园看日出，看着朝阳冉冉升起，一起迎接新的黎明；游览完鸽子窝公园之后，到达南戴河国际娱乐中心，滑沙滑草等大型游乐设施带来强烈的感官冲击。午餐采取自带方式，在娱乐中心内，坐在海边；傍晚到达老虎石公园，晚风轻抚，一对对情侣伴随着涛声在海边漫步，无声无息地期待着"海上生明月""千里共婵娟"。近年来，秦皇岛各大旅行社均推出了"情侣游"，大学生情侣是一个不可忽视的市场。此线路遵循大学生情侣旅游行为的最基本规律——寻求浪漫，为他们专门定制了"浪漫海滨"主题旅游。

（三）海洋之旅一日游旅游线路：新澳海底世界—长城号游船—碧螺塔酒吧公园。早晨出发到达新澳海底世界参观。之后乘长城号船，观海上风光；中午到达碧螺塔公园，进行沙滩游戏；云帆海上帆船或美人鱼潜水基地任选其一，晚上观看乐队表演，放焰火，篝火晚会，品尝烤全羊、海鲜烧烤。大学生旅游具有追求新鲜事物，求奇、求险的特点。此线路以"海洋"为背景，从陆地到海上甚至延伸到海底，全方位地将海洋世界呈现给学生。整个行程在碧螺塔酒吧公园达到高潮，戛然而止，给人意犹未尽之感。本线路将自然景观与人文、民俗景观组合起来，并伴有体验型项目，满足了大学生的心理需求。

此三条线路设计价格都在50～200元之间，是依据门票的学生票价设计的，符合了学生的消费水平。

资料来源：李胜芬. 基于旅游偏好的大学生一日游线路设计 ——以秦皇岛为例 ［J］. 生产力研究，2008（22）.

本章小结

旅游地的形象定位是旅游地进行规划的重要依据，是指导规划进行的主要参考。形象定位提供了旅游地的发展理念，向市场传递了总体的形象。但要树立一个形象鲜明、内容丰富、打动潜在游客的旅游形象，还要对旅游地的形象进行系统地打造。通过对形象主体以及形象塑造的载体分析，为旅游地形象塑造提供了内容。再通过对形象推广的媒介进行分析，为旅游地形象推广提供了有效的渠道。通过形象定位，确定了旅游地的总体发展方向之后，就需要将规划进一步落实。为此，需要对旅游目的地的功能进行规划，确定各分区的发展方向，使旅游目的地各分区的分工明确，资源配置更高效；对旅游景区而言，则要进行空间的布局，如游览区、住宿区、接待区、商业区、娱乐区、行政管理区等，使旅游景区各部分发挥其应有的功能。在明确了旅游地分区的基础上，根据游客的行为规律，通过旅游线路将这些分区有机地串联起来，才能使旅游地形成一个功能完善，合力倍增的有机整体。

主要概念

旅游地形象定位；旅游地形象塑造；旅游地形象推广；功能分区；旅游空间布局；旅游线路设计

思考与练习

1. 影响旅游地形象定位的因素有哪些？

2. 旅游地形象定位的方法有哪些？

3. 旅游地形象塑造的主要载体有哪些？

4. 旅游地形象塑造的主要媒体有哪些？

5. 旅游功能分区的原则有哪些？

6. 旅游空间布局的经典模式有哪些？

7. 旅游线路设计包括哪些步骤？

 案例分析

四川省五条旅游环线

四川省通过旅游交通大干线建设，正加快完善北环线、西环线、东南环线、西南环线、东环线，推动全省旅游发展格局网络化。

（一）北环线（九环线）。环线构成：成都—德阳—绵阳—九寨沟—松潘—红原—马尔康—理县—汶川—成都。依托九寨沟、黄龙世界遗产，以藏羌民族文化为主线，配合红原机场建设，扩大原九环线，完善道路等基础服务设施，推动阿坝州中西部旅游开发，支撑该区域世界遗产、藏羌风情、地震遗址、三国文化等主题旅游产品。

（二）西环线（大熊猫线）。环线构成：成都—卧龙—小金—丹巴—康定—泸定—雅安—成都。以"大熊猫原生态旅游"为主线，重点增强环线公路交通保障，全面完善公路安全防护设施，提高宝兴县城、小金县城、康定县城、新都桥镇、丹巴县城等城镇的餐饮住宿接待能力，支撑该区域大熊猫、康巴风情、高山生态、温泉度假等主题旅游产品。

（三）东南环线（长江线）。环线构成：成都—乐山—宜宾—泸州—自贡—内江—遂宁—成都。以长江自然山水和川南民俗文化为主线，加大沿线精品旅游景区开发，重点打造游轮旅游产品，创新开发宗教文化、养生文化、白酒文化、竹文化、盐文化、恐龙文化等主题旅游产品，增强环线旅游吸引力。

（四）西南环线（香格里拉线）。环线构成：成都—雅安—西昌/攀枝花—盐源—木里—亚丁—稻城—康定—成都。以"香格里拉"为品牌，整合金沙江流域旅游资源，加快完善雅攀高速、318国道和攀枝花、西昌、康定、亚丁4大支线机场的旅游配套服务设施，夯实西南旅游崛起的基础。重点开发民族风情体验（康巴风情、彝族风情、摩梭风情）、高山生态观光、阳光休闲度假、特种探险、科考等主题旅游产品。

（五）东环线（三国线）。环线构成：成都—遂宁—南充—广安—达州—巴中—广元—绵阳—德阳—成都。以"蜀道遗踪三百里，蜀汉英雄两千年"为整体形象，突出参与性休闲文化旅游项目开发，增强线路的吸引力，支撑该区域将帅故里、三国文化、农耕文化、红军文化、嘉陵江风光、大巴山生态等主题旅游产品。

（资料来源：《四川省"十二五"旅游业发展规划》）

案例思考：

1. 试收集和整理与五条环线特色相应的旅游资源。

2. 试分析以上对五条环线主题的形象定位是否合理？

3. 试设计一条有特色的省内旅游环线。

 实训设计

1. 选一个你熟悉的地方，分析其旅游形象定位，并提出塑造和推广其旅游形象的措施。

2. 对旅游功能分区的内容进行分析评价，收集某一景区目前功能分区的情况，并对其功能分区的效果进行点评。

3. 结合旅游空间布局的方法，分析某一地级市或县（区）旅游空间布局的合理性。

4. 根据旅游线路设计的步骤及影响因素，为当地某一景区的细分市场设计一至三条旅游线路。

第五章 旅游产品开发与项目设计

学习目标

- 掌握旅游产品及相关概念的内涵
- 掌握旅游产品的类型
- 理解旅游产品的生命周期
- 掌握旅游产品的开发战略
- 掌握旅游项目的类型
- 了解旅游项目设计的影响因素
- 掌握旅游项目的重要内容和主要程序

重点和难点

- 旅游产品的开发战略
- 旅游项目设计的内容
- 旅游项目设计的主要程序

本章内容

本章主要介绍旅游产品及旅游项目相关概念及类型，分析旅游产品生命周期及产品开发战略，阐述旅游项目设计的内容和主要程序。

 案例导读

"大众创业、万众创新"推进四川旅游上新台阶

四川旅游资源丰富，山川河流湖泊众多，历史人文景观丰富，长期以观光旅游为主。但随着旅游产业的发展，休闲度假类产品在市场上所占比例越来越重，四川是否需要由此转型？

"对于旅游目的地而言，观光和度假不存在转换关系。"省旅游局局长郝康理认为，"休闲是度假，观光也可以实现度假"。适应新形势，四川应该力推"聚合观光、动态度假"的模式。以一个度假旅游集中住宿地为中心，辐射周边多个1日游、2日游等产品，形成游客主要在一个目的地住宿休闲，在周围多个目的地观光体验的格局，避免游客提着行李赶路的现象，能让游客充分感受四川旅游的复合型魅力。

资源是旅游发展的最大优势，郝康理还提出"资源为王、渠道为后"，利用这种"王后组合"，来引领四川旅游发展。为此，四川要因地制宜，开发多样化的旅游产品，把握资源优势，宜观光则观光，宜休闲则休闲，打造各地特色。同时也要大力发展休闲、娱乐等旅游产品，旅行社通过1日游组合，也能实现商业精准模式的创新。

"互联网+旅游"将是四川旅游业转型升级和创新发展的重要推动力，在经济新常态下，旅游业必须要转变发展理念，创新发展方式。互联网构建了旅游产业的全新格局，让旅游产品由旅行社的单一渠道供给变成了线上线下同时进行。四川省旅游局希望通过各项政策和措施，大力发展一批如同途牛、携程等四川本地的旅游企业，开发软件和硬件产品，利用渠道将资源优势转化为资本，带来四川新发展。

建设四川旅游创新创意孵化园，是四川省建设旅游经济强省和世界旅游目的地的重要举措，是四川省旅游业实施"大众创业、万众创新"重大战略的具体体现，也是成都建设"国际购物天堂"的重点路径之一，将推动四川传统旅游业向现代旅游业迈出坚实的一步。该孵化园以旅游创意设计和展示交易为先导，加快引进小微企业和创意团队入驻园区，积极争取纳入国家旅游局"双创"体系，力争建成"中国旅游创客"示范项目。

资料来源：冯超颖."大众创业、万众创新"推进四川旅游上新台阶 [N]. 四

川日报，2015-07-17.

思考：随着旅游产业的发展，传统旅游产品如何转型升级？

● 第一节 旅游产品开发

旅游产品是指为满足旅游者需求而面向旅游者提供的各种产品和服务。旅游产品开发是对旅游资源、旅游设施等进行规划、设计、开发和组合的活动。由于旅游产品的生命周期客观存在，旅游产品开发要有科学的旅游发展观，协调人与自然的关系，通过产品创新保持生命力与发展潜力。

一、旅游产品概述

旅游资源经过规划、开发建设形成旅游产品。旅游产品是旅游从业者通过开发、利用旅游资源提供给旅游者的旅游吸引物与服务的组合。即旅游目的地向游客提供一次旅游活动所需要的各种服务的总和。总体上，旅游产品是以旅游吸引物为前提，以旅游基础设施为保障，由旅游产品经营者为满足旅游者要求和实现旅游目的地所提供的全部实物和劳务服务。旅游产品是一个复合概念。广义的旅游产品由旅游吸引物、旅游服务设施、旅游服务以及旅游购物品四大要素所构成。狭义的旅游产品在规划编制工作中常指旅游吸引物，有时它可以粗略地等同于通俗意义上的旅游景区（点）。

旅游产品与旅游资源、旅游吸引物、旅游项目、旅游商品、旅游购物品、旅游线路是旅游学中一组常见概念，它们既有联系，又有差异，为了更深刻地理解旅游产品内涵，我们对它们之间的关系作一一剖析。

（一）旅游产品与旅游资源、旅游吸引物

旅游资源是指客观地存在于一定的地域空间，能够吸引人们产生旅游动机，并可能被利用来开展旅游活动的所有自然存在、历史文化遗产和社会现象。旅游吸引物，顾名思义，是指吸引人们的旅游对象，正如保继刚教授指出的："在大多数情况下，旅游吸引物是旅游资源的代名词，两者通用。"如果硬是要严格区分两者的话，旅游吸引物还可以在旅游资源的基础上包括"直接用于旅游目的的人工创造物"。需要说明的是，为了旅游目的而创造的人造景观不能算是严格意义上的旅游资源，旅游资源之所以存在，完全是自然的无意识造化或人类因其他目的而创造的成果，是先旅游而客观存在的自然或人文因素。所以直接用于旅游目的的人工创造物只能属于对旅游者具有吸引力的旅游吸引物。

旅游资源、旅游吸引物经过旅游经营者设计、开发后出售给旅游者才会形成旅游产品。也就是说，旅游资源、旅游吸引物如果只是设计、开发，只能叫做旅游项目，只有当旅游项目出售给旅游者后才能形成旅游产品。（如图 5.1 所示）

图 5.1　旅游产品与旅游资源、旅游吸引物的关系

（二）旅游产品与旅游项目

旅游项目是指旅游企业以旅游资源为开发基础，以旅游者和旅游地居民为吸引物对象，为其提供观赏、休闲、娱乐等服务的旅游吸引物。旅游项目可大可小：一个景区（点）可以成为一个项目，一项水上游乐活动可以成为一个项目，一座水坝的建设可以成为一个项目，旅游项目的设计是运用创造性的思维，对旅游资源及各种旅游要素的优势和特点进行创造性的优化组合，从而为开发设计出具有吸引力的旅游产品提供思想和创意基础。

旅游项目和旅游产品是有差别的，旅游产品是从经济学角度定义的概念，而旅游项目是从旅游开发、运营和管理的角度来说的。不过两者之间有紧密的联系，旅游项目设计开发完成后，一旦被旅游者购买消费，旅游项目就变成了旅游产品。一般来说，旅游项目设计是旅游产品开发的基础，它是连接旅游资源和旅游产品的重要纽带。很多时候，高质量的旅游资源并不一定就能成为有较好旅游效益的产品，而看似普通的旅游资源并不一定就不能成为较好的旅游产品。所以，旅游项目的设计对于旅游产品的社会经济效益至关重要。

（三）旅游产品与旅游商品、旅游购物品

国内有"旅游产品""旅游商品""旅游购物品"等称谓，常互相混淆、替代使用。要弄清它们的关系，我们有必要先分析产品与商品的关系。产品与商品的区别是：产品是经过人类劳动生产或加工，具有使用价值和价值的劳务产品。商品是为了交换或出卖而生产的劳动生产物，是使用价值和价值二重性的统一体，只有用来交换的产品才能称为商品。尽管产品和商品存在差异，但今天指向的多为同一客体，只是分别从生产和交换角度指向而已。旅游产品则不同于一般的产品，由于旅游具有异地性的特征，所以旅游产品主要是供外来的旅游者享用的，换句话说，不交换的旅游产品是不存在的，使用"旅游商品"这个词汇可能更为准确。但是，一直以来人们已经习惯用旅游产品来指代本应由旅游商品表示的旅游物象和劳务，并将旅游购物品、旅游消费品、旅游纪念品称为旅游商品，所以我们还是应该把旅游产品和旅游商品区别开来，旅游商品就是旅游购物品，特指

旅游用品、旅游纪念品、旅游消费品等，属于旅游产品的一部分。这样一种约定俗成有利于学术研究的规范，学界也无需从字面上去探究它的缺陷了，做一个统一的界定即可（如图 5.2 所示）。

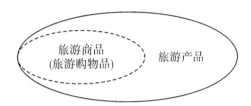

图 5.2　旅游商品、旅游产品、旅游购物品三者关系

旅游线路是指在一定地域空间，旅游经营者针对旅游目标市场的需求，凭借交通路线和交通工具，遵循一定原则，将若干旅游地的旅游吸引物、旅游设施和旅游服务等合理地贯穿起来，专为旅游者开展旅游活动而设计的游览线路。

从旅游服务贯穿于整个旅游过程这个角度看，旅游线路是旅游产品销售的实际形式，似乎旅游线路就是旅游产品。其实不然，旅游产品不能等同于旅游线路，旅游产品中的旅游吸引物、旅游设施等要素并不属于旅游线路，旅游线路只是将它们连接起来，起着纽带和桥梁作用，旅游线路只是旅游产品的一种形式。

二、旅游产品的分类

旅游产品是一个开放的系统，随着产品竞争和市场需求的不断变化，满足市场需求的产品形式也不断地增减改变，因此要提出一个较稳定的产品分类系统是困难的。

依据不同的标准，旅游产品通常可以分为以下类别：

（一）传统的旅游产品

传统旅游产品主要指观光旅游。观光旅游是一种最为常见的旅游产品，是人类为了满足其好奇心而产生的初级、基础性旅游产品。正因为其初级性，观光旅游是最为普及的旅游产品。中国旅游业大多仍然停留在观光旅游的阶段，观光旅游占整体旅游产品的绝大部分。传统的观光旅游产品（sightseeing product）分为自然观光、人文观光（城市观光和名胜古迹观光）等数种。

1. 自然风光观光

自然风光观光是以名山大川、峡谷湖泊、喷泉瀑布、森林草原、海滨海岛等为主要吸引物，具有良好地满足猎奇心理、环境教育等功能，为旅游者提供欣赏大自然之美、陶冶个人情操、锻炼人生意志的一种开发较早、最主要的观光旅游产品。自然观光旅游具有良好的审美、增长见识功能。自然观光的一个特点就是有多种旅游产品，具有良好的兼容性。

2. 城市及社区观光

城市作为人类物质、精神创造密集展示的空间场所，是人类现代文明和历史古迹的主要集中地。1933 年 8 月，国际现代建筑协会第四次会议通过的《雅典宪章》指出："居住、工作、游憩与交通是城市最基本的四大功能"，这是人类首次将游憩作为城市的主要功能之一正式提出，为其后城市游憩功能的完善提供了依据。城市中的园林是外来旅游者和当地居民旅游及游憩活动的重要场所。园林的形式可以分为古典园林（如江南园林、皇家园林、岭南园林等）、纪念性园林（包括烈士陵园）、城市公园、植物园、动物园、儿童乐园、专题公园、广场绿地等。构成园林有五大要素：地形（含水体）、植物、建筑、广场与道路、园林小品。城市夜景或称城市的夜景观，是构成城市的独特魅力的一个不可或缺的组成部分。

3. 名胜古迹观光

名胜古迹是指人类社会发展历史中各类社会活动遗留下来的一切活动痕迹和遗物，包括除现代人类活动产物之外的所有历史时期、所有表现和存在形式的历史产物，如古代建筑、古代园林、古陵墓以及与现代社会文化联系密切的历史城市、建筑设施遗址、宗教寺庙遗址、文学艺术、社会风俗等。前往这些名胜古迹观光可以增长知识、享受艺术创造、提升爱国主义精神。

（二）休闲类旅游产品

所谓休闲，是指人们在可自由支配时间内自主选择从事某些个人偏好性活动，并从这些活动中获得平常生活事务所不能给予的身心愉悦、精神满足和自我实现与发展。"休闲"至少被作为六个概念同时使用。一是时间的概念，也就是通常所说的闲暇时间或者自由时间，是指当劳动、生活事务、睡眠和其他基本需求得到满足后可自由支配的时间；二是活动的概念，是指人们所从事的满足个人爱好和兴趣的活动；三是消费的观念，也就是人们为满足其休闲需求而进行的消费；四是心态的概念，也就是参与某项活动时的动机、心态以及通过参与某项活动可以达到的精神状态；五是生活方式的概念，是指把休闲当成一种追求自由、放松的生活态度、生活方式和存在方式；六是文明程度的概念，也就是当追求这种生活方式成为社会大众的普遍选择时，整个社会所达到的文明状态。

休闲旅游是休闲与旅游的融合，是以休闲为目的的旅游，是一种通过旅游活动达到自身目的的休闲方式。它既是旅游的一种新的方式，又是休闲活动的一部分，是旅游和社会经济发展到一定阶级的产物。具体来说，休闲旅游是指以旅游资源为依托，以休闲为主要目的，以旅游设施为条件，以特定文化景观和服务项目为内容，离开定居地到异地进行的游览、娱乐、观光和休憩。

休闲旅游的特点是旅游目的具有明显的休闲性；旅游行程更强调时效性；旅游行为具有经常性；旅游目的地以环境优美、设施齐全、经济发达的地区为主；游客旅游形式多以散客、家庭式、朋友式聚会等为主。

国际经验表明，当人均国内生产总值（GDP）达到 800~1 000 美元时，旅游消费将呈现大众化、普遍化趋势。2003 年我国人均 GDP 超过 1 000 美元之后，非物质性消费在人们总消费中所占比例急剧上升，旅游作为非物质消费的代表，已成为一种重要的生活方式。有专家预测我国已经进入休闲经济时代。美国著名休闲学专家戈德比（Godbey）预言："与其他现代化国家一样，休闲活动在中国经济体系中也将扮演一个日益重要的角色。"所以规划设计休闲、娱乐旅游产品已经成为旅游产品谱系中不可缺少的一部分。

（三）度假类旅游产品

度假旅游（vacation tour）是利用假日外出以度假和休闲为主要目的和内容的，令精神和身体放松的康体休闲方式（J. D. Strapp，1988）。早期欧美发达国家的度假旅游先是海滨和温泉旅游度假活动（R. C. Milland，A. Morrison，1985），往往具有保健和治疗目的，最后才发展成为社会交友、康体休闲和游憩的活动（刘家明，1999）。

度假旅游已经成为当今世界旅游业迅猛发展中的一个特点。度假旅游就是以休闲度假、康体健身等为主要目的，以良好的度假环境为明确的目的地，开展具有相对较少流动性的修养和娱乐的旅游活动。其始于公元初，最早是为了满足执政官需要而建立公共浴室和相应的旅店配套设施。直到 18 世纪，休闲度假也只是少数统治者和富裕阶层消磨休闲的活动（Tower，1996）。大众化休闲度假出现于 19 世纪，随着中产阶级规模扩大，可自由支配财富增多，便捷交通的出现，尤其是工业化和城市化快速发展，城市环境问题日益加剧，大众休闲度假在欧美等国家日益活跃，具有医疗和保健功能的优质环境成了人们闲暇时竞相追逐的对象，出现了不同类型的度假地。我国的国家级旅游度假区主要分布在东部沿海省市，一般都处于依山傍水地区，生态环境优良，同时，按照旅游者参加系统娱乐的要求，设置了完整的娱乐区域和设施。此外，还有很多省市级旅游度假区以及其他各种类型的度假区和度假村。度假区作为专门提供旅游休闲、娱乐活动的场所，具有得天独厚的区位和设施优势。

度假旅游具有以下特点：目的地相对固定；更强调休息；在一地停留的时间相对较长；重游率较高；无须导游陪同；对娱乐设施要求较高。度假旅游的性质、特征，决定了其在产品开发、设施建设、服务提供等方面与观光、专项旅游都有很大差别。具体来说在规划设计时应该注意以下几点：首先，由于度假旅游在目的地停留时间长，且具有多次甚至固定重复消费的特征，旅游者就有时间、条件、兴趣对度假产品、项目进行观察、思考、比较、鉴别。所以设计者应对旅游消费需求及其变动趋势作不断深入和细化分析，还必须适应度假消费需求及其发展变化，不断丰富、更新度假产品和项目的内容、内涵，完善、创新其形式。其次是丰富旅游度假区的文化底蕴，通常是以借用、融合来自民族、历史、自然、地方的文化为出发点，通过演艺、文娱、体育、参与性游乐和风俗观赏等活动增加文化含量，提升文化品位。最后，度假地一定要突出特色，体现人性化、专业化的特点。

度假旅游产品主要有海滨度假、湖滨度假、山地度假和温泉度假旅游产品。

1. 海滨度假

海滨度假是世界上传统的度假方式之一，主要起源于拉丁美洲的加勒比海地区，然后逐步扩展到欧美和亚太地区。目前，地中海沿岸、加勒比海和墨西哥湾沿岸、印度洋群岛、澳大利亚以及南太平洋群岛等地区，已经成为世界上最集中的海滨旅游度假胜地。海滨游憩资源可分为水域和陆域两部分，与之相对应，到这里开展的游憩度假活动也可分为海洋游憩度假活动与岸边游憩度假活动两大群组。

2. 湖滨度假

湖滨度假主要依托良好的湖泊资源，环湖建设旅游度假地。如世界著名的日内瓦湖畔的瑞士小镇罗尔，距日内瓦市仅20千米，拥有湖水、绿地，风景极为优美，因此成为度假胜地。度假地重点围绕湖泊展开，一般拥有湖滨公园、码头以及诸多湖上游乐设施，有时还会设置一条环湖绿地廊道，或设置自然曲线式的自由步行道，一则保护和维持原有湖泊的生态环境，二则解决环湖的交通问题。结合滨水地带，局部地段可设置凌波于湖面之上的观景平台，建筑一般选用具有环境亲和力的木质或仿木材料，有利于游客休憩、观景。湖滨度假要做到度假设施环境与自然条件相融合，如大面积增加社区绿化和水景空间，与湖泊的自然造化融为一体。设施设计和建筑必须融合湖泊景观自然资源，摒弃刻意造景的传统手法，因地制宜，借景造景；整体造型应遵循林荫道，将绿化空间、绿篱、雕塑、喷泉、水景、高大乔木与茂密灌木组合起来，造就绿篱与水景相映衬的自然生态景观，结合周边地形，营造出一种源于自然、疑似自然、不是自然的度假区景观效果。

3. 山地度假

我国山地（包括崎岖的高原和丘陵）约占全国陆地面积的2/3，因此山地旅游就成为发展潜力非常广阔的一种休闲度假方式。度假是旅游的高级产品，山地度假实际上是未来生活发展的趋势。据研究，发展山地度假一般应具备五个条件：第一，拥有复杂多变的良好的山地环境；第二，具有良好的气候资源以及丰富的动植物资源；第三，当地具有丰富的文化旅游资源，包括淳朴的民俗风情资源；第四，具有良好的可进入条件；第五，以度假地为中心，半日行程范围之内有很好的景区景点，在100千米范围或者是车程两小时的范围之内，有两百万人口做支撑。

山地旅游涉及观光和度假等多种功能。欧洲的阿尔卑斯山区是举世闻名的度假胜地，中国的庐山、鸡公山也是闻名遐迩。山地度假主要有春季的赏绿休闲度假、夏季的避暑旅游、秋季的赏红叶休闲度假和冬季的滑雪运动等。

4. 温泉度假

将温泉资源开发为度假地是世界常见的旅游度假模式，在欧洲这些度假地称为SPA。SPA一次源于拉丁文"solus por aqua"的自守，solus是健康，por是经由，aqua是水，意指用水来达到健康，即达到保养、健身的效果。狭义的SPA指的就是水疗美容与养生，广义的SPA包括水疗、按摩、沐浴等。现代SPA指的是透过人的五大感官，即听觉（疗效音乐）、味觉（花草茶、健康饮食）、触觉（按摩、接触）、嗅觉（天然芳香精油）、视觉（自然和仿自然景观、人为环境）等达到全方位的放松，将精、气、神三者合一，实现身、心、灵的放松。今天SPA已演变成美体健身、健康的代名词。

在日本，旅游地的形成与温泉资源的存在密切相关，温泉观光地成为最富有日本风格的一类旅游区。日本温泉胜地的发展由来已久，20世纪初期在一些城市附近就已形成疗养保健温泉地。日本一般将温泉地分为疗养型、中间型和观光型三种类型。随着时间的推移，温泉地数量及观光、疗养人数都在不断增加。

温泉度假旅游是指以天然温泉（含地热蒸汽、矿物泥）或人工开采的地热水为依托，以沐浴温泉与接受温泉健康服务为主要内容，以体验温泉、感悟温泉、融入温泉文化为主题，达到观光、休闲、游憩、疗养、度假等目的的旅游活动。旅游温泉指用于旅游、观光、休闲、游憩、度假等旅游业开发经营的，以及用于房地产开发、康复疗养、SPA经营的天然温泉（含地热蒸汽、矿物泥）和人工开采的地热水。温泉度假常用SPA（水疗），是指在特定空间或水中，由专业人员通过专业设施设备和用品为游客提供的专业服务，来调动人体视、嗅、听、味、触、心等功能，达到身、心、灵贯通舒畅的感觉，集康复、健身、休闲、娱乐、美容、解压于一体，有利于提高人们的整体健康水平。

 **经典案例**

花水湾温泉

花水湾温泉位于四川成都大邑县西岭雪山东麓，四面环山，遍山碧绿，景色秀美，冬暖夏凉，气候宜人。花水湾温泉旅游区是一个集旅游、观光、康疗、度假、休闲、商贸、会务、探险、娱乐于一体的温泉旅游区。花水湾温泉形成于远古四川盆地海陆变迁时期，发掘于地下 2 800 多米处，水温高达 68 度，富含硫黄、碘、锂、偏硼酸及氯化钠（古海水）等珍稀矿物质，有极高的医疗保健价值。经过卫生部门检测，达到国际和国内复合型医疗泉标准。

花水湾温泉度假区的开发，填补了整个川西地区的空白，并与西岭雪山风景名胜区相配套，互为补充，形成了"一热一冷""一静一动"的独特旅游奇观。中国花水湾温泉度假小镇共建有五星级名人酒店及水会中心、三星级樱花酒店等各种不同档次的宾馆共 6 家，总床位数达 1 500 张，主要为温泉浴以及疗养度假等，可以举行不同规模的会议。目前，中国花水湾温泉度假小镇经全新打造呈现出纯正的北欧风情，区内基础设施完善，已建成为集旅游观光、休闲度假、温泉浴疗、疗养度假于一体的大型温泉疗养度假基地，每年接待全国各地的游客达 45 万人次以上。温泉与滑雪旅游品牌的合理配置已经形成"山上滑雪，山下泡温泉"的资源整合，"雪山温泉，假日休闲"已经成为大邑的旅游品牌。

（资料来源：大邑旅游网。）

（四）专题类旅游产品

专题类旅游产品（special tourism product），即旅游的最优层次，该类旅游产品的消费对象比较窄，对旅游经营商和旅游者都有很高要求。专题旅游是为了满足具有某些特殊兴趣和爱好的游客而举行的包含特定内容的旅游活动。在当前竞争激烈的国际旅游市场中，各旅游东道国为立足于不败之地，不得不千方百计更新旅游内容，提出标新立异的专题旅游项目，以迎合游客多样化的旅游需求，从而出奇制胜、招徕游客。

1. 会展旅游

会展旅游目前已经成为旅游发展中的重要产品之一。全世界每年会议收入约 2 200 亿美元，且以 8%~10% 左右的速度继续增长。而我国每年各种会议创造的收入约为 4 000 亿~5 000 亿元，占 GDP 的 1.5%，这还不包括由这些会议所产生的贸易、投资等带来的收入，所以会展旅游产品也成为旅游目的地热点开发的产品之一。

会展旅游是指依托研讨会、节庆活动、体育赛事等各类活动而兴起的一项旅游活动。会议旅游者到异地开会，必然要乘坐交通工具，在会议举办地食宿，接受他人的服务。他所购买的产品与观光者、度假者在本质上是相同的，区别只是在于其具体活动方式，开会本身已构成一种旅游活动。

会展旅游者一般具有团队规模较大、停留时间较长、消费较高的特点，在旅游淡季同样可以举行，以弥补淡旺季之间的不平衡，对提高举办地的知名度也有深远影响。会议类型一般可分为协会会议和公司会议两种。目前会议市场出现的新特征包括：会议议题趋向国际化，涉及面更广；会议中心日益分散，新的会议城市不断涌现；会议旅游的竞争越来越激烈。2010 年在我国上海举办的世界博览会影响深远，对国内外旅游者产生了巨大的吸引力，每天接待游客最高达到 50 万人以上，产生了巨大的效益。2011 年在西安举办的世界园艺博览会，也将会产生很大的旅游效益。

2. 乡村旅游

乡村旅游是以乡野农村的风光和活动为吸引物，以都市居民为目标市场，以满足旅游者娱乐、求知和回归自然等方面的需求为目的的一种旅游方式，探险、猎奇、躲避城市的喧闹、享受大自然的清新是乡村旅游者的主要动机（杜江、向萍，1999）。农村旅游主要是为那些不了解农业、不熟悉农村，抑或回农村寻根、渴望在节假日到郊外观光、旅游、度假的城市居民服务的，其目标市场主要是城市居民。根据国家旅游局 2002 年颁发的《全国工农业旅游示范点检查标准（试行）》，所谓农业旅游，是指以农业生产过程、农村风貌、农民劳动生活场景为主要吸引物的旅游活动。显然，乡村旅游强调的是聚落类型，农业旅游则重视的是行业类型。二者仅仅是视角不同。

乡村旅游为游客提供接触大自然、领略田园风光、呼吸乡土气息、参观民俗风情、品尝传统风味、购买土特产品和手工艺品的机会；同时，乡村旅游具有价格低廉的特点。由于乡村地区具有良好的自然条件，因此开发过程中不应花过多精力去改变那里的资源条件，而应将重点放在改善其基础设施和旅游娱乐设施，如住宿、餐饮、帐篷营地、娱乐、解说等。

对于旅游规划设计来说，在开发乡村旅游产品时应突出乡土气息和田园风光，重点是设施组合、景点优化，尽量减少建设内容，提倡并推广游客与居民共同生活的氛围，以家庭旅馆为主要接待方式。另外，乡村旅游应注意选择地理位置优越、自然生态环境优美、农业生物资源或地方文化独特、典型的"生态、立体"农村村落进行开发。

 经典案例

生态农业体验游

苍溪县石门乡文家角村距县城23千米，是省级示范新村、万亩现代农业柳池示范园区和国家3A级旅游景区。近年来，文家角村通过弘扬传统文化，传承和发扬带有浓烈大巴山情结的石门山歌，在形式、内容、传载方式上不断创新，在柳池坝乡村公园修建石刻山歌艺术墙和健身文化广场，成立了山歌艺人传唱队，辅以车灯、舞狮表演进行广泛传唱，极大丰富了当地村民的文化生活，石门山歌已被纳入市级非物质文化遗产保护。

与此同时，该村立足农村实际，始终坚持把提高休闲农业与乡村旅游效益和新农村建设、实现农民增收结合起来，打造出柳池万亩省级现代农业示范园区，融专业生产、加工、科考、观光为一体的特色产业园区，形成了特色鲜明的"春观花、夏避暑、秋品果、冬赏山歌"的生态家园观光游和"住农家院、吃农家饭、摘农家果、享农家乐"的生态农业体验游。

（资料来源：中国休闲农业网 http：//www. crr. gov. cn/。）

3. 文化旅游

文化旅游是指旅游供给者凭借创造的文化观赏对象和休闲娱乐方式，使游客获得富有文化内涵和深度参与体验的旅游活动的集合，是专项旅游的一种，具有集政治、经济、教育、科技等于一体的活动特点。文化旅游可分为四个层面：一是历史文化层，以文物、史记、遗址、古建筑等为代表；二是现代文化层，以现代文化、艺术、技术成果为代表；三是民俗文化层，以居民生活习俗、节日庆典、祭祀、婚丧、体育活动和服饰等为代表；四是道德伦理文化层，以人际交流为表象。开展文化旅游既可以增强产品吸引力，提高经济效益，还可以弘扬国家或地域文化，让世界了解中国，让中国文化走向世界。文化旅游常以文化产业园区、

文化主题公园、遗址公园、文化节会活动等为载体形式。

一般而言，文化旅游强调区域整体上的文化体验，以地域文化的整体优势和具体的古建筑吸引旅游者。如西安作为国际旅游大都市，吸引游客的不是发达的商业，而是深厚的文化沉淀。近些年建成的大唐芙蓉园、大明宫遗址公园等景区都是围绕"盛唐文化"这个主题来开发的，目的就是让国内外游客在西安能够体验到大唐的盛世文化。

4. 宗教旅游

宗教在其形成的历史过程中蕴涵丰富的文化资源，如宗教建筑、宗教民俗、宗教艺术、宗教礼仪等。它们具有相应的旅游美学特征和旅游价值，是一种重要的旅游资源。宗教旅游包括宗教信徒的宗教朝圣旅游，也包括非宗教信徒的宗教观光旅游。从信仰、信徒角度看，宗教朝觐产生了大量的旅游需求，如进香、拜佛、朝圣等；从宗教文化体验看，即使不是信仰该宗教的游客，或者是信仰其他宗教的游客，对某种宗教产生的建筑文化、雕刻及石刻艺术、特殊的活动氛围，也具有强烈的观摩愿望，以期从中获得文化欣赏的愉悦体验。据统计我国目前的宗教信徒已经达到1亿多人，加上对宗教文化感兴趣的人群，为宗教旅游的开展提供了一个非常庞大的客源市场。从旅游的角度看，宗教旅游具有如下四个特点：①客源市场稳定；②吸引范围的等级系列分明，包括世界性、全国性、区域性和地区性几种不同腹地范围；③重游率高；④生命周期长。

宗教旅游日益成为现代旅游业的一个重要品牌，宗教朝觐、宗教文化体验成为现代国内外旅游需求中的主要产品之一。宗教旅游资源的合理开发对于传承中华民族传统文化、展现地方民俗风情特色、促进区域经济发展有着越来越重要的作用。

5. 商务旅游

商务旅游（business travel）是指以公干、出差的商务活动为主要目的，离开常驻地到外地或外国进行谈判、会议、展览、科技文化交流活动以及由此产生的交通、住宿、餐饮、游览、休闲、娱乐、购物等旅游活动。商务旅游是发展最快的旅游项目之一，从其规模和发展看，已成为世界旅游市场的重要组成部分，而且仍有巨大的发展潜力。商务旅游是游憩活动中与获取经济利益有联系的产品形式。

商务旅游作为旅游活动的一个重要形式，成为许多欧美国家旅游业赖以生存的重要市场；在亚太地区，商务旅游发展同样非常迅速，已经成为一个热门话题。国际商务旅行协会首席执行官雷德克里夫（Redcliffe）说："随着越来越多的中国人可以承受飞行和酒店的开支，中国将继德国、美国和日本之后成为世界第四大商务旅游市场。"

6. 奖励旅游

根据国际旅游协会的定义，奖励旅游（incentive travel）是指协助企业达到特定目标，并对达到该目标的参与人士给予一定旅游度假期作为奖励的旅游，包括：商务会议旅游、海外教育培训、免费休假等，奖励对象是企业运营及业绩杰出人员。业主用旅游这一形式作为对员工的奖励，以进一步调动员工的积极性，增强企业的凝聚力。美国是奖励旅游的发源地，汽车业和保险业这两个竞争最为激烈的行业是美国主要的奖励旅游市场。奖励旅游的形式在我国也逐步发展起来。

奖励旅游根据旅行距离与时间长短的不同，可分为短途旅游和远程旅游两种。参加奖励旅游的人员一般都是各行各业的杰出人物，让他们集中在一起商讨有关问题可以获得更好的促进效果。奖励旅游与会议旅游相结合，或与企业业务培训相结合，是国际奖励旅游市场的一个新趋势。奖励旅游具有如下特点：旅游团队人数规模相对较大；组团时间多在旅游淡季；消费支出相对较高。

7. 节庆旅游

节庆旅游通常是指依托某一特定节事所开发的一系列旅游项目，包括地方特色旅游产品展览、体育比赛等具有旅游特色的活动或非日常发生的特殊事件。节庆旅游可以分为传统节庆旅游和特殊性节庆旅游。传统节庆旅游主要是指依托一些传统节庆所开展的旅游活动，如春节、五一劳动节、国庆节以及各地的地方节日所开展的旅游活动。特殊性节庆旅游主要是指依托一些流动性的或临时的节庆活动，如 2008 年北京奥运会、2010 年上海世博会、2011 年西安的世界园艺博览会等所开展的旅游活动。随着我国经济的不断发展以及人们节日休息时间的延长，消费者正在形成假日集中消费的习惯，也就是所谓的"假日经济"。与原来年节的传统休闲在家或亲友串门活动方式不同，新的节日期间，人们多选择上街购物、外出旅游、酒楼聚餐等活动，推动了全国性的假日经济的发展。

 经典案例

胡陈乡水蜜桃节

随着旅游业的快速发展，旅游吸引物的数量和种类也日益增多，旅游节庆作为一种旅游营销产品，以其巨大的形象传播聚集效应、经济收益峰聚效应、关联产业带动效应受到旅游企业及旅游目的地的高度关注。从 1983 年河南省洛阳市创办了中国最早的旅游节庆——牡丹花会以来，全国各地以政府为主导，纷纷创办

了很多旅游节庆活动，进入20世纪90年代，中国旅游节庆更紧密地与当地特色经济结合起来，产业类节庆和产品类节庆悄然兴起，到21世纪初旅游节庆在思路、内容、形式、运作方式和组织机构方面都有了进一步的调整，目前全国每年大约举办六千多个旅游节庆活动，吸引着海内外的广大旅游者。

7月17日，胡陈乡第八届水蜜桃节将在东山桃园举行，本次活动由胡陈乡水果产业协会、宁海青年企业家俱乐部主办，中堡溪村党支部、村委会承办，活动口号为"梦里果乡、多彩胡陈"。

水蜜桃节期间，活动精彩纷呈，包括水蜜桃擂台赛、水蜜桃擂台赛颁奖及桃王拍卖、水蜜桃爱心认购等活动。

据了解，胡陈水蜜桃节的举办主要是为了引导当地桃农铸造水蜜桃品牌。由政府搭建平台，通过微信、广场推荐活动、电子商务等营销手段，进一步扩大"胡陈蜜桃"在县域内外市场的声誉和影响力。

近几年来，胡陈充分发挥果蔬之乡的产业优势、山清水秀的生态优势、围绕"梦里果乡、多彩胡陈"的功能定位，大力发展乡村休闲观光旅游，积极创新思路发展乡村旅游。一是通过专业乡村旅游电商平台"蛙鸣"的牵线搭桥，通过电商把个性化乡村旅游服务跟原产地农产品直销结合起来，让游客先旅游，再购买土特产，达到乡村旅游和农产品销售的同步发展；二是积极与上海春秋国旅合作，对客源输送、养老养生旅游项目达成初步意向。

（资料来源：宁波市宁海县风景旅游管理局，2015.07.17）

8. 自驾车旅游

自驾车旅游（self-driving tour）是指有组织、有计划，以自驾车为交通手段的自助旅游形式。自驾车旅游具有自由化与个性化、灵活性与舒适性、选择性与季节性等特点。与传统的参团方式相比具有自身要求，即交通工具的特指性；驾乘人员的同一性；旅游安排的自主性。

自驾车旅游是随着汽车消费热潮的出现而产生的一种全新的旅游形式，主要是指那些亲自驾车而开展的观光、休憩、休闲、娱乐以及探险、摄影等活动。

自驾车旅游对于公路条件、沿途设施、交通管理等都有较高要求。驾车旅游者对目的地和驾车线路的选择也不同于一般旅游者。自驾车旅游的主要特点是，以家庭或亲友自助旅游为主，单车游略多于团队游；观光旅游和休闲旅游是自驾车出游的主要动因；消费较有随意性；住宿、餐饮的选择比较盲目。自驾车旅游流动模式主要为：近地域流动；流向城市周边休闲度假旅游区；流向风景名胜区；流向交通条件较好的地区；流向环境景观较好的地域。

9. 康体养生旅游

康体养生旅游主要是指依托旅游目的地的优美景色，利用现代化康体养生的服务设施以及专业医护人员开展的各种康体养生的旅游体验活动。具体包括现代化理疗、扩展运动、餐饮养生、温泉洗浴等活动。

随着社会经济的发展，人们对身心健康越来越重视，当前康体养生也是旅游者的旅游动机之一。康体养生旅游的产品形式多样，如罗马尼亚的疗养院内开设的项目包括泥疗、水疗、电疗、磁疗、茶疗、理疗、针灸、按摩等；法国在地中海沿岸的海滨胜地充分利用海水资源，开发出了理疗室、海水游泳池、海底淋浴、微泡沫澡堂、海水蒸汽按摩室、海泥或鲜藻治疗等项目。

10. 修学旅游

修学旅游是指以提高自身素质为目的，以一定的修学资源为依托，以特定的旅游产品为载体，以个体的知识研修为目标，以旅游为表现形式的学习型的旅游活动。在我国旅游史上，中世纪的修学旅游是东方文明的奇观之一。自司马迁生活的时代到盛唐时期，其间经历800多年，"读万卷书，行万里路"的人生休养方式锻炼了许多杰出的人物。唐宋两代我国士人的书剑生涯与旅游生活，堪称我国旅游史上的盛事。

修学旅游产品具有多种形式。它实际上是修学旅游的延伸，将修学的年龄段扩大到所有人。修学旅游的形式包括科学考察、采集民风民俗、冬夏令营、求法取经、游学等。修学旅游具有旅游和教育的功能结合，文化和经济的产业结合，区域和国际的地域结合，以及现实和发展的过程结合等特点。

11. 工业旅游

工业旅游产品是以现有工业企业及在建工程等工业场所作为旅游客体，以工业企业先进的技术装备和生产设施、动态的生产流程、科学的管理体系以及独特的工业建筑艺术作为吸引物，满足游客行、食、游等基本旅游享受和更高层次的精神享受，以增长知识、开阔眼界、扩大阅历为目的，集观赏、考察、学习、参与、购物于一体的一种专项旅游产品。基于对知名品牌的崇拜心理，工业旅游的兴起令游人兴趣倍增，正好适应了现代旅游越来越强调参与和体验的趋势。目前，我国的工业旅游已经形成一定的接待规模。工业旅游必须精心做好路线规划安排，企业要为工业旅游提供一些基础条件，如游览线路上的安全标志、环境美化、专门参观通道、路口指示牌、生产流程图、橱柜展示、生产过程（原材料-开采-生产车间-排查-清洁、包装-仓储、物流等）、企业文化和员工风貌展示等。还要注意旅游安全问题，包括企业安全和游客安全。提前统计人数，预订车辆，确保所包车辆人人有保险，并签订安全合同。合理安排车辆调度，确保旅途安全。

12. 科学考察旅游

科学考察旅游是指依托旅游目的地特有的地质地貌、水文气候、历史古迹以及奇观现象等，以探究成因及特征为目的的野外考察、自然观察和科学探险活动。科学考察旅游一般发生在受人类活动影响较小的自然地区，其中地质、珍稀动植物旅游是较为成熟的旅游产品形式。

13. 美食旅游

餐饮旅游产品是一种以具有地方风味特色的食品、佳肴为主要吸引物，满足旅游者品尝美食、学习烹饪技艺和制作技巧、享受独特的餐饮氛围等需求的一种新兴的专项旅游产品。"食"本是人类生存的基本需求之一，随着人们生活水平的提高，特色各异、风味独特、与众不同的餐饮旅游产品越来越受到人们的欢迎。

开展美食旅游应具备下列条件：食品和菜肴具有鲜明的地方风味特色；精细的选料、精湛的烹饪技艺和制作技巧；良好的饮食环境和卫生条件；良好的餐饮服务质量。美食旅游在日本、西欧盛行。

 经典案例

"廊坊好味道"美食名吃评选活动圆满落幕

京津冀一体化带火了三地旅游，廊坊率先推出一系列旅游活动。2014年5月25日，在廊坊九天休闲谷，由中国烹饪协会和廊坊市旅游局主办，廊坊市旅游局，廊坊市广播电视台，廊坊日报社，德安杰环球顾问集团联合承办的"廊坊好味道"美食名吃评选活动经过半天激烈的现场综评取得圆满成功。

在当今京津冀协同发展已上升为国家战略的背景下，如何把廊坊打造成为享誉国内外的文化体验城市和旅游目的地已提到日程上来。廊坊市旅游局按照市委五届六次全会提出"把廊坊打造成为享誉国内外的文化体验和旅游目的地"的目标，为深入挖掘廊坊市特色美食名吃文化，打造一批"名小吃"品牌，促进京津冀旅游协同发展，廊坊市旅游局邀请了中国烹饪协会共同举办了这次"廊坊好味道"美食名吃评选活动。

本次评选活动以"品美食、游廊坊"为主题，共分为征集、初评、网上公选、终评、体验颁奖五个阶段。通过电视、报纸、网络平台等媒体发布信息，广泛收集廊坊市特色美食小吃。期间组织烹饪专家大师、媒体记者、美食体验大使、群众代表品尝点评美食，最终评选出廊坊十大特色美食名吃。

美食作为旅游六要素的第一要素，成为廊坊突破北京短距离周末市场的重要

抓手。而以美食推广旅游，会给游客带来视觉与味觉上的立体化刺激，事半功倍。根据评选结果，主办方将推行"5个1"计划，即编制一张廊坊美食地图，撰写一本廊坊美食图书，拍摄一部廊坊美食微电影，开辟一个廊坊特色美食区，并适时举办一个特色美食节，以此大力宣传廊坊、推广廊坊美食名吃，吸引广大游客"品美食、游廊坊"。

（资料来源：河北新闻网，2014.5.27）

14. 探险旅游

探险旅游是指依托自然环境特征，需要特殊体育或者类似设备支持的令游客激动的室外活动。探险旅游的复杂性以及多面性决定了其活动的多样性。简单来说可以分为空中探险旅游、陆地探险旅游和水中探险旅游三种。产品内容常常涉及挑战自然及接触大自然等项目。探险旅游地往往不需要进行任何人工开发、保持当地的原始自然地貌、植被条件，使旅游者通过自身努力进行探险。具体项目包括徒步旅行、艰辛跋涉旅游、激流探险、洞穴探险、矿井探险、航海探险、海底探险、登山运动、森林探险等。

与探险旅游相配合的项目包括一些必要的道路及住宿设施建设，以及针对探险过程中可能遇到的问题的科学培训、野外生存培训等教育项目。探险旅游的组织者可以是专业旅行社，也可以是探险协会，少数情况下散客旅游者自发组成探险队伍，甚至只身前往。

15. 生态旅游

生态旅游（ecotourism）是由国际自然保护联盟（IUCN）特别顾问谢巴拉斯·拉斯库瑞恩（Ceballas Lascurain）于1983年首次提出的，并给出两个要点：一是生态旅游的对象是自然景物，二是生态旅游的对象不应受到损害。生态旅游产品是指以大自然为主要吸引物，集观光、科考、科普、度假、健身、娱乐、野营、体育、夏令营、观赏野生动物等多功能于一体的一种新兴的专项旅游产品。

生态旅游的产生与以下两种现代趋势有关：第一，从旅游供给方面来看，出现了将自然保护同经济开发结合在一起的趋势，尤其在发展中国家强调国家公园及自然保护区具有经济价值；第二，从需求方面来看，出现了市场对产品质量需求的变化趋势，旅游者不再满足于被动的度假方式，而要求更为积极的旅游方式，包括到遥远的新开辟的地区去旅游。

经典案例

围绕"生态山水、环保壤塘"壤塘县加强生态旅游建设

近年来壤塘县坚持"注重规划、全域推进"的理念,围绕"山水生态、民俗民风"等优势资源,不断夯实旅游发展基础,走"边保护、边开发"的路子,加强文化挖掘,大力打造壤塘旅游发展,并推出了"悬天净土、圣洁壤塘"的口号。

"壤塘"在藏语里就是"财神居住的地方"。县境有山,形似财神,山前有坝,藏语谓之"塘"。民之秉彝,好是懿德,遂取其意,沿用至今。壤塘境内林草植被丰富,文化底蕴浓厚,自然风光独特,且未被过度开发,是朝圣者和旅游者的一片心灵净土。

文化为魂 山水为心

旅游发展离不开秀美山水,更离不开文化之魂。壤塘县依托美丽的自然风光、古朴的藏族风情以及独特的生产生活方式、众多的文物古迹、悠久的唐卡、石刻文化,大力发展民俗旅游业,并把它定为优势特色产业之一来抓,不断加大文化与旅游融合力度,突出壤巴拉独特民族文化资源。

壤塘县旅游发展中心刘辉告诉记者"近年来,壤塘努力抓好旅游布局和规划,狠抓旅游基础设施建设,完成了香拉东吉圣山自驾游营地第一期基础设施建设,以及尕多乡、热布卡村落的保护建设。按照觉囊文化中心开发原则,围绕壤塘觉囊文化旅游集中发展为中心,大力发展旅游业,让壤塘逐渐成为川西北高原上一张崭新的名片。"

生态、环保、旅游相结合

今年以来,各级政府都提出了生态旅游的口号,作为自然资源保护尚完好的壤塘县也提出了生态、环保、旅游相结合的口号。"生态环保建设,是一项长期而艰巨的任务,只有把日常工作抓实、把生态"细胞"创建工作抓牢,才能从机制上解决问题。"壤塘县环保资源保护中心彭林告诉记者,壤塘县在尊重和保护生态环境的前提下,大力强化生态资源的保护和建设,不断提高空气质量的监测水平,切实优化水资源点位监测布局。从而确保壤塘县7 200平方千米处处是生态景观,条条溪流都是清冽甘甜的山泉,让游客走进壤塘就能感受到"天然氧吧"的身临其境。壤塘县以打造生态旅游,留住游客为目标,以文化为魂、旅游为形加快建设觉囊文化朝圣圣地的步伐。

(资料来源:四川旅游信息网,2015.7.17)

（五）其他旅游产品

除以上列出的旅游产品，当前还有很多新兴旅游产品，主要包括体育旅游（滑雪旅游、高尔夫旅游等）、豪华列车旅游、豪华游船旅游、超豪华旅游、沙漠旅游、斗兽旅游、观看猎奇比赛旅游、狩猎旅游、体育观战旅游、摄影旅游等。

三、旅游产品的生命周期

（一）旅游产品生命周期模型

旅游产品生命周期（Product Life Cycle，PLC）也称旅游地生命周期（Reson Life Cycle，RLC）。对旅游地生命周期的研究，可以追溯到 1964 年德国学者克里斯塔勒（Christaller）对欧洲旅游地和美国学者斯坦斯菲尔德（Stansfield）1978 年对美国大西洋城的旅游发展的分析。目前被学术界公认并广泛应用的是加拿大学者巴特勒（Butler）1980 年提出的旅游地生命周期理论。他认为一个地方的旅游开发不可能永远处于同一水平，而是随着时间变化而不断演变。他将旅游地的发展阶段分为介入期、探索期、发展期、稳定期、停滞期和衰落期/复兴期六个不同时期（见图 5.3）。

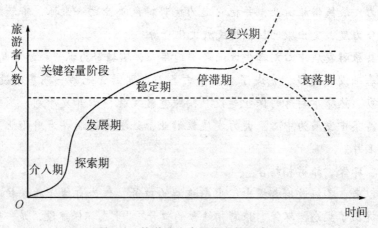

图 5.3　旅游地生命周期曲线示意图

更多的学者对旅游地演进现象的研究主要并不在于阶段划分上，而是集中于对各演进阶段的社会、经济特征的研究。盖茨（Getz）在巴特勒曲线基础上，明确了各周期的特征（见表 5.1）。阶段特征的研究加强了周期理论对旅游地演进现象的描述力，使人们能够更容易地判断旅游地所处的周期阶段。

表5.1　　　　　　　　　　　旅游地生命周期各阶段特征描述

阶段	特征
探索	少量的"异向型"游客或"探险者"；少有或没有旅游基础设施；只有自然的或文化的吸引物
起步	当地投资于旅游业；明显的旅游季节性；旅游地进行广告宣传活动；客源市场形成；公共部门投资于旅游基础设施
发展	旅游接待量迅速增长；游客数量超过当地居民数；明确的客源市场；大量的广告宣传；外来投资
稳固	增长速度减慢；广泛的广告宣传以克服季节性可开发新市场；吸引了"自向型"游客；居民充分了解旅游业的重要性
停滞	游客人数达到顶点；达到容量限制；旅游地形象与环境相脱离；旅游地不再时兴；严重依赖于"回头客"；低客房出租率；所有权经常更换；向外围地区发展
衰落	客源市场在空间和数量上减少；对旅游业的投资开始撤出；当地投资可能取代撤走的外来投资；旅游基础设施破旧，并可能被取代以其他用途
复兴	全新的吸引物取代了原有的吸引物，或开发了新的自然资源

资料来源：吴必虎，俞曦. 旅游规划原理［M］. 北京：中国旅游出版社，2010.

生命周期现象是旅游产品供需关系变化的一种反映。对于产品供给与需求的平衡关系，旅游规划师应十分重视。旅游规划的一个重要目的，就是要努力促使旅游区保持持续的生命力或吸引力，延长其发展稳定期，防止衰落期的到来，或者在衰落期到来之前，对旅游产品及时升级与更新，使其产品能进入下一个发展循环过程。

需要指出的是，有些旅游产品的生命周期并没有经过巴特勒描述的6个阶段，而是直接从一个高峰起步，逐渐走向衰落；对于具有垄断性特征的产品，市场需求量一直很稳定，看不出任何要衰退的迹象，如北京的故宫与长城、安徽黄山、湖南张家界、埃及金字塔、法国埃菲尔铁塔等。

（二）旅游产品生命周期的影响因素

对于一个旅游产品经营者来说，无疑要努力延长其产品的生命周期尤其是其中的成熟期阶段，以便从中获得尽可能多的收益。要达到这一目的，应该首先明确影响旅游产品生命周期的基本因素。

归纳起来，影响旅游产品生命周期的基本因素有需求因素、效应因素和环境因素三种（图5.4）。从图表中可以看出，直接影响旅游产品生命周期的因素，是以不同的方式、不同的作用强度和不同的作用时间，对某一种旅游产品施加影响。

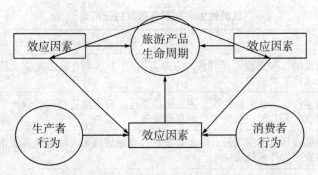

图 5.4　旅游产品生命周期与各种相关因素的作用关系

1. 需求因素

需求因素作为消费者或潜在消费者的行为结果，是决定旅游产品产生、发展和消亡的最重要的客观因素之一，尤其在开发论证阶段，需求论证是决定旅游产品开发可行性的直接的决定性因素。然而由于需求本身的复杂性和难以测量性，常常使需求研究难以取得准确而全面的结论。从逻辑上看，一个旅游产品的形成总是或应该是由需求刺激而产生的。然而，不仅实际情况不尽然（例如，当对需求做出错误的判断时），而且即使是确由实际需求引发的旅游产品开发项目，也不一定会在开发的后继阶段上始终能满足顾客的需求。在生命周期的各个阶段上，需求的变化对旅游产品的影响都是不同的。在开发的最初阶段，不管是实际需求还是潜在需求，都表现出极大的诱惑力，否则开发本身就不会实现。然而，在旅游产品被开发出来之后，相应的需求反应却可能完全出乎开发者的意料，这也许是由于最初对旅游需求的性质和潜在的理解和评估本身就不正确或不准确；也许是由于旅游产品的实际开发者并没有完全理解产品规划设计的意图从而导致"产品形态"与"预期模式"的错位；还可能是由于在旅游产品的开发过程中已有强有力的竞争对手的出现等。这些变故都可以导致预期的需求水平无法实现，需求很快出现萎缩和转移。如果这种情况出现在旅游产品开发后的短暂时间内，那么旅游产品的经营就将面临重重困难。在旅游产品还未经历一个充分稳定的发展、巩固和停滞之前就出现需求萎缩和转移，注定意味着该产品要迅速走向衰亡。因此，在旅游产品开发之前，从旅游产品的生命周期角度出发，要特别重视对要求这一关键因素的分析和评估。

2. 效益因素

效益因素相对于需求因素而言，是一种继发性影响因素。它对旅游产品生命周期的影响，主要表现在三个侧面：由旅游产品的生产、销售和消费所引起的对经济、社会和环境的影响。这种影响可能是积极的，也可能是消极的；可能是显露在外、直观可见的，也可能隐含于某种现象的内部而无法直观地看到；可能是随着旅游产品的生产与销售而马上发生的，也可能要滞后一段时间。但不管其表现形式如何，都必须在开发的初始阶段给予充分的注意，并运用科学的方法予以评估。常见用于评估旅游产品开发效应的方法有成本—效益分析法、环境效应评估法等。

3. 环境因素

除需求和效应两种因素外，还有环境因素也对旅游产品生命周期产生直接或间接的影响。然而，不同的是环境因素（由旅游产品经营者的内部组织环境、外部经营环境和外部大环境组成）对旅游产品生命周期的影响，除了来自环境系统本身的作用力之外，还来自于效应和需求因素的某种注入。因此，旅游产品的经营者在开发销售其旅游产品的过程中对外部大环境的积极适应能力，与外部经营环境的协作关系的性质，以及自身在组织结构、企业文化的资源获得方面的组合情况（由此构成了企业的内部环境），就共同构成了多元环境因子而不断渗入旅游产品经营过程中，成为能决定旅游产品生命周期的重要因素。

四、旅游产品开发战略

（一）旅游产品开发原则

1. 可持续发展原则

可持续发展原则是体现在开发始终的指导性原则。旅游产品开发要有科学的旅游发展观，协调人与自然的关系，不能破坏资源和环境，注意保持产品的生命力与发展潜力。世界自然遗产张家界在旅游开发中建设的垂直升降电梯虽然是张家界旅游产品中的一个新亮点，但由于破坏了资源和环境，造成了整体景观的不协调而受到专家学者的普遍质疑。因旅游开发而导致资源和环境的破坏是不得偿失的，不符合可持续发展的原则。

2. 市场导向与引导市场相结合的原则

要把握市场需求与旅游产品供给的关系，将市场供求意识贯穿于资源可开发性分析、资源开发与项目策划、区域旅游结构优化、市场目标与设施配套的平衡分析、旅游形象设计、旅游市场定位与开拓策划过程之中。旅游产品开发首先要满足市场需求，只有市场有充足的需求，供给才会有效。比如，人们对于漂流、温泉、滑雪等特种旅游兴趣越来越大，逐渐成为市场潮流，以漂流、温泉和滑雪等为主题的旅游开发就有很大的市场潜力。但是，旅游产品开发不能一味满足市场需求，有些消费需求倾向容易产生不良甚至恶劣的社会文化影响和环境破坏，就要加以引导，不能一味迎合，比如封建迷信的消费需求、奢侈腐化的消费需求等。对有些旅游消费市场也应注意引导，如在风景名山提倡登山浏览，少建索道等。另外，有些市场需求是旅游开发者创造出来的，引导了新的旅游消费潮流，产品创新也能创造新的旅游市场需求。

3. 强化特色、创造名牌原则

旅游产品开发要强化特色，创造名牌，打造精品，实行规模化、集约化经营。防止面上开花、粗放经营的大上项目、乱铺摊子和相互克隆、同构竞争的现象。旅游产品开发贵在发现差异，形成特色。如在漂流旅游产品开发中，虽然同样是漂流，但不同的漂流河段在刺激程度、沿途景观、活动设计、环境氛围等方面各不相同，漂流旅游产品开发要善于寻求其中的差异和创造新的特色，同构竞争没有出路。对于级别较高的旅游产品开发，要加大投入，打造精品，形成品牌。如三峡大坝旅游产品不能仅仅局限在坝区一个点，而应拓展到周边的一片，以大坝景区为中心，将周边地区的大老岭森林度假旅游产品、屈原文化旅游产品、昭君文化旅游产品、石牌抗战文化旅游产品、泗溪的生态观光旅游产品、九畹溪的激情漂流旅游产品等纳入大坝旅游区统一建设范围之内，真正将三峡坝区建成一个品牌旅游区。

4. 多样化原则

旅游产品的综合性和旅游者的消费需求与消费能力的多样性，要求旅游经营者提供的旅游产品和服务内容必须多样化，走"普品、特品、名品、精品、极品"相结合的发展道路，以满足游客全方位、多层次的需要。例如，厦门鼓浪屿在其游客中心专门为游客设计了不同的自助旅游线路图，如鼓浪屿音乐之旅游线路图，鼓浪屿建筑之旅游线路图，鼓浪屿红色之旅游线路图，夜游鼓浪屿线路图等多条旅游线路供游客选择。既有团队半日游和一日游的普通旅游产品，也有为音乐爱好者和建筑爱好者专门设计的特种旅游产品。有围绕海上花园为主题的鼓浪屿名品精品旅游产品，更有为高端客户精心打造的鼓浪屿豪华浪漫旅游产品。鼓浪屿的旅游产品开发策略充分体现了旅游产品的多样化，满足了游客的需求，也是鼓浪屿长盛不衰的法宝。

5. 创新性原则

创新是传统的叛逆，是打破常规的哲学，是大智大勇的同义，是导引递进升华的圣圈；创新是一种智能拓展，是"跳出地球看地球"的思路，是深度情感与理性的思考与实践，是思维碰撞、智慧对接。简而言之，创新就是具有新颖性和创造性的想法。在同样的资源和市场要素条件下，旅游产品开发，可以产生多种多样可能的结果。资源转化为产品，有巨大的可能性空间，可以以资源为对象，进行产品创新设计，比如独特的自然资源，本身就是观赏对象；也可以以资源为背景，进行产品创新设计，比如度假村、高尔夫球场；还可以完全"无中生有"，比如主题公园等。

（二）旅游产品创新开发战略

1. 旅游产品创新理论

西方经济学中创新理论的创始人是美国哈佛大学教授约·阿·熊彼特。他在1912年提出了"创新理论"，并将之发展为以技术进步为特征的经济思想流派。熊彼特提出："所谓创新就是建立一种新的生产函数，就是一种从来没有过的生产要素与生产条件的新组合。"

按照熊彼特的解释，"创新"与"发明"不同，"创新"的含义广些。它不只限于发明，还要将发明应用于生产实践中，因此创新还包含实际生产过程的应用。创新是完整的过程，发明或创意只是其中一部分，后续的一系列开发活动，如决策、实施、控制、监督、反馈等活动，都属于创新过程。对于旅游产品而言，旅游资源的重新深度开发、旅游线路的重新组合、旅游服务项目的增减或改善、新技术的应用、对竞争对手产品的略加改进、旅游形象的变更等，与全新的旅游项目一样都属于旅游产品创新。

2. 旅游产品创新就是建立一种从来没有过的旅游资源与旅游条件的新组合

旅游条件是指为旅游者的旅游活动提供方便的一切物质和劳务，既有旅游业提供的条件，也有社会其他行业提供的条件，还包括旅游活动进行的自然、社会环境。旅游产品创新的形式，就是将旅游资源与旅游条件进行新的组合。

组合的方式很多，如旅游资源与交通、食宿生活服务组合，就形成一个基本的旅游景点；若干旅游景点与旅游交通、旅行社服务组合，就形成旅游线路；若干旅游线路与旅游管理机构组合，就形成一个旅游地；若干旅游地的地域组合，就形成旅游区域。不同的组合方式形成不同的旅游产品特色，不同的旅游产品特色吸引不同的旅游者。

组合的手段主要是对技术、信息、人才的有效利用。旅游产品创新的最终目标是取得良好的经济、社会、环境效益。要达到这一目标，就要千方百计地吸引旅游者并充分满足旅游者的各种旅游需求。

旅游产品创新要克服企业产品和行业产品的局限性，树立综合产品和总体旅游产品创新的大观念，在重视旅游产品经济效益的同时，也会重视社会、环境效益，重视旅游形象的树立，注意从长远系统的战略观点规划旅游产品，使其具有更长久的市场生命力。

3. 传统旅游目的地的产品创新

传统旅游目的地的产品创新主要包括以下方面：

（1）结构创新。旅游产业结构的调整就是旅游产品结构的创新。从旅游产品的结构来看，产品结构创新主要是对现有旅游产品的补充，即选择性旅游产品的开发。对原有产品的组合状况进行整合，加强度假、商务、会议、特种旅游等多种旅游产品的开发，完善产品的结构。

（2）类型创新。产品类型是由旅游目的地的市场和资源的双向比较因素决定的，而旅游经营者和管理者的旅游观念是其形成的主观因素，产品类型直接决定了旅游目的地旅游业的性质和特点。产品类型的创新主要是对原有产品质量的全面提升和开发新产品。

（3）功能创新。运用最新的高科技手段多角度地开发旅游景点和休闲活动的文化内涵，对某些特殊景点和服务设施进行多功能化的综合设计；运用相应的宣传促销理念和手段改变或诱导游客，帮助旅游服务人员树立新的旅游理念，提高游客和服务人员的旅游文化档次，增强景点与游客的沟通，引起共鸣。

（4）过程创新。坚持以市场为导向，在不改变产品本身的情况下，对产品生产的过程重新认识、重新设计，以更有效地满足消费者的需求为出发点，强调过程对市场的适应力。

（5）主题创新。主题创新就是在主体资源不变的情况下，根据旅游产品生命周期理论的指导思想，随着市场形势的变化适时推出新的产品内容，在动态中把握并引导旅游需求，充分依托市场，引领消费时尚。这一点对于主题公园等人造景观来说尤为关键。

经典案例

中国死海旅游度假区

中国死海旅游度假区依山傍水而建。位于四川大英县，距成都114千米。中国死海地处神秘的北纬30度，是一个只生产快乐而不长水草的地方，拥有较高的储盐量，死海水中的含盐量超过22%，还富含钠、钾、钙、溴等40多种矿物质和微量元素，类似"中东死海"，人可以在水中轻松漂浮不沉。经国家有关权威机构验证，死海海水对风湿关节炎、皮肤病、心脑血管、呼吸道疾病、肥胖症等有显著疗效，还可以充分舒缓疲劳、缓解精神压力。据联合国教科文组织有关研究资料显示，人在死海漂浮1小时可达到8小时睡眠的功效。中国死海以"死海漂浮"为主，结合现代水上运动、休闲、疗养、保健等要素，建设形成一个集新颖性、时尚性、趣味性为一体的旅游度假胜地。

（三）旅游产品组合战略

对于某一特定地区来说，不可能开发出所有种类的旅游产品，这就需要对当地的资源、市场和竞争态势进行分析，提出最适合本地情况的若干种优势产品，构成产品组合。产品组合战略中首先需要做的就是确定本地区的关键产品（Heath & Wall，1992）。在此基础上，政府旅游行政管理部门可以帮助旅游企业决定哪些产品应该大力发展，哪些产品应该维持现状，哪些产品应该逐步调整转换结构。

组合分析（portfolio analysis）是很多行业都在运用的一种产品开发方法。在旅游产品开发管理中，组合战略形成了区域整体的产品概念，有利于旅游营销和面向市场的开发管理。产品组合效应有赖于旅游产品的结构效应，包括基本需求结构、产品品类结构、消费档次结构、时间分配结构、串联线路结构等效应（赵克菲，1995）。Heath & Wall（1992）曾经总结了一些常用的产品组合方法，这里简要作一下介绍。

1. 波士顿公司产品组合法

波士顿公司产品组合法（Boston Consulting Group Portfolio Approach）由波士顿咨询公司提出。Jain（1985）曾经撰文介绍过此种方法。它的基本做法是利用波斯顿咨询公司矩阵对每一种旅游产品进行打分评价，该矩阵纵横两轴的标准，一是市场增长率，二是市场份额态势。前者是指最近数年来热衷于某种旅游产品的旅游者的增长率，后者是指选择某种产品的游客数量与其最大的竞争者所占的市场份额的比值。根据产品在增长率和份额态势矩阵中的具体位置，可以将产品定位为四种情况中的一种（见图 5.5）。

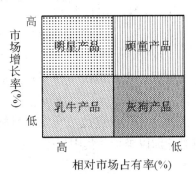

图 5.5　波士顿咨询公司产品组合矩阵（Day，1977）

2. 一般选举组合法

Kotler（1984）曾经撰文介绍过一般选举组合法（General Election Portfolio Approach）。它以市场引力和组织（区域）强度为两个基本尺度，评价产品的地位。而二者都是由多种综合因素形成的，如市场吸引力包含了市场规模、市场增长率以及竞争强度等；组织强度（或区域强度）则由产品质量、市场知识、市场有效性等共同决定。每一种尺度又分成三种情况，其中市场引力分为高、中、低三种水平，区域强度分为强、中、弱三种水平。根据产品在该矩阵中的位置，组合为综合强引力型、综合中引力型以及综合低引力型三大类（图 5.6）。

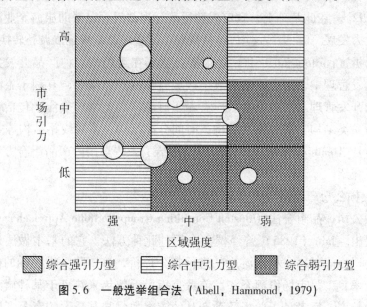

图 5.6　一般选举组合法（Abell，Hammond，1979）

3. **区域旅游组合模型**

区域旅游组合模型（Regional Tourism Portfolio Model）方法最初由 Kotler 和 Fox（1985）共同提出。它由三个要素组成判断矩阵，来对区域旅游产品进行评价：一是产品是否接近区域的目标，二是旅游产品的质量，三是市场发育能力。每一评价尺度都分为高、中、低三级水平。图 5.7 的案例显示的是一个以水上运动和户外运动为发展目标的情况，在此情况下需要对产品进行分析评价。划船和自然公园最为符合发展目标，但自然公园的质量和它的市场发育能力却不是很高，因此这种产品需要改善。当地的文化景点虽然与发展目标不太吻合，但他们的质量和市场潜力却较大，应对此加以维护并集中规模开发。

4. **产业-引力分析矩阵**

Henshall 和 Roberts（1985）将前述波斯顿模型略加改造，成为一种新的产品评价模型，即产品-引力分析矩阵（Industry-Attractiveness Analysis Matrix）。他们用产品对客源地区吸引力来代替原来的市场增长率，用目的地竞争地位代替市场份额。这种新的分析方法便于我们对某一特定目的地的不同客源市场进行比较，也可以对游客接待地（目的地）所处的竞争地位加以评价。这些因素不仅可以反映区域旅游预算支出中那些最受吸引力影响的客源市场，而且还可以体现其可能

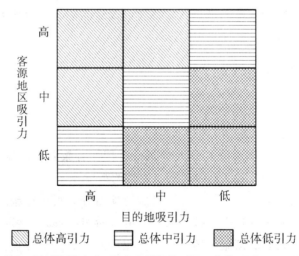

中心性

	高	中	低
高	划船（MV-H） 决策： 扩大规模 提高质量		文化景点 （MV-H） 决策： 扩大规模 提高质量
中		会议设施 （MV-M） 决策： 维持规模 维持质量	
低	自然公园 （MV-L） 决策： 压缩规模 提高质量		考古景点 （MV-L） 决策： 压缩规模或取消

质量

MV=市场发育能力 H=高 M=中 L=低

图 5.7　区域旅游组合模型（Kotler，Fox，1985）

的成本-效用。在该分析矩阵中，客源地区吸引力为纵轴，目的地竞争力为横轴。每一轴都可以分为高、中、低 3 种等级，这样矩阵中共有 9 个板块，分别显示目的地与客源地构成的总体引力大小（图 5.8）。

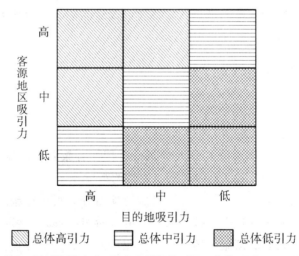

客源地区吸引力（纵轴：高、中、低）

目的地吸引力（横轴：高、中、低）

▨ 总体高引力　▤ 总体中引力　▩ 总体低引力

图 5.8　区域旅游产业-引力分析矩阵（Henshall，Roberts，1985）

第二节　旅游项目设计

　　旅游项目设计是根据旅游资源特征，针对市场需求而设计旅游产品主题创意、功能定位、建设方案和选址的过程。旅游项目设计受到规划者能力和开发商实力及要求、旅游资源的赋存状况以及旅游市场需求状况等因素影响。

一、旅游项目设计的概念

　　旅游项目是旅游产业发展的支撑，也是旅游业跨越式发展的突破口。马勇、李玺（2012）将旅游项目界定为：以旅游资源为基础开发的，以旅游者和旅游地居民为吸引对象，为其提供休闲服务、具有持续旅游吸引力，以实现经济、社会、生态环境效益为目标的旅游吸引物。旅游项目具有以下特征：第一，旅游项目应该为旅游者提供消遣以度过闲暇时间；第二，旅游项目的吸引力应该长久，并且其吸引力的对象不能仅仅是旅游者，一日游者和当地居民也应该是旅游项目的吸引对象；第三，旅游项目需要一定的管理，并在经营下创造经济效益。

　　旅游项目设计是根据旅游资源特征，针对市场需求而设计旅游产品主题创意、功能定位、建设方案和选址的过程。旅游项目设计的核心是游憩方式设计，包括观赏方式、游乐内容、体验场景等的设计。

二、旅游项目的类型

（一）主体分类法

　　所谓主体分类法是以旅游者的个人特征作为分类标准对旅游项目进行类型划分的方法。一般而言，作为分类标准的旅游者特征有旅游者的旅游目的、职业、年龄、组织形式、消费方式、旅游时间、旅游的距离等。

　　例如，按旅游者的旅游目的，可以将旅游项目分为观光型旅游项目、度假型旅游项目以及生态旅游项目等；按照旅游者的旅游组织形式，可以分为单身旅游项目、情侣旅游项目和居家旅游项目等；按照旅游者的消费方式，可分为高消费旅游项目和低消费旅游项目等。

　　综合起来，根据旅游者的综合特征可以得到如表5.3所示的旅游项目分类表：

表 5.3　　　　　　　　　　　　旅游项目主体分类法

分类方法	旅游项目类型
主导性质	观光旅游、度假旅游、生态旅游、专项旅游
主体职业	学生、无职业者、体力劳动者、脑力劳动者、退休人员
主题年龄	儿童、青少年、成人、老人
主题组织	单身旅游、情侣旅游、居家旅游、群体旅游、自主旅游、组团旅游
消费方式	高消费、低消费、包价旅游、奖励旅游
时间	一日游、周末旅游、短期旅游、工作旅游
旅游距离	近郊旅游、远郊旅游、中程旅游、远程旅游、国际旅游

（引自：国家旅游局人事劳动教育司编. 旅游规划原理. 155 页）

（二）环境分类法

环境分类法则是以旅游项目所依托的环境作为标准而对旅游项目进行分类的方法。例如按照旅游项目所处的自然环境，可以分为海岸旅游项目、山岳旅游项目、湖泊旅游项目等；按照人居环境，可以将旅游项目分为乡村旅游项目、都市旅游项目等。按照环境分类法可以得到如表 5.4 所示的旅游项目分类表：

表 5.4　　　　　　　　　　　　旅游项目环境分类表

分类方法	旅游项目类型	细分
地球圈层	大气圈	宇宙、天象
	水圈	海水、淡水
	岩石圈	山岳、平原、岩洞
	生物圈	植物、动物
	智力圈	文化、科技、历史、生活
自然环境	自然地区	自然保护区、海岸旅游区、荒漠旅游区、山岳旅游区、湖川旅游区、溶洞泉瀑旅游区
	过渡地区	平原水乡旅游区、风情民俗旅游区、旅游度假区
人居环境	人类聚居地	历史遗迹区、旅游城镇旅游区、现代城镇旅游区

（三）旅游项目库

旅游项目库的内容是不断扩展的，随着旅游业的不断发展，出现了越来越多的新型旅游项目。总体来说，可以从餐饮项目、住宿项目、交通项目、游览项目、购物项目、娱乐项目六个方面来对旅游项目库进行分类（表 5.5）。

表 5.5   旅游项目库

项目主题	主要类型	建设开发内容
餐饮	野餐	野餐场地建设、野餐设施的提供、野餐食物的提供
	野炊	野炊场地建设、野炊设施的提供、野炊食物的提供
	酒吧	建筑建设、酒水的提供
	茶肆	茶社的建设、茶具的提供
	宴席	餐厅的建设（餐厅的大小、风格）
	风味小吃	场所的建设（大小、风格）
	快餐	场所的建设
住宿	野营	场地建设（树上巢居、地下洞穴、地表帐篷野营）、表演活动开发、设备的提供（帐篷、睡袋）
	风情屋	风情屋的建设（规模、风格、材质、色调）
	旅途铺位	火车卧铺、汽车卧铺、轮船铺位、畜力运输铺位、汽车旅馆
	度假村	度假村建设、娱乐活动的开展
	常规旅馆	旅馆建设、宾馆建设、别墅建设、度假公寓建设
交通	机动工具	飞机、火车、豪华大巴、热气球、水上飞船、气垫船、大客轮、游艇、潜水艇、水陆两栖船、电车、太阳能车、观光轻轨、缆车、索道、飞艇等设施的租赁、承包或者建设
	畜力工具	马（牛）车、骆驼、狗拉雪橇等畜力工具的组建和培训
	人力工具	人力三轮、竹排、划船、皮艇等工作团队的组建
	自然力	帆船、冰帆、荡索、漂流艇、溜索、滑翔伞、蹦极等设施的修建及服务人员的培训
	道路建设	栈道、索桥、滑梯、步道、观光廊道、机动车道的建设
游览	地文景观	综合自然旅游地、沉积与构造、地质地貌过程形迹、自然变动遗迹、岛礁等景观的保护与遗迹观景台、观光廊道的建设
	水域风光	观光河段、天然湖泊与沼泽、瀑布、泉、河口与海口、冰雪地等景观的保护与观景廊道的建设
	生物景观	树木、草原与草地、花卉地、野生动物栖息地的建设与保护
	天象与气候景观	日月星辰观察区建设、光环现象观察地景观亭建设、海市蜃楼现象多发地观景亭建设、天气及气候现象观光廊道建设

表5.5(续)

项目主题	主要类型	建设开发内容
游览	历史遗存	史前人类活动、社会经济活动遗址遗存展示馆建设,相关主题文化活动的开发与演绎
	建筑设施	单体活动场馆、景观建筑与附属型建筑、交通建筑、水工建筑等建筑设施的保护、恢复,内部旅游线路的组织
	人文活动	艺术、民间习俗、节庆等人文活动舞台化演绎展示
购物	旅游商品	特色旅游商品制作工艺展示场所的建设等
娱乐	健身项目	滑翔、跳伞、游泳、冲浪、潜水、帆板、帆船、滑水、滑沙、滑草、骑马、水上自行车、多人自行车、跳跳自行车、雪橇、武术、体操、海水浴、沙浴、泥浴、温泉浴、森林浴、森林氧吧等健身场所开发与活动设计
	竞技项目	赛马、赛艇、赛车、赛龙舟、射箭、击剑、摔跤、高尔夫球、保龄球、网球、足球、篮球、排球、沙滩排球、乒乓球、羽毛球、桌球、门球、手球、马球、垒球、棒球、曲棍球、冰球、彩弹射击等竞技场所开发与活动设计
	器械项目	飞艇、滑翔机、热气球、蹦极、过山车、翻滚车、碰碰车、海盗船、越野车、摩托艇、碰碰船等器械项目开发
	观赏项目	赛事观赏、海底世界海底观光船、艺术馆、博物馆、展览馆、音乐厅、影剧院、环幕电影、水幕电影、球幕电影、动感电影、3D电影、茶馆、书场、舞会、文艺表演、沙龙、宗教习俗、礼仪庆典、微缩景观、产业观光园、仿古街(城)、影视城(基地)、退役设施、游乐园、民俗文化村(园)、著名景观、动植物园、生肖园、古币坛、碑林、蜡像馆、雕塑园
	智力项目	模拟仿真、迷宫、电子游戏、对歌、棋牌、野外生存训练
	生产项目	狩猎、垂钓、捕捞、种植、收获、采集、食品加工、刺绣、锻造

资料来源:全华. 旅游规划原理方法与实务 [M]. 上海:格致出版社,2011:209-210.

三、旅游项目设计的影响因素

总的来说,旅游项目设计主要受到规划者能力和开发商实力及要求、旅游资源的赋存状况以及旅游市场需求状况三个因素的影响。

(一) 旅游规划者能力和开发商实力及要求

旅游规划者和旅游项目开发商是旅游项目设计中的主动性要素,只有充分调动他们的积极性和热情,才能保证项目设计工作具有较高的效率。通常情况下,旅游项目设计时最重要的影响因素当属项目设计者的经验丰富程度和所拥有的信息量。

1. 旅游规划者的能力

优秀的旅游项目设计需要一支经验丰富的旅游规划队伍。一方面，他们应该拥有多学科的专业人才；另一方面，规划组成员应大部分具有丰富的规划实战经验。旅游规划对工作经验的要求较高，丰富的规划经验可以为规划者提供更多的思路。因此，规划者要善于在实践中学习和积累，只有见多识广才能胸有成竹。此外，旅游项目设计中的创新性要素也是不可缺少的一个重要内容，而年轻人往往在创新性的思维和能力方面具有相当的优势，因此，规划组成员要注意年龄的合理搭配。

2. 旅游规划工作的信息度

所谓旅游规划工作的信息度是指在进行项目设计时，规划工作人员对各方面的敏感程度和处理信息的效率。信息是旅游项目设计过程中分析和决策的依据，它一方面要求项目策划者了解旅游市场上的需求信息，另一方面还要了解旅游市场供给方面的信息，只有充分掌握了这两方面的信息，才能设计出新颖、别致、独具魅力、适宜旅游地开发且满足旅游者需求的旅游项目。

旅游规划者的信息度要从其硬件和软件两方面来考察。首先，信息处理的硬件。硬件主要包括各种信息数据收集整理时所使用的仪器、设备等。如果这些硬件设施条件优良，则在旅游项目设计时可以大大提高信息的收集和整理效率。其次，信息处理的软件。软件主要包括与信息处理硬件相配套的软件和高素质的信息管理人员以及信息收集的网络，这些方面都对旅游项目设计产生一定程度的影响。

3. 旅游开发商的实力及要求

旅游项目的设计、建设和管理全过程都需要投入大量的资金和时间，因而，旅游开发商的实力也会对旅游项目的创意设计产生一定影响。资金实力不强的旅游开发商无法投入足够的资金对策划的项目做可行性研究，因此无法对所设计项目的质量予以保证。一旦劣质的项目投入建设，其给区域旅游发展的负面影响是长远的。因此，为避免出现不负责任的项目开发，通常一些大型的旅游项目的创意设计都由大型企业或政府出面主持开发。此外，开发商对于规划内容提出的要求也会对项目创意设计产生影响。

(二) 旅游资源的赋存状况

旅游地的旅游资源赋存状况决定了项目创意设计的素材来源。通常旅游资源较为丰富的区域，在项目的创意设计题材上选择性较强。因此，旅游资源的赋存状况对项目创意设计的影响是先天性的，在缺乏创作素材的情况下，单纯依靠设计师的聪明才智很难有所突破。

（三）旅游市场需求状况

旅游市场是项目设计成功与否的检验场所，是旅游项目创意设计中最具影响力的外部要素。

首先，在市场经济条件下，旅游项目需要在市场中实现它的价值，旅游项目创意设计的成效需要在市场中予以客观评价。

其次，旅游项目的创意设计要以市场需求为导向，市场中旅游者的行为模式和未来需求的发展方向是对旅游项目设计影响较大的两个内容。在项目设计之初，设计者必然会对目标市场中消费者的消费心理和消费习惯进行深入的研究，并在此基础上进行针对性的项目设计。由此可见，项目设计者的创意思维不是随意产生的，而是以目标市场的发展态势为依据，与市场需求的发展保持一致。

四、旅游项目设计的程序

在实际工作中，旅游项目设计一般可分为以下几个步骤：

（一）分析旅游开发地的环境

旅游开发地环境分析是进行项目创意设计的一个首要步骤。环境分析实际上是收集旅游地的各种信息和资料的过程，具体而言，就是对旅游地的内部和外部环境进行调查和研究。内部环境的分析主要涉及旅游地所占有的资源；外部环境的分析主要针对各类旅游项目的市场竞争环境和发展态势。

（二）分析旅游开发地的资源特色

旅游项目的内涵和形式要以当地资源特色为基础，这就需要项目设计者在旅游资源调查过程中，对旅游开发地的旅游资源进行详细分析，并总结出不同旅游功能分区的资源特色，以此作为各功能分区旅游项目设计的基调。

（三）旅游项目的初步构思

在进行旅游项目的创意设计时，设计者要提出关于旅游项目设计的大致思路。旅游项目构思是指人们将某种潜在的需要和欲望用功能性的语言来加以刻画和描述。这种初步构思可以自创，也可以借用其他旅游地的旅游项目作为原型。但是，此时的构思只是项目策划的方向和概念，并未定型，也不一定具有可行性。

（四）旅游项目构思的评价

在经过了一番分析和思考之后，设计人员应拥有数个可选择的项目构思。此时，就需要借助目标市场需求调查以及开发成本和收益的估算等方法对项目构思进行甄别，将那些成功概率较小的旅游项目构思淘汰，而保留那些成功的机会比较大的策划概念。

（五）旅游项目的设计

旅游项目的设计是对认定为可行的项目策划构思进行更加深入和全面的设计。

该阶段与前面的构思相比，在内容上更加丰富且更具有可操作性。

（六）项目策划书的撰写

在上述工作结束后，项目设计者应着手开始编写项目策划书。项目策划书的主要结构包括以下几项：

（1）封面。包括策划组织单位、策划组人员、日期和项目书编号。

（2）序文。阐述此次策划的目的、主要构思、策划的主体层次等。

（3）目录。包括策划书内容和结构的层次排列，向审阅者清楚展示策划书的全貌。

（4）内容。策划创意的具体内容。文笔生动，数据准确无误，运用方法科学合理。

（5）预算。为了更好地指导项目的建设，需要在项目策划书中对于项目建设的经费预算做粗略的估算。

（6）策划进度表。包括策划部门创意设计的时间安排以及项目设计进展的时间表。

（7）策划书的相关参考资料。

编写策划书要注意以下几个要求：

第一，文字简明扼要；

第二，逻辑性强、时序合理；

第三，主题鲜明；

第四，尽量运用图表、照片、模型等工具全面展示项目设计的理念和内容。

五、旅游项目设计的内容

（一）旅游项目名称

项目名称是旅游者接受到关于该项目的第一信息，因此，项目名称的设计关系到项目在第一时间内对于旅游者的吸引力。由创意的项目名称能够激发旅游者对于该项目的浓厚兴趣，如"海上田园""天涯海角"等都能够引发旅游者的无限联想和向往。

（二）旅游项目的风格

项目策划者需要将项目的大致风格用文字或简要的图示描述出来，为下一步的创意设计工作提供依据和指导。具体而言，旅游项目策划者在风格限制方面，应明确指出：

（1）旅游项目中主要建筑物的规模、形状、外观、颜色和材料。

（2）旅游项目中建筑物的内部装修的风格，如建筑内部的分隔、装修和装饰的材料。

（3）旅游项目相关的旅游辅助设施和旅游服务的外观、形状和风格，如旅游项目的路标、垃圾箱、停车场、购物商店、洗手间以及旅游餐馆（餐厅）所提供服务的标准和方式等。

（三）旅游项目的选址

在地域空间上，规划中要明确每个旅游项目的占地面积及其地理位置，项目的选择主要表现为以下三个方面：

（1）旅游项目的具体地理范围。

（2）旅游项目中建筑物的整体布局，以及各个建筑物的位置以及建筑物之间的距离。

（3）旅游项目中所提供的开放空间的大小和布局。

（四）旅游项目的内涵

旅游项目设计要明确该旅游项目的产品内涵和体系，如主导产品、支撑产品和辅助产品等。具体地可以分为：

（1）规定旅游项目所能提供的产品类型。

（2）确定主导产品或活动。

（五）旅游项目的管理

除了对旅游项目的开发和建设提供指导外，优秀的项目策划者还会对该项目的经营和管理提供相关的建议。因此，旅游项目设计应针对该旅游项目的工程建设管理、日常经营管理、服务质量管理以及经营成本控制等问题提供一揽子的解决方案。

 经典案例

四川省锦江区"五朵金花"

"春有红纱，夏有荷塘，秋游菊园，冬有梅林，江家菜地四季皆宜"——成都"五朵金花"，不仅整合了成都市城郊区域之间的农村旅游资源，而且将农村旅游与农业观光休闲、古镇旅游、节庆活动有机地结合起来，形成了以农家乐、乡村酒店、国家农业旅游示范区、旅游古镇等为主体的农村旅游发展业态，探索出了一条发展乡村旅游的路子。

成都市锦江区利用紧邻大城市的区位优势，因地制宜，因势利导，以花为媒，以文化为魂，丰富城乡一体化载体，创造性地打造"春有红纱之百花、夏游万福

之荷花、秋有驸马之菊花、冬有幸福之梅花"的四季主题花卉文化，变单一的鲜花生产为立体的花卉文化产业链，大力发展花卉文化休闲产业，创造性地打造了花乡农居、幸福梅林、东篱菊园、花塘月色、江家菜地"五朵金花"。

第一朵金花——打造活色生香之"花香农居"。红砂村历史上村民就喜欢种植花卉。2003 年，借助承办四川省首届花卉博览会的契机，在政府的指导下，采取市场手段，率先推出"花乡农居"。通过完善设施，提高档次，规范和提升管理服务水平，以及举办激情红砂之夜家庭园艺节等文化旅游节庆活动，吸引市民、游客观光游览，大大提升了"花乡农居"的文化品位，展现了"中国花木之乡"的文化风貌和魅力，逐步形成了中国最大的花卉交易集散地，并勾画出一幅多姿多彩的农村文化生态景观图。

第二朵金花——打造疏影横斜之"幸福梅林"。幸福村农户原有种梅花的历史。他们挖掘本土特色，在原有的基础上，进一步开发梅花文化资源，在传播梅花知识的同时，深度挖掘梅花资源潜在的经济价值，形成 1 500 余亩（1 亩 ≈ 666.67 平方米）、200 多个品种、20 余万株的梅花种植规模，还建造了梅花知识走廊、咏梅诗廊、梅花博物馆等景点。举办一年一届的梅花文化节，将梅花文化与特色农业文化旅游融合起来，让大家在"疏影横斜"的梅林中，在梅花与中国精神、梅花与中国文学、书法、绘画艺术中领略梅花文化的精神，同时促进了农民增收致富。在幸福梅林的湿地公园还推出实景演出《花重锦官城》等极具地方特色的精品剧目，将成都的历史文化资源、自然风光、民俗风情以及城乡一体化建设成果予以完美展现。同时，抓好系列产品如旅游纪念产品、音像制品、图文画册等的综合开发和包装宣传。

第三朵金花——打造秋色无边之"东篱园"。驸马村以"采菊东篱"的文化意境为灵魂，以规模种植菊花为支撑，引导农户引进高品质观赏菊、药用菊品种，栽种春、夏、秋、冬四季菊花，打造四季菊园景观。利用菊花独有的文化背景，以菊造景，形成"采菊东篱下，悠然见南山"的人与自然和谐画卷。另外，挖掘文化资源，建设民俗工坊组团；依托周边水系资源，形成水系景；围绕生态水系，因地制宜地新建川西民居仿古工坊院落；深度发掘四川民间民俗资源，邀请剪纸、年画、陶艺、织锦、蜀绣、竹编、银器、漆器等民俗工艺品艺人、工匠到工坊进行现场制作、展示和销售，打造融工艺品生产、展示、销售和经济型乡村酒店客栈功能于一体的民俗工坊组团。

第四朵金花——打造香远益清之"荷塘月色"。"荷塘月色"取材于万福村农民自发种植的数百亩莲藕，取朱自清《荷塘月色》的文学意境形成一道独特风景。他们将营造景观环境，改造基础设施与建造乡村酒店、区域总部会所和艺术创业园相结合，改变农民生产、生活和居住方式。吸引知名画家、音乐家在此不定期举办艺术交流、展示活动和各类器乐演奏、音乐演出，并吸引游客在休闲中参与，在参与中互动，使绘画、音乐等高雅艺术与优美的自然环境相协调，与高雅的文化相呼应，提升文化内涵，打造文化"艺术村"。吸引知名艺术人士进入艺术创业园，成为音乐掌门人，举办二胡、琵琶、扬琴、竹琴、小提琴、钢琴等各类器乐演奏，形成集乐器制作、销售、展示、器乐演奏、音乐教学及艺术交流为一身的特色"音乐村"。

第五朵金花——打造返璞归真之"江家菜地"。江家堰村的农民不会种花只会种菜，常年种植120余种时令果蔬。根据这个村的情况，为了让习惯于都市生活的人们远离喧嚣，适当疲惫，播种希望，挥洒汗水感受阳光的纯净，享受诗意的休闲，三圣乡精心打造了"江家菜地"。江家堰村的农民把菜地出租给城里人，让他们到乡下来亲自种菜，吃农家菜，干农家活，住在农家房，体验农家生活。这种传统而又新鲜的农家生活体验，吸引了大批城里人来到乡下。他们通过独特的生活体验，获得了轻松、惬意、自在、悠闲，同时收获了新鲜的蔬菜和精神的享受，而村民们的经济收入也比自己种菜还多。景区内还建设了中国西部首个展示农业文明的乡村博物馆——农业文明记忆馆。古朴恬静的川西民居村落、阡陌纵横的莽莽田野、碧水清波的人工湖营造出引人怀旧仿古的田园意境。在此可以领略远离尘嚣的逍遥自在，体验耕耘收获的喜悦。

"五朵金花"现已成为享誉国内外的休闲旅游娱乐度假区，被评为"全国首批农业旅游示范点""全国5A级旅游区""国家文化产业示范基地"的称号。建成以来，年均接待游客900万人次左右，年产值达1.8亿元，村集体收入达到3 583万元。通过风景区建设，在区内从事经营的3 000多户农民（11 500多人）全部就地转为市民，解决了8 000多农民的就业安置，加快了城市化步伐；带动了相关产业的发展，房地产向周边转移，地价由每亩50万元升到220万多万元；服务业向周边发展，商贸业、服务业网点向区内不断扩张，促进了县域经济发展；"五朵金花"景区每年对地方财政收入贡献近千万元。

资料来源：国家旅游局规划财务司. 中国休闲农业与乡村旅游发展经典案例［M］. 北京：中国旅游出版社，2011.

 拓展阅读

药王谷景区开创中国旅游新典范

药王谷是我国第一个以中医药养生为主题的山地旅游度假区，也是5.12地震后四川省内首家按国家 AAAA 级旅游景区标准新建的旅游景区。位于中国唯一的羌族自治县——四川省绵阳市北川羌族自治县境内的药王山上，现在行政区划上属北川县桂溪乡林峰村，度假区总面积约 10 平方千米。

药王谷借助度假区内几百年历史的天然中药材原始森林及独特生态环境，以弘扬"天下九福、蜀川药福"和中医"不治已病、治未病"的文化理念为宗旨，以打造高品质"草本生活"健康旅行度假理念，精心研发出了食、气、诊、浴、枕、动、心七大独有养生大餐，以满足不同游客群体在药王谷获得"健康养生"的体验。

2013 年 7 月，药王谷"黑森林生态养生旅游区"正式对外开放，以"梦幻森林、欢乐酷玩、惊险奇趣"原生态运动体验与运动休闲度假为主题，初步形成了黑森林原生态徒步穿越、莲花洞原生态地心探险、林海雪原滑雪（草）场三大时尚运动区域板块，针对游客实现"炎夏露凉、隆冬嬉雪、激情运动"的旅游需求。

穿越黑森林：关于生态、生灵、生存的遐想——回归大自然，聆听黑森林里的故事。以森林徒步、时尚露营为主题。

欢乐大雪原：夏天滑草追逐、冬天滑雪嬉雪，梦幻林海雪原，激情释放，欢动无限。以大型时尚运动为主题。

超级大迷宫：世界超级迷宫、森林枪战、绳梯攀岩、大树登高、高空索桥……精彩酷玩。以极限运动、森林露营为主题。

勇闯莲花洞：数十千米原始溶洞、神奇地下峡谷……深入地心，开启神奇地心探秘之旅。以原生态探秘为主题。

至此，药王谷初步形成了"生态猎奇+运动休闲+健康度假"大型综合型旅游目的地的格局。

作为中国首家中医健康主题景区、中国文化创意产业最佳园区，药王谷以"欢乐健康"为主旨，融合"自然生态、中医药文化、健康运动"三位一体，倡导"自然、运动、健康"的全新旅游体验，将开启中国旅游"欢乐健康时代"，成为中国旅游新典范。

本章小结

1. 旅游产品是一个复合概念，广义的旅游产品由旅游吸引物、旅游服务设施、旅游服务以及旅游购物品四大要素所构成。狭义的旅游产品在规划编制工作中常指旅游吸引物，有时它可以粗略地等同于通俗意义上的旅游景区（点）。

2. 旅游产品是一个开放的系统，随着产品竞争和市场需求的不断变化，满足市场需求的产品形式也不断地增减改变。依据不同的标准，旅游产品通常可以分为传统观光类、度假类、专题类等形式。

3. 旅游产品具有一定生命周期，随着时间变化而不断演变，分为介入期、探索期、发展期、稳定期、停滞期和衰落期/复兴期6个不同时期。

4. 旅游项目是以旅游资源为基础，以旅游者和旅游地居民为吸引对象，为其提供休闲服务、具有持续旅游吸引力，以实现经济、社会、生态环境效益为目标的旅游吸引物。旅游项目设计是根据旅游资源特征，针对市场需求而设计旅游产品主题创意、功能定位、建设方案和选址的过程。

5. 旅游项目设计受到规划者能力和开发商实力及要求、旅游资源的赋存状况以及旅游市场需求状况三个因素影响。

6. 旅游项目设计内容包括旅游项目名称策划、旅游项目风格设计、旅游项目选址、旅游项目产品体系构建、旅游项目管理等。

主要概念

旅游产品；旅游吸引物；旅游产品生命周期；旅游项目

思考与练习 ——————————————————————

1. 结合实际谈谈你对旅游项目设计总体原则的理解。
2. 阐述影响旅游项目设计的因素。

案例分析

张家界观光电梯被"叫停"

水绕四门观光电梯位于世界自然遗产武陵源水绕四门游览区青狮寨，总投资1.02亿元人民币，由154米地下竖井和172米地上井架组成，3台双层全暴露观光车厢并列分体运行，游客乘电梯登顶仅需90秒，日最高载客量1.8万人次。该电梯拥有世界"最高的户外电梯、最高的双层观光电梯、载重最大速度最快的客运电梯"三项"吉尼斯世界纪录"，被称为"世界第一梯"。

张家界观光电梯去年5月试营运后，将原来山壑阻隔的天子山、金鞭溪两条精品游览线路连为一体，不仅使天下第一桥，后山园、迷魂台等著名景点从幕后走向前台，还为游客提供便捷、方便的上山交通，因此受到许多旅行社及游客青睐。但是因其运行带来的部分"城市化""人工化"等负面效应遭到全国专家和媒体批评，于去年9月30日被主管部门"叫停"。

阅读资料后谈谈你对旅游项目设计的认识。

 ## 实训设计

1. 实训目的

要求学生领会旅游规划项目创意的总体原则，体会自然旅游项目及人文旅游项目设计技术。

2. 实训内容

通过理论课对景区项目设计方案（部分）等项目规划案例的分析，使学生掌握项目设计方案的设计原则和方法。赴景区现场实习自然旅游资源与人文旅游资源项目设计技术。

3. 实训组织运行要求

集中授课加分组操作。

4. 实验步骤

（1）分组；

（2）课前相关资料收集；

（3）赴景区现场实习自然旅游资源与人文旅游资源项目设计技术；

（4）总结项目设计方案的设计原则和方法。

第六章 旅游配套设施规划与开发

学习目标

- 掌握旅游地配套设施体系的构成
- 了解旅游基础设施规划要点
- 掌握旅游接待设施规划要点

重点和难点

- 道路交通规划的内容、原则及旅游道路规划的具体内容
- 游客服务中心的主要功能及规划设计要求
- 旅游餐饮设施的规模确定及规划要点
- 旅游住宿设施的规模确定及布局方案

本章内容

　　旅游配套设施可以划分为两大块：旅游基础设施体系和旅游接待设施体系（或旅游服务设施体系）。其中，旅游基础设施体系可具体细分为道路交通设施、

给排水设施、供电设施、邮电通信设施等；旅游接待设施体系可具体细分为游客服务中心、餐饮、住宿、娱乐、购物服务设施等。本章主要介绍旅游基础设施和旅游接待设施的规划与开发。

导读

长江三峡区域旅游交通规划案例

《长江三峡区域旅游发展规划》（北大三峡规划组，2003）是由国家旅游局、国务院三峡办、国家发展改革委、国务院西部开发办、交通部、水利部六部委共同领导，采取"国家组织、专家参与、地方配合、部门协调、中外合作"的规划编制方式编制的中国第一例跨省区的大区域旅游发展规划。该规划旨在通过推动三峡区域旅游的发展，实现促进区域社会经济可持续发展的目的。旅游交通作为区域旅游发展的物质载体，将对规划目标的实现起到重要的引导、支持和保障作用。

1. 交通现状

长江三峡是整个西南地区对外联系的主要交通通道，长江三峡区域（包括库区和辐射关联区）公路的密度和等级历来较低，铁路、机场建设滞后，交通运输主要依靠水运。水运是三峡旅游交通的主要方式，沿长江干流的重庆—武汉航道是三峡旅游交通的主要载体，三峡旅游活动被限定在长江三峡水道和沿岸地区。

交通基础设施分布呈西密东疏的格局，规划区域内重庆、四川泸州地区交通基础设施相对完善，贵州、湖南、湖北地区相对薄弱。重庆、宜昌现为区域对外交通的主要门户，与张家界、万州、恩施、铜仁、吉首、泸州和遵义共同构成区域旅游交通的主要节点。

旅游交通网络尚未形成，不能适应区域旅游发展需要。区域内旅游资源的精华分布区域交通基础设施滞后，高等级道路密度较低。区域内部交通的格局呈现以两大组团（重庆市主城区、宜昌市）为核心的分散结构，两大组团之间的高效联系通道还没有打通，沟通两大组团与辐射区之间相互联系的快捷区域交通网络也尚未形成。

航空运输发展明显滞后，区域内中小机场存在航班班次少、载客容量小、票价较高的问题。

2. 规划目标

三峡工程建成后，区域旅游将形成"两极、三轴、三区、四带"的三峡区域旅游地空间结构。以区域联合观念整合泛三峡区域的旅游资源和现有旅游产品，组合新的水路产品和陆路产品组团。根据区域旅游空间结构和旅游产品规划，区域旅游交通规划必须建立起与之相适应的区域旅游交通体系。其具体目标为：

进一步加强沿长江干流主航道的旅游交通基础设施建设，建立沟通长江沿岸各主要移民城市和主要支流的交通基础设施，完善三峡库区及重要支流的旅游码头体系建设。

整合完善库区与关联带、辐射带的旅游交通联系，建立区域一体化的旅游交通体系。

改造关联带、各辐射带的内部交通体系以适应区域旅游发展的需要。打通重要旅游景区、景点与区域主干交通基础设施的联系。

建立一批旅游交通枢纽，作为旅游空间结构的空间支撑核心和旅游线路、旅游产品的空间上的支持节点。

3. 规划框架

确立分工明确、等级清晰的旅游交通枢纽系统，加强区域各交通枢纽的协调配合。规划确定重庆和宜昌为区域对外主交通枢纽；张家界和万州为区域对外辅助交通枢纽；恩施、遵义（含仁怀）、铜仁、泸州、黔江、吉首为区域内部交通枢纽；涪陵、奉节、秀山、巴东、沿河、思南、赤水为目的地交通枢纽。

建设航空港，加强国际和国内远程旅游交通联系。建议在重庆和宜昌从境外直接进入规划区域的主要手段是航空运输，规划建议在区域对外主交通枢纽——重庆市和宜昌市建设两大国际航空港，作为区域对外旅游交通联系的主要口岸；并在区域对外辅助交通枢纽——张家界、万州建设两大辅助航空港，作为区域对外旅游交通联系的辅助口岸，其中张家界侧重于联系日本、韩国和东南亚地区，万州侧重于联系港澳台地区。

区域内建立与三峡区域旅游发展相适应的网络化的区域旅游交通系统。其构建以已有和在建的干线铁路、高等级公路及长江干流航道为主骨架，以航空运输航线、支线铁路、其他等级公路、长江支流航道为基本网。规划确定其核心结构由东中西三条区域旅游交通环路构成。三条环路以渝怀铁路、渝黔铁路为分界轴，以重庆市主城区为共同的轴心。在每个环路内部，根据旅游交通的要求再规划若干子环路，由区域旅游交通枢纽、东中西三条区域旅游交通环路及其子环路共同组成了网络化的区域旅游交通系统。

规划旅游快速公路通道。通过现有和在建高速公路、国道主干线、国家重点公路（含西部开发省级公路通道）、规划旅游高速公路和旅游二级公路共同构成区域旅游快速通道系统。

完善区域旅游交通配套设施建设。包括旅游码头、车站和停车场、旅游交通指示设施的规划设计和建设。

制定颁布旅游交通法规，依法管理旅游交通；开展区域旅游交通的智能化和信息化建设；大力加强区域旅游交通从业人员的职业培训，提高服务质量。

资料来源：吴必虎，俞曦．旅游规划原理［M］．北京：中国旅游出版社，2010．

旅游配套设施可以划分为两大块：旅游基础设施体系和旅游接待设施体系（或旅游服务设施体系）。其中，旅游基础设施体系可具体细分为道路交通设施、给排水设施、供电设施、邮电通信设施等；旅游接待设施体系可具体细分为游客服务中心、餐饮、住宿、娱乐、购物服务设施等。

● 第一节 旅游基础设施规划与开发

一、道路交通设施

（一）道路交通设施规划的内容

旅游道路交通设施规划是在对旅游交通业过去、现在及今后发展的考察、调查、研究、分析和预测的基础上，针对旅游交通现实和潜在的市场需求，适应旅游业发展对交通运输的要求，编制的针对旅游道路功能、道路类型、建设要求、交通配套设施的规划。

旅游地道路交通规划的内容总体来说可以分为两大部分，即旅游地的外部交通规划和旅游地的内部游憩交通规划。

1. 旅游地外部交通规划

旅游地的外部交通一般又分为旅游地的区域性交通和旅游地的进入性交通。

区域性交通主要指国际旅游者和国内远程区域的旅游者进入旅游地交通枢纽所必需的交通线路。区域性交通一般位于旅游地的范围之外，旅游地道路交通规划只能适应当地的区域交通环境而很少能够对其产生影响。

进入性交通主要指远程来的旅游者经过区域性交通枢纽而进入旅游地的交通途径。该类旅游地外部交通可以由旅游地与当地政府协商加以规划，属于旅游地外部交通规划的范畴。

旅游地外部交通规划要充分利用已有的交通线路与设施，充分考虑价格、距离、旅游者的收入水平和出游习惯等多方面因素，规划的内容一般为：交通出行方式、通行里程、线路走向、路面质量等级、所需时间、安排的交通班次等。

2. 旅游地内部游憩交通规划

旅游地内部游憩交通规划主要是指连接旅游区内部各个景区景点的旅游交通线路，如汽车通道、电瓶车通道、步行通道以及索道、游船、汽艇等其他通行方式。

（二）道路交通设施规划的原则

1. 以市场需求为导向

在市场经济条件下，旅游交通规划必须遵循市场导向原则，根据市场需求确定旅游交通的运输能力、设施与线路布局、营运方式等，从而保持旅游交通供给和需求的总体平衡。

2. 追求合理的经济效益

旅游交通是一个资金、技术密集型服务行业，基础设施建设和人员培训的投入额巨大，在运营过程中又有较大的设备损耗和燃料消耗，导致旅游交通具有投资回收周期长、投资回报率低的特点。因此，旅游交通必须讲究合理的投入产出，以良好的经济效益保证旅游交通实现良性循环发展。

3. 因地制宜，保护旅游资源

旅游区道路交通建设规划，要根据旅游区自然地势而定。这样一是可以节省资金的投入，二是可以减少对自然环境的破坏。旅游道路交通的规划还应注重避免对旅游景观实体或旅游景观整体美感的破坏，使旅游交通在实现通、达、迅的同时，达到保护旅游资源的目的。

4. 实现综合配套

作为一个综合型产业，旅游交通横向与食住行游购娱六大要素共同构成旅游业，关系十分密切；纵向与公路、铁路、航空、水运等交通方式之间以及各交通方式的运输工具、线路、停靠站（机场、码头）等设施之间，也存在着相互配合、相互制约的联系。在制定道路交通规划时，必须坚持综合配套原则，保持旅游交通纵向、横向联系协调一致，以完善的旅游交通体系促进整个旅游业的健康发展。

5. 便于游客沿途游览

便于游览是旅游交通区别于一般社会交通的主要特征之一。这包含两方面的内容：一是"旅速游慢、旅短游长"，即旅行速度要快，旅行时间要短，使旅游者将尽可能多的时间用于游览；二是"旅中有游，游旅结合"，即把旅行和游览合二为一，使旅游者在乘坐交通工具的过程中可以欣赏沿途风光风情，体验乘坐特色交通工具的乐趣。

6. 地方特色与国际标准相统一

旅游交通业的发展应符合本地实际情况，依据其特有的地理、地形和客源地、旅游景区（点）的分布特点，因地制宜地建设具有地方特色的旅游交通体系。与此同时，与国际标准、惯例接轨，尤其是旅游交通服务更是要向国际标准看齐，提供国际水平的优质服务。例如，采用先进的交通运输工具、多种文字指路牌、国际通用路标等。

（三）旅游道路规划

由于旅游地内部道路网是联系旅游地各功能区和各旅游景区（点）的动脉，直接影响旅游地景点布局，在此，我们重点讨论旅游地内部道路的规划。

1. 旅游道路的功能

（1）纽带功能。旅游景点和旅游服务点之间一般都存在一定的空间距离，旅游道路可以将其连接成一个整体。

（2）向导功能。旅游道路可以引导旅游者进行参观、游览。

（3）限定功能。旅游道路将游客与景物之间的距离加以限定，可以有效地保护景物，也可以产生一定的审美效果。

（4）程序功能。游览过程一般可以分为开始、展开、高潮、结束等几个阶段，旅游道路可以将这些不同的阶段进行有机组合，以道路的高低平缓，以景物之间不同的时空距离，以服务点、休息点不同的设施和环境等，将各个阶段展开和衔接，从而实现最佳的旅游效果。

2. 旅游道路的类型

（1）车行道

车行道是指主要供旅游区内机动车以及非机动车辆行驶的道路。旅游区车行道按照其各自的作用又可以分为主干道和次干道两级。主干道是联系旅游地内各功能区的道路，以车辆行驶为主，为车辆的快行道，因此要实现人车分流；次干道是联系各功能区主要景点的道路，由于车辆较少且车速较为缓慢，则可以采用人车共用车道的形式进行规划和设计。

（2）步行道

步行道主要是供旅游者步行的道路，车辆不能进入。按照等级可以分为主游道、次游道以及小径三级。主游道是各功能区至主要景点或主要景点间的步行联系道路；次游道是一般景点到另一个一般景点间的步行联系道路；小径是不成环状的某景点到此为止的步行道路，即一般所谓的"死胡同"。

另外，还按照坡度分为水平步行道和阶梯状步行道；按照步行道的表面铺装分为人工铺装步行道和自然步行道。

（3）特殊交通道

特殊交通道是指旅游区中特殊交通工具使用的专用道路。一般而言，旅游区内常见的特殊交通工具主要有索道、水路通道和低空通道。索道的主要功能是减少登山者的体力消耗和增加俯视景点的效果；水路通道主要指水上观光游览的专用道路；低空通道是指供游客俯视观光游览的专用道路。

除此之外，现在不少旅游区也将踏步电梯作为交通工具之一，如香港海洋世界就设置了室外踏步电梯作为游客的上山工具。意大利的著名水城威尼斯则是以传统的小船"刚朵拉"作为旅游者的游览交通工具。可见，在内部交通道路设计时，适当配置具有特色的交通工具，能为旅游区增色不少。

3. 旅游道路建设要求

（1）道路横断面

所谓横断面就是沿着道路宽度方向，垂直于道路中心线所作的剖面。[1] 在横断面上可以很明显地标注出道路宽度、车行道、人行道、分隔带及排水设施等要素。道路横断面主要有四种常见形式，俗称一块板、两块板、三块板以及四块板。

在旅游区中，受道路使用对象和设计规模的限制，道路横断面设计多为一块板和两块板。一块板是指所有的车辆都在同一条车行道上双向行驶，车行道不设分隔带。一块板的横断面设计在城市规划中常用于机动车交通量不大、非机动车较少的道路，而在旅游区中则广泛应用于次干道甚至主干道的规划。两块板是指中间用一条分隔带将车行道划分为两个单向行驶的车行道，机动车和非机动车仍然混合行驶。该类型的横断面设计适用于机动车交通量较大、非机动车流量相对较小的道路。

（2）道路景观

道路景观是指道路中由地形、植被、动物、建筑、景点等组成的各种物理形态的总称，其构成要素主要有三类，即景物、景感（旅游者通过自身的感官对景物的反应）及主客观条件（对旅游者感受景观产生影响的自然、社会、人文环境等因素的总和）。一般而言，在不同的旅游环境中，旅游者对同类景观会产生不同的感受，例如面对西湖和太湖，人们就会产生不同的情感。

旅游区的道路景观规划主要是指综合运用艺术、技术、生态学、环境科学以及旅游者行为学等领域的知识，对道路两旁的景观元素加以设计和整合的技术过程。其中旅游者行为科学对于景观规划具有重要的影响，主要表现在速度与视野视距的关系、心理兴奋曲线以及生理疲劳曲线对道路景观规划的指导。

（3）道路铺装

旅游区道路的铺装设计是对道路表面材料的规划与设计。能够用于道路铺装的材料有很多，可以在颜色、形状上形成不同的组合，综合使用不同材质和特性

---

[1] 赵晶夫. 城市道路规划与美学［M］. 南京：江苏科学技术出版社，1994.

的材料可以获得不同的路面铺装效果。下面对常见的路面铺装材料进行简要介绍。

现场制作类铺装材料，包括混凝土、沥青、合成表面材料等；单元结构类铺装材料，包括砾石、场石、鹅卵石、石片、砖块、木质栈道、土石步道等；柔性材质类铺装材料，包括沙石、草坪、人工草坪、草坪砖、有机材料等。

4. 旅游地道路网布局规划

（1）布局原则

①体现总体规划思想

一方面满足旅游者由浅到深的观赏意境要求，另一方面满足曲径通幽、移步换景的景点分布要求。既能使旅游者感到赏心悦目，又符合规划的总体思想。

②成环成串网布置

游客大多存在不愿走回头路的心理，旅游区道路布局中应尽量避免这一点。相反，要使游客在不知不觉中回到出发地，所以要将景点间的道路布置成多条路径，并构成串网状网络。

③要因山就势，有高低起伏的变化

旅游区道路要随地形有高低起伏变化，有张有弛增加意境，满足旅游者的心理要求。

④要有两个以上出入口

为便于游客出入，特别是大型旅游区要有两个以上出入口，并在出入口处设置静态的停车场和商业服务设施。另外，旅游区出入口处要有专门的标志性建筑。

（2）布局形式

①方格状棋盘式路网

方格状棋盘式路网是旅游区道路以垂直或近似于垂直的角度相交叉所组成的方格路网。这种路网的特点是简洁明确、划分的区域较为整齐。在旅游线路组织上也较为灵活，空间行为较为便利，可以组织成为环形游线和单行游线。但是该类路网在对角线的两点连接上不甚通畅。一般在街道和古镇规划中方格状棋盘式路网比较常见，较为典型的旅游区有北京故宫、山西平遥古城等。

②环状串联式路网

环状串联式路网往往以服务中心功能区为出发点，把重要景点成环或成串按游程连接起来。环湖型旅游区、环山型旅游区或者规模较小、景点不多的旅游区可以采取此种方法进行道路布局。

③放射状圈层式路网

放射状圈层式路网一般由旅游服务中心引出若干条放射性干道，以及多圈层的环线交通线共同组成。这种旅游区内景点大多较为分散，为便于游客游览，避免走回头路和过多的重复，于是从中心向各景点设置旅游道路并用环线道路连接。这种路网设计一般在城市旅游地中较为常见，可以大大缓解道路的交通压力，对过境客流起到有效的分流作用。

④自由式路网

自由式路网在旅游区道路交通规划中较为常见。当旅游区资源和服务区域分布不规则时，旅游区交通路网的设计只能适应其分布；或者根据景观的意境要求，把所有景点分布在景观观赏最佳点，按车行道、步行道、小径等将各种道路系统联系成网，形成一个整体，供游人随意选择自己所喜爱的游览路线。一般这种自由式路网在平原上的旅游地或者地形复杂的山地型旅游区中较为常见。

 案例

周庄旅游路线设计策划

周庄是一个风景秀美、历史悠久并拥有深厚文化底蕴的江南水乡名镇，有着丰富的自然景观资源、历史人文资源和民俗文化资源。周庄的旅游路线可分为水路和陆路，但几乎都为断头路，游人一般在古镇区内的逗留时间为3~4小时。规划设计上将水路和陆路在原有游线基础上予以延伸，并在节点上相互交错，使水路和陆路可分可合、相得益彰，从而将过于集中拥挤的游客合理分流，并可延长游人在周庄的逗留时间。

1. 水路

建议取消白蚬江、前港、后港的铁栏，使游船自全功桥起由白蚬江经报恩桥到南湖，再由开阔的湖面进入前港或后港，形成"收敛-开放-收敛"的空间序列变化，保证整条游线兜通。游船宜统一规格形式，采用形体小巧轻便的木船，游船码头除了沈厅前保留外，另在全功桥、南湖园、莼鲈食府、后港渔村加设4个游船码头，以此和陆路连接。

将张厅、沈厅后面的箸泾加以疏导和整治，使小型的特制游船可以由银子浜经管泾进入南湖，使游客身临其境，体会到"船从家中过"的情趣。在南湖上还可开展快艇游览服务，建议和青浦大观园联合经营快艇水上观览，可开通周庄—大观园、周庄—同里等快艇航线。

2. 陆路

由于新景点和新景区的开发，陆路游线相应变长，不再仅局限于前港、后港、白蚬江的沿河商业街，还可以开放南湖园全福寺的湖滨岸线。拟在此处规划一条

亲水步道，使游人可以环绕南湖沿岸兜通。规划后的陆路游线在原有的基础上向北可至全功桥，向南可直达南湖岸边，扩大了古镇区的可游览面积，延长了游客在其中的逗留时间，并可将游人合理分流至各个主题景区。结合街区整治后形成的步行系统，可将游客的观览活动和居民的日常生活在活动路线上分开，从而减少旅游发展对当地居生活的干扰。

资料来源：吴成浩. 旅游项目开发可行性研究与经济评价实务全书 [M]. 北京：中科多媒体电子出版社，2003.

(四) 停车场（点）规划

1. 停车场（点）的类型

(1) 路边停车点

路边停车点是指在道路的一侧边缘或者两侧边缘划出一定的范围作为车辆停放的场所。虽然路边停车点的设置能够满足大部分停车者的需求，但是，道路路面的空间十分有限，在满足停车需求的同时，必然会影响车辆和行人的通行。特别是当停车需求与交通需求冲突较为激烈时，这种矛盾更为突出。因此，在交通流量大的区域，路边停车点一般不会成为优先考虑的对象。

(2) 专门停车场

专门停车场是在道路之外，不占用道路的停车设施。根据停车场空间的利用方式，专门停车场又可以分为平面式、立体式、地下式以及高楼附设式等类型。旅游区中较常使用的停车场类型是平面式和立体式，地下式以及高楼附设式由于施工工程量较大，成本昂贵而不被采用。下面选取平面式的路外停车场作为研究对象。

2. 停车场（点）的选址

(1) 根据与景观点的关系确定区位

旅游区的空间规模会直接影响停车场的区位选择，按照停车场与旅游区空间上的位置关系可以分为以下几种区位类型：

①旅游区外部集中布局

当旅游区内部腹地空间较为有限而不宜作为停车场地或景观不容破坏时，可以在旅游区外部开辟一个停车场，所有旅游者的车辆均停泊于该停车场中。

②旅游区外部分散布局

当旅游区停车场设置于旅游区外部时，若外部空间也较为狭长或不适宜作为集中停车场，可以采取分散布置停车场的方式。在该布局模式下，车辆对交通的压力减小，但是，由于停车场在空间上较为分散，往往会增加旅游者下车后的步行距离。

③旅游区内部集中布局

如果旅游区内有足够的空间或环境容许将部分空间开辟作为停车场之用，可以在靠近大门处开辟一个主停车场，所有旅游者车辆均可以停泊在此。不过，因为该类停车场靠近主门景，需要注重营造停车场环境和及时疏导交通流量，避免因交通秩序混乱而破坏旅游区入口处的景观。

④旅游区内部分散布局

如果旅游区内部面积较大且景点之间距离较远，不便徒步行走，则停车场可以采取旅游区内部分散布局的模式。将停车场设立在旅游区内部几个主要景点附近，以方便旅游者游览时的停车之需。但此类停车场布局模式会增加旅游区内道路交通的负荷，并对游客的安全造成一定影响。另外，在停车场设计时，可以将停车场与周边环境通过植被或景观建筑隔离，以保持旅游区内景观的完整性。

（2）根据环境确定区位

对停车场进行规划时，要尽量避免对旅游区的环境和景观造成破坏。停车场的景观负面效应通常表现在两个方面：对旅游区景观风格的破坏和对环境意境的破坏。一般而言，停车场无论设置在旅游区外部还是内部，都应与整个旅游区的风格协调一致。所以，停车场要结合旅游区的整体环境格调进行设计。

大门景是旅游区的第一印象区，是其形象塑造最为关键的环节之一。为此，大多数旅游区都会将停车场远离大门设置，从而让旅游者在从下车后到步行至大门这段时间和空间内，得以感受旅游区的文化氛围。此外，远离旅游区大门设置停车场还可以避免车辆与游客之间的互相干扰。

3. 停车场（点）规划要点

（1）交通安全

停车场（点）规划的首要问题是保障车辆和行人的安全，所以在规划时要重点考虑行人和车辆的动线分离、车辆的保全与安全、车辆间的相互负面影响等。

（2）规模大小

不同类型的车辆拥有不同的体量和空间占用量，因此，旅游区停车场（点）在规划时应预先对建成后旅游者使用的车辆类型和体量进行估算和计量，并据此进行进出口、停车位大小、行车道、停车方式等的设计。

（3）停车方式

停车场（点）设计时要考虑到当地或周边地区驾驶员和旅游者的行为方式，如驾驶员的停车习惯、旅游者的下车位置等。如果旅游者在停车场外下车，则应在进出口处设置较大的空间，供旅游者上下车使用，避免因旅游者上下车而造成交通拥堵；如果旅游者在停车场内下车，则应对停车位的宽度进行预留，防止两辆车相邻停靠时互相影响威胁旅游者的安全；另外在停车场内应规划设计与车行道分离的游客步行道，供停车场内下车的游客安全进入旅游区。

（4）环境影响

在旅游区停车场（点）的规划中，停车场对于周边环境的影响也是要考虑的问题之一。停车场往往位于旅游区的入口处附近，该区域通常也是旅游区的第一形象区域。因此，该区域景观的好坏直接影响到旅游者对该旅游区的第一印象。在规划时，要充分考虑到停车场与旅游景观的关系，尽量营造良好的交通组织秩序，并塑造理想的景观效果。此外，停车场作为面积较大的人工设施，要考虑到其对周围自然环境的影响，以与自然景观和谐一致为基本原则。

 **案例**

北京石景山游乐园停车场管理研究

石景山游乐园位于北京石景山区东部，东靠西五环，南临长安街西延长线，建于1986年，占地面积约35万平方米，现有大、中型游艺项目106项，目前是亚洲游艺项目最多的主题乐园。年平均接待游客保持在200万人次左右，景区最佳接待量为3万人次。黄金周期间一般日接待量为5万人左右，最高游客量曾达到6.3万人次。石景山游乐园停车场位于南门外，占地1.6万平方米，停车泊位为623辆。游乐园停车需求量随着季节和客流量的变化而变化，一般淡季（12月至次年3月，春节除外）和平季（4、6、9、11月）车位需求较少，旺季（5、7、8、10月）需求较多，高峰期（黄金周和游乐园举办大型活动时）车位需求量大约在1 700～2 000辆，游客在游乐园游玩时间约为4～5小时。目前停车场由游乐园自己来管理，车辆出入采用人工计时、开票收费的传统管理方式。

石景山游乐园停车场及其管理存在的主要问题是：①游乐园黄金周期间停车泊位少。②停车场硬件设施落后，车辆进出口比较窄，遇突发情况时存在安全隐患。③管理技术水平低，停车效率不高，管理员缺乏专业的管理经验。④停车场宣传和标志不清，引导不畅。⑤游乐园周边的石景山路因机动车流量大，八角北路、八角东街道路较窄容易发生拥堵；石景山路与西五环路交叉的八角桥路口，八角西街十字路口、八角北路、八角东街以及首钢小区门口等在高峰期间也常出现交通拥堵。

针对上述问题，石景山游乐园停车场管理对策主要是：

1. 科学规划，优化城市功能。城市规划部门要从全局的角度综合考虑交通、建设等方面的因素，加强各功能区（如学校、医院）的布局，做好城市总体规划；由于石景山游乐园正在申报室内主题乐园项目，在规划该项目时要及早做出停车场规划。

2. 积极解决北京道路交通拥堵问题。解决石景山游乐园停车场的问题离不开北京交通大环境的改善，众所周知，近年来北京市机动车增长迅猛，道路拥堵严重，解决北京道路交通拥堵可以采取以下措施：①有效控制机动车数量过快增长。②落实公交优先战略。③加快轨道交通建设。④加强交通智能化信息化建设。⑤提高公共交通覆盖率。⑥继续实施车辆尾号轮换限行办法，提高中心城区停车场停车费用，试行在中心城区收取拥堵管理费等；在地铁、大商场附近加快自行车租赁站建设。

3. 改扩建游乐园停车场。一是对原停车场进行改建，将平面停车场改为立式停车场。立体停车场占地少，据测算，占地300平方米的立体停车场，能提供多达616辆车的停车位，相当于目前游乐园停车场的容量。二是建设室内主题乐园时考虑新建地下停车场，增加停车泊位数。

4. 拓宽停车场出入口，更新停车场收费设施，停车场标志管理规范化。

5. 加强对游乐园周边主要路段或路口拥堵问题的解决。一是在石景山区八角桥路口，八角西街十字路口、金安桥北路口增加交通协管人员疏导交通，二是在公交车停靠较多的站点如古城站以及居民出入频繁的首钢小区门口搭建过街天桥，最大限度地减少穿行。对道路较窄的八角北路、八角东街加强停车管理，减少无序停车，取缔占道经营的无照游商。加强对游客的安全教育，提高人们遵守交通规则的自觉性。

6. 与周边停车场形成合作关系。游乐园周边分布有京燕饭店、石景山海航大酒店、老山自行车馆、石景山体育场等多家单位，这些单位的停车位加起来有近千个，游乐园可与周边单位合作，在高峰期间使用它们的停车场，并在景区与各停车场之间加开电瓶车用来摆渡游客。对于游乐园来说这是一个最经济也最便捷的解决方法。

7. 加强制度管理，建立健全应急预案。做好应对游乐园节假日、大型演出活动期间人流量瞬间聚集的预案，聘请停车专业公司管理游乐园停车场；引进停车场自动化管理技术，提高停车泊位利用率。

8. 低碳出游，自觉分流。利用媒体加大宣传教育力度，引导游客选择公交出行。积极倡导低碳出游，推广电动车、混合动力车、自行车等绿色交通工具。扩大公共自行车服务覆盖范围，扩大居民自行车出行比例。

资料来源：李振平. 北京石景山游乐园停车场管理研究 [J]. 经济技术协作信

息，2011（5）.

（五）交通导引系统规划

1. 一般道路标志系统

道路交通标志是指用图形、符号和文字传递特定信息，用以管理交通、指示行车方向以保证道路畅通与行车安全的设施。适用于公路、城市道路以及一切专用公路，具有法令的性质，车辆、行人都必须遵守。

（1）分类

《道路交通标志和标线》规定的交通标志分为七大类：①警告标志，警告车辆和行人注意危险地点的标志；②禁令标志，禁止或限制车辆、行人交通行为的标志；③指示标志，指示车辆、行人行进的标志；④指路标志，传递道路方向、地点、距离的标志；⑤旅游区标志，提供旅游景点方向、距离的标志；⑥道路施工安全标志，通告道路施工区通行的标志；⑦辅助标志，附设于主标志下起辅助说明作用的标志。

《道路交通标志和标线》规定的道路交通标线分为三大类：①指示标线，指示车行道、行车方向、路面边缘、人行道等设施的标线；②禁止标线，告示道路交通的遵行、禁止、限制等特殊规定，车辆驾驶人员及行人需要严格遵守的标线；③警告标线，促使车辆驾驶人员及行人了解道路上的特殊情况，提高警觉，准备防范应变措施的标线。

（2）各种标志的颜色、形状的规定

常见的交通标志的颜色、形状的规定有：

①警告标志的颜色为黄底、黑边、黑图案，形状为等边三角形，顶角朝上。

②禁令标志的颜色为白底、红圈、红杠、黑图案，图案压杠。

③其中解除禁超车、解除限制速度标志为白底、黑圈、黑杠、黑图案，图案压杠。形状为圆形，让路标志为顶角向下的等边三角形。

④指示标志的颜色为蓝底、白图案。形状为圆形、长方形和正方形。

⑤指路标志的颜色除里程碑、百米桩、公路界碑外，一般道路为蓝底、白图案。形状除地点识别标志外。均为长方形和正方形。

⑥里程碑、百米桩和公路界碑均属指路标志。里程碑设在国道上时颜色为白底、红字；设在省道上时颜色为白底、蓝字；设在县、乡道上时颜色一律为白底、黑字。公路界碑的颜色不分道路性质，一律为白底、黑字。

⑦辅助标志是附设在主标志下，起辅助说明作用的标志。分别表示时间、车辆种类、区域或距离、警告、禁令理由等类型。

2. 旅游交通导引系统

旅游交通导引系统包括城市与旅游区交通导引系统。现代城市是旅游目的地系统中极为重要的一个环节，城市交通变得日益快速和复杂，如果没有良好的交通导引系统则很难实现交通便利和通畅；在人口密度较小的旅游区，游客则对当地环境十分陌生，如果没有良好的交通导引系统服务，容易迷失方向甚至迷路。因此，要在旅游目的地的中心城市道路两侧、路面都设置明晰的导引标志及英汉双解说明，除规范的公众信息提示外，还要包括路中提醒、地铁及无人售票公交的使用说明等信息。在旅游区内部，则应为游客设计最合理时间内的最佳游览路径并加以标示，进行引导，注意以保障安全为前提，尽量避免游线重复。

智能交通系统

智能交通系统（Intelligent Traffic System，简称 ITS）又称智能运输系统（Intelligent Transportation System），是将先进的科学技术（信息技术、计算机技术、数据通信技术、传感器技术、电子控制技术、自动控制理论、运筹学、人工智能等）有效地综合运用于交通运输、服务控制和车辆制造，加强车辆、道路、使用者三者之间的联系，从而形成一种保障安全、提高效率、改善环境、节约能源的综合运输系统。

智能交通系统通过人、车、路的和谐、密切配合提高交通运输效率，缓解交通阻塞，提高路网通过能力，减少交通事故，降低能源消耗，减轻环境污染。据某地区应用 ITS，预测 2015 年效益为：减少交通阻塞 10%～50%，节省能源 5%～15%，减少空气污染 25% 以上；减少企业的运营成本 5%～25%，减少事故 30%～60%。

智能交通系统由交通信息采集系统（人工输入、GPS 车载导航仪器、GPS 导航手机、车辆通行电子信息卡、CCTV 摄像机、红外雷达检测器、线圈检测器、光学检测仪）、信息处理分析系统（信息服务器、专家系统、GIS 应用系统、人工决策）和信息发布系统（互联网、手机、车载终端、广播、路侧广播、电子情报板、电话服务台）等组成。

智能交通系统世界上应用最为广泛的地区是日本，日本的 ITS 系统已经相当完备和成熟，其次美国、欧洲等地区也普遍应用。中国的智能交通系统发展迅速，在北京、上海、广州等大城市已经建设了先进的智能交通系统。其中，北京建立了道路交通控制、公共交通指挥与调度、高速公路管理和紧急事件管理的 4 大 ITS 系统；广州建立了交通信息共用主平台、物流信息平台和静态交通管理系统的 3 大 ITS 系统。随着智能交通系统技术的发展，智能交通系统将在交通运输行业得到越来越广泛的运用。

（资料来源：百度百科。）

二、给排水设施

（一）给水设施规划

给水设施规划由取水、制水、输水三部分构成。首先是取水，提取地表水或地下水作为旅游地用水水源；然后是制水，将提取的自然水经一定处理后，使其达到符合旅游者生活饮用标准；最后是输水，将制好的标准饮用水通过经济合理的输送方式，输送到所需用水的各旅游点、旅游地各家宾馆、饭店等用户。

1. 取水规划

取水是向旅游区供水的第一步。旅游区水资源主要用于三个方面：满足旅游者的生活用水；满足旅游区的消防用水；满足旅游区的其他用水，如园木灌溉、水景用水等。

（1）用水量估算

①生活用水

旅游区生活用水主要包括旅游者、旅游区住宿接待、餐饮服务、旅游区员工以及旅游区内部居民的生活用水需求。要根据旅游地的气候状况、游客的生活习惯和宾馆饭店食宿及卫生设备水平等多种因素考虑生活用水需求。国家建设部颁布的《风景名胜区规划规范》（GB 50298—1999）标准，以每位旅游者消耗的定量用水来计算（表 6.1）。

表 6.1　　　　　　　　　　旅游区人均供水标准

类别	简易住宿	一般旅馆	中级旅馆	高级旅馆	豪华旅馆	旅游区居民	旅游区散客	旅游区员工
供水（升/床·日）	50~100	100~200	200~400	400~500	500 以上	60~150	10~30	50

②消防用水

按照建筑设计的消防用水量，以平均一次火灾的用水量乘以同一时间可能发生火灾的数量来计算。一般旅游区中消防用水是按照整个旅游区用水量的 10%~30% 来计算，在实际规划中，通常取 20% 作为估算消防用水需求的比例。

③其他用水

其他用水是旅游区中进行绿化、灌溉、道路洒水、假山喷泉等的用水需求，专业规划一般按照15~20升/平方米来定额计算，旅游总体规划则按整个旅游区总用水量的10%来计算。

旅游规划的总用水量是以上生活用水、消防用水和其他用水三项指标的用水量相加，计算公式：总规划用水量＝生活用水+消防用水+其他用水。

由于不同区域旅游地的气候季节差别较大，造成用水量的差别很大，所以，总体规划用水量还需要乘以以下两个系数：

日变化系数1.0~1.2（夏季日用水量大，其他季节日用水量小）

时变化系数1.3~3.5（夏季用量大，早晨和晚上用量大）

所以，真正的规划总用水量是上述计算的三项用水量之和再乘以日变化系数和时变化系数。

 案例

黑龙江省穆棱市六峰湖景区给水工程规划用水规模预测

用水规模分别考虑一般游客、度假住宿游客和管理服务人员与防火及损耗等用水量。以日均游人数量计算水量：近期景区内管理与服务人员职工人数按280人计，中期按500人计，远期按600人计；住宿人员按游客人数的50%计；漏耗及消防等不可预见因素按总量的10%计，则旅游区日用水量为：2008年，216.4吨；2015年，543.2吨；2020年，565.2吨，绿化灌溉用水等其他用水暂未计入给水规划。

日用水量预测表

项目	2008年			2015年			2020年		
	用水人数（人）	定额（升/日人）	用水量（吨/日）	用水人数（人）	定额（升/日人）	用水量（吨/日）	用水人数（人）	定额（升/日人）	用水量（吨/日）
一般游客	300	75	22.5	750	75	56.3	750	75	56.3
住宿游客	300	400	120.0	750	450	337.5	750	450	337.5
职工	280	200	56.0	500	200	100.0	600	200	120.0

表（续）

项目	2008 年			2015 年			2020 年		
	用水人数（人）	定额（升/日·人）	用水量（吨/日）	用水人数（人）	定额（升/日·人）	用水量（吨/日）	用水人数（人）	定额（升/日·人）	用水量（吨/日）
消防及漏耗			17.9			49.4			51.4
总计			216.4			543.2			565.2

防火用水量，根据国家标准《建筑设计防火规范》GBJ—87（2001 年）中有关规定计算。在计算最高用水量时，应考虑消防池补水量为 144 立方米/日，则 2008 年最高用水量为 360.4 吨/日，2015 年为 687.2 吨/日，2020 年为 709.2 吨/日。

资料来源：《六峰湖总体规划》，黑龙江省牡丹江旅游局网站。

（2）水源选取

①水源类型

一般旅游地的水源分为三大类：地表水、地下水、天然集水。其优缺点对比见表 6.2。

表 6.2 　　　　　　　　　　　不同类型水源选取

水源	优点	缺点
地表水	水源充沛，取水点集中、管理方便	容易污染，水处理费用大，水处理工程设施用地（占地）面积大
地下水	不易受污染、水处理费用小、工程设施占地面积小、容易保护	补给水源少、水量受补给水限制、水质硬度大、水源分散、管理不方便
天然集水	指无水源，靠收集雨雪水作为饮用水源，仅在个别高山地区的旅游地会有这种现象	

②水源要求

旅游地取水水源的选择应满足以下条件，即水量充足、水质良好、水压足够、安全供水、取水口合理。

水量充沛，要求选取的水源能够满足旅游者数量不断增加的需要，能够保证全年正常供水；水源要求水质好，没有受污染且净化较为方便；水压要够，不够的地区可以进行人为加压；安全供水，要求 24 小时有水供应，一般旅游地供水采用早、中、晚定时供应的方法供水；取水口选择合理，一般选在流速快、河段平直处，避开死水区和回水区。

2. 制水规划

（1）地表水制水工程及布局

①地表水制水工程

直接取自取水口的水叫原水。原水一般不符合卫生标准，特别是地表水有许多漂浮物、矿物质和肉眼看不见的细菌，必须经过处理净化后才能成为符合卫生标准的生活用水。

地表水制水流程也称去污除渣过程，一般为取水口→自然沉淀池→混凝沉淀池→过滤→净水→消毒→静置池→加压→自来水→用户。

②地表水制水厂布局要求

保证水源——若水源的枯水季节都能够有充足水源供应，则认为水源充足，可以布置水厂；

尽量靠近用户所在地——水厂离用户较远时，水受输水管壁摩擦影响，会减小水压，浪费能源；

水厂分开布局——水厂布置可以分为两部分：一是水的初制厂，设置在取水口附近；二是水的精制厂，设置在用户所在地附近。

（2）地下水制水工程及布局

一般地下水的水质较硬，需要先经过软化。地下水无漂浮物，也无悬浮物，水比较干净，制水工程相对简单，一般为：取水口→软化→消毒→加压→自来水用户。

地下水的补给需要一定时间，因此在用水量较大的旅游地必须打多口井。一般多口井抽取的地下水，用管道向水厂取水口集中，以所用水管管线距离最短为原则确定水厂位置。

3. 输水规划

（1）输水管网布置形式

一般情况下，自来水送到各旅游用户单位要通过主干管、支干管、支管、用户管四级输水管的布置完成输水工程。输水管的布置方式一般有枝状和环状两种。

枝状布置形式——像树枝状向外辐射的输水管网。

环状布置形式——分为不同的环、不同的级别。其中，一级环由主干管组成，二级环由主干管和支干管连接，三级环由支干管和支管连接，四级环由支管和用户管连接。

环状输水管网布置不能跨级连接，因为不同级别的输水管间压力不同，跨级连接容易造成输水管的破裂。在布局中如果必须跨级连接水管，则应该有特制阀门。在旅游接待区一般采用环状布置形式供水，但在个别景点处也可以考虑枝状形式供水，或者将两种形式相结合进行供水。

（2）输水管网布置要求

输水管网在铺设时应注意以下几点要求：

①根据地形和道路的情况进行布置，一般在主干道上和地势较高的一侧布置主管线；

②输水管道尽量避免穿越道路以及河流等，以免发生磨损；

③如果旅游区内地形复杂，地势多样，则最好采取分级布置的方式。

（二）排水设施规划

旅游地一般有生产生活用水和雨水两部分水排出。生产生活用水即旅游区各单位使用后的污水，要通过一定的输水管线把它集中后再进行有序的排放；当雨水在旅游区低洼地积聚时，要采取措施及时排出，减少旅游区死水的积存。

1. 排水量估计

旅游地排水量是生产生活污水和雨水的排水量之和。

（1）生产生活污水排水量估算

旅游地生产生活污水一般与旅游地的供水量相一致，即用多少排多少，在估算其排水量时以供水量为依据。

（2）雨水排水量估算

雨水排水量估算一般通过旅游地的降雨强度、汇水面积和径流系数等指标进行估算。

雨水排放量估算公式：排水量＝径流系数×年降水量×汇水面积

其中，年降水量可以通过气象部门的资料查得；汇水面积可以根据图中的山脊线或地形直接测量出；径流系数一般较难确定，如果旅游区内植被较为丰富，土壤疏松，径流系数可定在 0.5 以下，植被较少的区域则应单独计算径流系数。

2. 排水形式和排水系统布置

（1）排水形式

旅游地的排水按照排水的内容可以分为雨污分流制、雨污合流制；按照排水的通道可以分为明沟排放、暗沟排放；按照排水的流程可以分为直接排放、处理后排放。

①分流制排水方式

雨水不用处理即可以直接排放，而生产生活污水要经过污水处理后才能排出，所以，雨水多以明沟排放为主，生产生活污水一般采用明沟和暗管两种排污管道。

分流制的优点在于污水有专门管道排放，互不干扰，不会产生污染；缺点在于投资费用高、工程量大。

②合流制排水方式

合流制排水方式将雨水和生产生活污水合用一个管道排放，一般多用圆管（污水中杂物不易沉淀）和方管（污水杂物易沉淀）两种暗管布置。合流制的优点在于工程简单，尤其在雨量大的旅游地，雨水可以稀释污水，使污水处理量变小。但是在降雨量小的旅游地，使用合流制排水方式污水处理量则会增大。

（2）排水系统布局

旅游地排水系统一般有四种布局方式。

①截留式布局

将旅游地所有污水集中排放到主排污管道后再统一排放出去，排放方式也分分流制与合流制两种。

②扇形布局

在地形坡度较大的区域一般只能采用扇形布局。

③分区布局

旅游地内地势有高低之分，可以采用高水高排、低水低排、洼地积水抽排方式布局。这种排水形式在旅游区内用得比较多。

④分散布局

分散布局是哪里需要排水哪里就设排水系统，其优点是排水方便，缺点在于到处都有污水处理厂，投资费用高。

3. 污水处理系统规划

出于对环境保护的目的，通常情况下对于生产生活污水要求加以适当处理后排放，尤其是对于生态环境较为脆弱的旅游地，污水处理系统规划更是必不可少。

（1）污水处理工程

①沉淀：将所有污水集中到污水处理厂的沉淀池中，使污泥、沙、固体物等沉淀下来，沉淀过程一般在两天以上。

②曝气：将经过沉淀的污水排入氧化塘并补充空气，对污染物进行氧化。氧化后污水散出的氨气臭味很大，会很大程度地影响周围环境，一般曝气过程需要三天以上。

③生物处理：把氧化处理后的污水排入生物处理池中，将氧化过程中出现的藻类物质处理掉。

④消毒处理：经过前三轮的处理，污水已经基本消除污染物，在肉眼看起来已经清洁，不过在排放之前还要在消毒池内进行消毒处理，使之最终达到国家规

定的污水排放标准。

（2）污水处理厂（站）选址

由于污水处理厂（站）的占地面积往往较大，且对景观和环境有不利影响，所以，要将其设置于远离游客活动的区域，并设置 500 米左右的隔离带；应设在河道下游地势低洼处，便于污水的集中处理；排污口要尽量接近污水处理厂，以降低造价；要有污水处理堆放淤泥的条件。

三、供电设施

（一）主要内容

1. 分区分期负荷与电力平衡（电力负荷分布图）。

2. 电厂（站）、变电所、配电所的位置、容量与数量。

3. 各区电压等级的确定（分一级、二级、三级）。

4. 确定高压线走向、高压走廊位置、低压接线方式、架空电线距游览道路的最小平行距离、地下电缆位置等。

5. 各规划期的电力系统总平面图。根据各旅游地的供电现状及总体规划要求，提出不同的供电系统方案。

（二）电力需求预测

为了更好地平衡旅游地的电力供求，防止产生电力浪费和电力供应不足的情况，需要进行旅游地的电力需求预测估算。

1. 电力负荷等级

电力负荷的等级一般可以分为三级：一级负荷属于国家电网供电，可以实现全天候供电，大型旅游度假区或者以大型娱乐项目为主的旅游区宜选用一级负荷供电；二级负荷下，在保证旅游区正常用电的情况下可以偶然断电；三级负荷下，可以随时拉闸断电，受电力影响较小的旅游区可以采用。

2. 电力需求估算

旅游地的电力需求主要由旅游综合接待基地、各旅游接待站的服务设施、娱乐设施和基础设施用电以及旅游地社区居民生活用电组成。

接待用电一般按照旅游地各分区内接待点规划的综合用电指标预测用电负荷。用电负荷可以用"人均用电标准×预测接待人数"进行估算。另外，在估算旅游地用电总量时，还要乘以一个同期需求系数（如0.8），否则估算出的用电需求量将偏大。

根据《风景名胜区规划规范》（GB50298-1999），风景区的供电标准是：简易宿点 50～100 瓦/床，一般旅馆 100～200 瓦/床，中级旅馆 200～400 瓦/床，高级旅馆 400~500 瓦/床，豪华旅馆 1 000 瓦/床以上，居民 100~500 瓦/床。

3. 电力负荷影响因素

在确定旅游地用电负荷时，要考虑以下因素：

（1）旅游高峰期游客人数及旅游服务人员人数；

（2）旅游地的气候特征，如建筑设计特征、房间的供暖需求等；

（3）替代性能源的情况，如石油、天然气等。

（三）供电设施及电网布局

1. 电源布置

旅游地的供电一般采用国家电网和地方电网联网供电，电力线路应尽量采用电缆埋地敷设。35 千伏以上高压输电线路以架空方式敷设时，要尽量避开游人视线，同时不能影响旅游地的景观，10 千伏中压配电线原则上采用电缆埋地敷设。

另外，根据《风景名胜区规划规范》（GB50298-1999）的有关规定：在景点和景区内不得安排高压电缆和架空电线穿过；在景点和景区内不得布置大型供电设施；主要供电设施宜布置于居民村镇及其附近。

2. 电网布局

各级电网的布局方式一般可以归结为以下两种：

（1）环状电网布局

双回路环状电网布局是按照不同等级的电压布局。这种供电模式有利于保证供电的安全性和稳定性，不过，采用环线设计，成本较高。从旅游地供电系统运行安全可靠出发，条件许可情况下，应尽量采用环状电网布局。

（2）放射状电网布局

以变电站为中心，供电线路由中心变电站向四周发散的电网布局模式称作放射状电网布局。这种供电模式将用电单位与变电站直接相连，供电线路短，便于管理，不过，也容易发生短路事故。

3. 防雷设施

对空旷地区或山区的旅游景区，区内的游乐设施、制高点的护栏、缆车、索道等活动设施以及建筑物、供电设施等处应装备有防雷设施，以防止雷击伤人事件的发生。防雷设施应注意美化，与环境协调。

四、邮电通信设施

旅游地邮电通信规划要遵循两个基本原则：一是满足迅速、准确、安全、方便等邮电通讯服务要求；二是要坚持高起点、高技术建设原则，充分满足国际化、信息化社会和现代旅游需求。

（一）主要内容

1. 外联邮政服务

旅游地要能为旅游者提供邮寄、包裹、特快专递、电报等服务。在等级较高的旅游区，应该开放国内报话业务以及国际电报业务，安装载波电话终端和载波电报等设备；在规模较小的旅游区，要设立邮电支局、邮电营业处等机构。

2. 外联电信服务

国际国内直拨电话服务、移动电话信号覆盖、宽带信息网络服务等都属于外联电信服务。旅游地内应该建设专门的电信线路、光缆光纤以及移动信号基站，并开设国内国际电话业务。在对旅游区内电信服务的线路和设置进行规划时，要注意不能破坏旅游区内的景观。另外，线路的铺设要考虑对天际线的影响，在设计电话亭时要考虑与周边环境的协调性，以免在颜色、材质以及风格等方面差别迥异，让旅游者感觉太过突兀。

3. 内部管理系统

内部电话交换机、公共广播系统、电脑监控保安系统等共同组成了旅游地内部管理系统。如果旅游区规模较大，为了方便各部门进行及时沟通，可以考虑设置内部交换机设备，同时与外部电信公司的网络相连。大多数旅游区内都设立有公共广播系统，一方面可以播放背景音乐，另一方面可以传递各种信息。公共广播系统应置于主要游憩区和公共场所，但应尽量避免造成噪声污染。

（二）规划要点

1. 国内与国际邮政电信齐全。
2. 架设线路不破坏景观。
3. 旅游接待服务中心要能够通长途电话、邮寄包裹。
4. 要建立旅游地的对外通信网络；建设长途电话线路，开放国内及国际电话直拨业务；建立移动电话信号加强系统。
5. 建立旅游地内部通信网络。
6. 优化邮电通信的设施，实现自动或半自动服务。

（三）布局要求

1. 有专门的通信电缆线通往旅游地。
2. 在游客量较大的景点设有市或区通信电话设备。
3. 在游程长、旅游天数多的旅游地，应设置邮电、通信设施。
4. 旅游接待区，要有程控直拨长途电话设施，如磁卡式的直拨长途电话亭。
5. 大型旅游区要增设查询网络，将当地的精华景点用多媒体的形式上传至网络，向世界各地发布旅游信息。

6. 旅游地的邮电通信规划要依据游客数量的多少，确定邮电通信设施设备的数量与分布、业务提供量的大小。

● 第二节　旅游接待设施规划与开发

一、游客服务中心

游客服务中心，也称游客中心（Tourist Centre），是作为向旅游者提供传统信息服务的物质实体，是游客获取目的地第一手资料的最重要的场所，游客服务中心与旅游交通、旅游公厕一起被视作旅游目的地的三大必备旅游设施。[①] 根据《旅游景区游客中心设置与服务规范（LB/T 011-2011）》，旅游景区游客中心是旅游景区内为游客提供信息、咨询、游程安排、讲解、教育、休息等旅游设施和服务功能的专门场所，属于旅游公共服务设施，所提供的服务是公益性的或免费的。下面专门讨论旅游景区游客服务中心的规划设计问题。

（一）主要功能

1. 基本游客服务

免费为游客提供的必要服务，包括厕所、寄存服务、无障碍设施、科普环保书籍和纪念品展示。

2. 旅游咨询

为游客提供相关的咨询服务，包括景区及旅游资源介绍、景区形象展示、区域交通信息、游程信息、天气询问、住宿咨询、旅行社服务情况问询及应注意事项提醒。

3. 旅游管理

对游客中心服务半径范围内的各类旅游事务及游客中心本身进行管理，包括旅游投诉联网受理、定期巡视服务半径范围、紧急救难收容及临时医疗协调，以及设置游客服务中心服务项目公示牌。

4. 其他游客服务

雨伞租借、手机、摄（照）像机免费充电、小件物品寄存、失物招领、寻人广播服务；电池、手机充值等旅游必需品售卖服务；邮政明信片及邮政投递、纪念币和纪念戳服务；公用电话服务，具备国际、国内直拨功能，移动信号全覆盖，信号清晰；有条件的，提供医疗救护服务，设立医务室，配专职医护人员，备日

---

① 吴必虎，俞曦. 旅游规划原理［M］. 北京：中国旅游出版社，2010.

常药品、氧气袋、急救箱和急救担架。

（二）规划设计要求

1. 总则

（1）游客服务中心的配建设施，应与其服务质量等级相对应。

（2）游客服务中心的建设，应符合旅游景区总平面布局要求。

（3）A级旅游景区游客服务中心建设与服务要符合《旅游景区游客中心设置与服务规范（LB/T 011–2011）》，同时要符合国家现行的有关法律、法规和强制性标准的规定。

2. 选址

（1）游客服务中心选址应与已批复的景区总体规划协调，不破坏景区景观。

（2）游客服务中心应设置在能直接进入主要景区、地质稳定、地势平坦、便于接入基础设施的地区。如，设在主入口附近，方便醒目的地点，且属于游客集中活动的区域。

3. 类型

（1）大型游客服务中心：5A级旅游景区中年服务游客量60万（含）人次以上的游客中心。

（2）中型游客服务中心：4A级和3A级旅游景区中年服务游客量30万~60万（含）人次的游客中心。

（3）小型游客服务中心：2A和A级旅游景区中年服务游客量小于30万（含）人次的游客中心。

4. 功能要求

游客服务中心功能分为必备功能和指导功能。必备功能包括旅游咨询、基本游客服务和旅游管理；指导功能包括旅游交通、旅游住宿、旅游餐饮和其他游客服务。

旅游景区游客中心应具备必备功能，可根据实际情况科学合理地引入指导功能。

5. 建筑物要求

（1）建筑规模

大型游客中心，建筑面积应大于150平方米；中型游客中心，建筑面积不应少于100平方米；小型游客中心，建筑面积不应少于60平方米。

（2）建筑与景观

游客中心建筑可独立设置，也可与其他建筑合设，但应拥有独立的单元和出入口；游客中心建筑应符合景区主题；建筑外观（造型、色调、材质等）应突出地方特色，并与所在地域的自然和历史环境相协调；游客中心建筑应有醒目的标志和名称，建筑物附近 200 米范围宜设置游客中心的引导路标；游客中心建筑不能与旅游星级厕所合设时，两处建筑之间应有明确的路标指示，距离不宜超过 200 米；总平面设计应符合 JGJ50-2001 的规定。

（3）内部空间

游客服务中心应包括服务区、办公区和附属区。

①服务区

服务区应包括咨询处、临时休息处、展示宣传栏和信息查询设备、书籍和纪念品展示处及公共厕所。服务区建筑面积不应少于游客中心建筑面积的 60%。公共厕所的设置标准，应符合 GB/T 18973-2003 中一星级厕所的规定。

②办公区

办公区为工作人员办公、休息和资料储存提供相应的空间。办公区不对外开放，与服务区应相对分离，既有联系又互不干扰。

③附属区

附属区应包括室外铺装、绿地和室外设施。

 案例

曲阜游客服务中心

曲阜游客服务中心是目前国内单体建筑最大、功能设施最先进的游客集散中心，是为了加快文化旅游产业快速发展，优化旅游市场秩序，打造优秀旅游城市优势品牌，彰显"孔子故里、东方圣城"旅游形象建设的标志性建筑，是山东省重点文化旅游建设项目。游客中心位于明故城南、曲阜市中心 104 国道和 327 国道的交叉处，毗邻世界遗产、国家 5A 级景区——明故城（三孔）景区，是游客进入曲阜参观游览的必经之地。曲阜游客中心项目一期占地面积 200 亩（1 亩≈666.67 平方米），总建筑面积 2.318 万平方米，主体大楼建筑面积 1.77 万平方米，停车场占地 3.26 万平方米，是一个集景点售票、宣传推介、导游服务、集散换乘、咨询投诉、餐饮住宿、演艺购物、监控监管等于一体的综合型服务机构，是为游客提供"吃、住、行、游、购、娱"全方位、一站式服务的游客之家。

游客服务中心具备八大功能：一是景点售票功能，不仅出售曲阜景点的门票，也出售济宁市各县市区和周边城市的门票；二是咨询投诉功能，专门为游客提供旅游咨询投诉服务，帮助游客解决旅游过程中的困难和问题；三是影视服务功能，

通过大屏幕、触摸屏等手段为游客提供人性化的服务；四是导游服务功能，为游客提供导游讲解；五是购物休闲功能，大楼地下一层为旅游购物超市，二层西侧为"台湾永和豆浆"和"加州牛肉面"旅游快餐，三层为多功能演艺厅，为游客展现古老而传统的精品演艺；六是旅游集散功能，在这里不仅可以换乘旅游专线车直达曲阜的各个景点，也可换乘旅游巴士直通济宁各县市区及周边城市风景名胜区；七是综合服务功能，中心建有大型停车场，可停放各类车辆1 000余辆，还有商务中心、特殊人群服务等；八是城市展览功能，在这里不仅能够感受到曲阜古老悠久文化的熏陶，观看当今日新月异的曲阜，还可以展望一个全新开放的未来曲阜。

图6.1　曲阜游客服务中心外观图

6. 设施配备要求

（1）咨询设施

游客服务中心应配备咨询台和咨询人员，提供景区的全景导览图、游程线路图、宣传资料和景区活动预告及景区周边的交通图和游览图。还应设置电脑触摸屏和影视设备，介绍景区资源、游览线路、游览活动、天气预报，并提供网络服务，有条件的宜建立网上虚拟景区游览系统。

（2）展示宣传设施

①应设置资料展示台、架，展示景区形象的资料和具有地方特色的产品、纪念品、科普环保书籍。

②大型游客中心展示架不得少于4个，展示架所展示的资料应进行分类摆放，有明显的标志或文字。

③中小型游客中心展示架不得少于 2 个，展示架所展示的资料应进行分类摆放，有明显的标志或文字。

④设立主背景墙。在咨询台的背面墙上应设置所在旅游景区的照片或招贴画，并配合当地旅游活动不断更换。

⑤区域地图或旅游示意图，可置于室内显著位置或建筑物外墙，保持所展示的图件内容准确，查阅方便。

⑥大型游客中心应设置循环播放影视资料设备，可置于室内显著位置或建筑物外墙。

（3）休息设施

游客服务中心应设置游客休息区，面积及座椅数量适当，应能够满足高峰期游人的短暂休息需求。应注重休息区氛围的营造，与周边功能区要有缓冲或隔离，要求安静、视野开阔。室内应有适当盆景、盆花或其他装饰品摆放。应提供饮水设施。

（4）特殊人群服务设施

游客服务中心应提供轮椅、婴儿车、拐杖等辅助代步工具或器械。

7. 环保要求

游客服务中心应采用生态环保技术的材料和设备。宜考虑太阳能设备和循环净水设备。室内应设置为禁烟区域。应提供垃圾回收袋，坚持垃圾分类。

二、旅游餐饮设施

作为旅游业六大要素之一的餐饮业，其发展不仅能够满足旅游者在旅游过程中补充体能的需求，而且独具特色的餐饮美食、高超的烹调艺术作为饮食文化的结晶，其本身也可以成为吸引国内外游客的旅游资源。

餐饮服务设施的提供和规划设计，应充分挖掘饮食文化内涵。中国是个饮食文化丰富的国家，餐饮方面应注意开发体现地方特色的菜肴，引导和建设旅游城市特色餐饮街区，举办以美食为主题的旅游节庆活动，利用地方特色资源，发展旅游保健食品。

（一）餐饮设施的类型

一般而言，旅游地餐饮由四个部分组成，即饭店的配套餐饮服务、一般社会餐饮服务、旅游景区餐饮服务以及地方特色餐饮服务。

因此，规划时也要从上述四个方面来考虑。其中地方特色餐饮、一般社会餐饮和旅游景区餐饮是规划时的重点。在大力挖掘旅游地特色的过程中，地方特色餐饮的发展能够支撑旅游地形象的塑造，不仅可以产生巨大的经济效益，还可以产生良好的社会效应。

（二）餐饮设施的规模确定

具体到餐饮服务点的规划，规模大小则可根据以下公式求得：

公式 $E=(N-N\times P)\times T/K\times Q$，其中：

E 为餐饮服务部座位数；N 为日接待总人次；P 为未入座率；T 为入座次数；K 为日平均周转率；Q 为高峰系数。[①]

可见，旅游者人数的预测在餐饮点规划规模的确定上是较为关键的。旅游者人数预测的方法主要有以下几种：

1. 成长率预测法

这是一种最简便、常用的预测方法，其基本立足点是，旅游市场的成长率已由其他条件所确定。该方法的计算公式如下：

$Q=P_i\cdot T_i\cdot E_i$

式中：Q 为市场需求总量；P_i 为预测年份的预测总人口；T_i 为预测年份的预计出游率；E_i 为预测年份的人均旅游消费额。

P_i、T_i、E_i 的数值，有的能直接从政府出版物中查找到，有的可以从相关资料中通过简单推算得到。成长率预测法，也可用于一些稍复杂的分析，如主要市场、发展市场、机会市场的各自未来市场总潜力，以及与提高市场占有率相关的分析等。

2. 简单移动平均法

统计出几个月，或者几年内旅游市场的发展数据，把它们相加，计算其移动平均数，从多个时期销售量的发展趋势中，预测未来的销售额。

简单移动平均法的计算公式为：

预测值 $Y=(R_n+R_{n-1}+R_{n-2}+\cdots\cdots R_{n-i+1})/i$

其中，R_n 为预测期前第一期的数据，R_{n-1} 为预测期前第二期的数据，R_{n-i+1} 为预测期前第 i 期的数据，i 为期数。

简单移动平均法每计算预测一期，均以以前若干期的实际数为基础，以前面一定期数范围内的平均值作为当前的预测值。期数应为一个合适的数值，随时间的不断前进，最早一期的数值被删除，最近一期的数值被加入，滚动计算平均值。若期数过少，随机波动因素无法消除；期数过多，则不能消除前期的、作用不大的数据影响。简单移动平均法忽视了近期数值的作用，对于不断发展中的旅游目的地，其旅游接待人数和旅游收入均不断上升，若使用该方法进行预测，则显得有些保守而不适宜。

[①] 何雨. 旅游规划概论［M］. 北京：旅游教育出版社，2004.

旅游规划与开发

222

3. 季节变动分析法

旅游产品具有很强的季节变动性和不稳定性，这种特性将在旅游地接待人数和旅游业收入的波动上表现出来。旅游地接待旅游者人数在不同月份、不同季节均表现出一定的差异性，同时这种季节的差异性变动又在很长一段时间内表现为强烈的稳定性。季节变动预测分析法是考虑长期趋势下季节变动导致旅游者接待量变动的方法。

在进行预测计算时，应首先利用移动平均法、指数平滑法以及其他方法预测出趋势值，然后测定出季节变动比率，用以预测某月或某个季节的旅游者接待量。

一般说来，预测时所用的期数应为 3~5，即以 3~5 年内旅游地的接待情况为预测基础资料为宜。季节变动比率用 R 表示，R 用同期平均法计算各月（季）的历史平均值，除以历史上各月的总平均值得到。在已知某预测值 y 的情况下，用 y 乘以 R，即可得到各月的接待情况预测值。

（三）星级饭店餐饮设施规划

1. 建设指标

不同星级的旅游饭店对餐饮设施有不同的建设要求。一星级饭店要有与客房接待能力相适应的餐厅，在酒吧等方面没有特别的要求；二星级饭店要有与客房接待能力相适应的餐厅和咖啡厅（以西餐为主的便餐厅），有可以提供酒吧服务的设施，像简易机动酒吧；三星级饭店要有与客房接待能力相适应的中餐厅、西餐厅、咖啡厅和宴会厅，有正式酒吧；四星级和五星级饭店则要求设置与客房接待能力相适应的中餐厅、西餐厅、咖啡厅、大宴会厅以及具有特色、装饰高雅的酒吧。

除此之外，餐厅内应设有卫生间。其位置要相对隐蔽，不能正对餐厅或厨房，卫生间清洁卫生十分重要。一般餐厅内设有挂衣处，高档餐厅内应有存衣间。

2. 规模计算

旅游饭店的各种餐饮设施容量应与客房的接待能力相适应，在计算其规模时，可以参用下列公式：

餐座数量＝客房总数×每间客房平均入住人数×年平均客房出租率×用餐人数占住店人数的比例+非住店客人平均用餐人数

上述容量是按照年平均数值计算。考虑到早、中、晚用餐人数的差异和季节性波动，餐座数量可以取淡季和旺季之间的规模数来确定，下限数量达到保本的要求。

（四）餐饮设施的布局

餐饮设施的布局形式大致可以分为两种：旅游饭店内的餐饮设施布局和单独

餐馆的布局。这里我们主要对后者进行讨论。

单独餐馆的布局一般有三种形式：布局在旅游区的接待区内，布局在游览区内，布局在旅游线路上。

单独餐馆的布局有以下具体要求：

1. 成为旅游区的组成部分。一般应靠近旅游点，在建筑风格等方面应与整个旅游区相协调，使其成为旅游区的组成部分之一。

2. 成为景观点。应设置在有较好风景轮廓线的地方，为游客提供一个观景场所。

3. 具有多功能性。餐馆内应同时设有单间和大间。单间白天作为餐厅，晚上可作为旅馆对外出租；大间在非用餐的白天时间可作为茶水、饮料供应处，晚上可作为文娱活动场所，使餐馆具有多功能性，提高利用率，既可以提高餐馆的经济效益，又可以丰富旅游内容。

（五）餐饮设施的规划要点

1. 旅游餐饮的布局和服务功能要根据游客的需要进行安排。餐饮提供的物品要符合旅游者的行为方式和需求类型，如在游线当中可以适当安排茶水、点心等小型游憩型餐饮点，在游线中途安排主食供应点对旅游者的体力予以适当的补充等。

2. 旅游餐饮的容量要有弹性，功能上要多样化。由于旅游活动具有一定的时间性和季节性，旅游餐饮所接待的客人也必然呈现出季节性的波动。因此，旅游餐饮规划要具有一定的弹性，并充分考虑到旅游旺季时的经营取向，如将餐饮与艺术表演相结合。

3. 旅游餐饮的设计应具有个性。旅游者游玩的一个主要目的是求新存异，越是具有个性的东西越能受到旅游者的欢迎。旅游餐饮往往较注重内容的特质化和个性化，对于外在的包装重视不够，因此，我们进行旅游餐饮规划时应在注重内容特色化的基础上，强调外包装的个性化。

三、旅游住宿设施

住宿设施应充分考虑游客不同层次的消费需求，不同地区消费也存在差异，应经过充分调研、评价，规划出不同档次结构、不同类型的饭店，同时不断完善每个饭店的娱乐、保健等项目，增加综合服务功能。同时住宿设施还要考虑"居住组合"的问题，突出本地区的特色，以吸引众多的旅游者。

（一）住宿设施规模的确定

1. 床位规模的计算

旅游饭店构成了旅游住宿设施的主体。一般而言，旅游区内旅游饭店的发展可以适当超前，但是，一般旅游饭店的扩张速度应控制在客源增长速度的10%以内。饭店的客房出租率平均不低于55%，旅游旺季不高于85%属于正常状态。而在确定旅游饭店的规模时要以旅游者对床位和客房的需求量为准。

饭店床位需求量的计算公式为：

公式 $E = NPL/TK$，其中：

E 为床位数；P 为住宿游人百分比（一般旅游区为50%）；N 为年游人规模；L 为平均住宿天数（天）（视旅游区的类型和规模而定，一般为1天）；T 为全年可游天数（视旅游区所在地的气候和环境而定）；K 为客房出租率（平均情况下，该指标为0.6）。

可见，旅游者人数的预测在饭店规划规模的确定上也是较为关键的。旅游者人数预测的方法在前面旅游餐饮设施规划部分已做介绍。

2. 客房数量的计算

根据游客不同的需求和经济状况，饭店客房有多种类型，最常见的是单人间、双人间、三人以上的集体间等。双人间也叫标准间，多数饭店都选用这种客房类型，旅游地内的客房一般也都是以双人间的标准设计。

标准间的客房数量计算比较简单，用总床位数除以2即可得到。在多数标准间客房中，设有一些自然单间，来满足个别游客的特殊需要。自然单间数量一般占总客房数的10%~15%。这样，可以得出客房数量的计算公式：

总房间数 $M = B/2 + （B/2 \times 10\%$ 或 $15\%） - （B/2 \times 2.5\%）$

式中：B 为总床位数；10%或15%为自然单间所占比例；2.5%为自然单间重复数比例。

旅游地客房分为三个标准：高档、中档和低档，在规划中主要依据国际、国内旅游者的经济水平来确定三者的比例。根据目前我国的经济发展水平，旅游地的客房建设以中档为主，低档略少于中档，低、中、高档的比例为4：5：1，或3：5：2。随着我国经济水平的不断提高，可以仍以中档为主，但调整高、低档的比例为2：5：3。对于接待国际游客的旅游地，至少有三星级以上的星级宾馆。

（二）住宿设施布局方案

宾馆有两种位置选择的方式：一是第一选址，即宾馆建在哪个城市或地区，属宏观选址；二是在确定第一选址后选择具体的位置，属微观选址。

1. 宏观选址

宾馆的宏观选址主要考虑游客的空间行为规律。保继刚通过对游客空间行为规律的研究，认为宾馆选址应根据不同尺度的旅游空间进行。

宾馆宏观选址的具体原则如下：

（1）在同一旅游区中，不宜在旅游资源级别较低的景区，或不是旅游中心城市（或大居民点）选址。受大尺度旅游空间行为的影响，旅游者到达目的地后，往往选择该旅游区的中心城市或级别较高的旅游景区（或附近）暂住。游览完高级别的景区后，旅游者一般不继续在附近的较低级别的景区游览。所以，宾馆的选址只宜在旅游中心城市或级别较高的旅游景区内，不宜在非旅游中心城市或级别较低的旅游景区选址。

（2）不宜选在一日游范围内的旅游中心城市（或大居民点）与景区之间的小居民点处。受中尺度旅游空间行为的影响，旅游者采用节点状线路旅游，这种行为特征使某些位置相距不远的大居民点、旅游点之间的较小居民点没有或只有很少的旅游者暂住。因此这样的地点不宜选址。

（3）在节点状旅游区，只宜在旅游中心城市选址。在以旅游中心城市为核心向四周辐射的节点状旅游区，其节点中心可以作为宾馆选址。

（4）在一日游范围内的旅游中心城市与旅游景区之间，若出现新的可留住游客的中间机会，可以在此选址。在一日游范围内的旅游中心城市与旅游景区之间，若出现足以吸引旅游者的新的旅游项目，就有可能改变旅游者的空间行为规律，在新旅游点暂住。这种出现中间机会的地点可以作为宾馆选址。

2. 微观选址

在规划中，宾馆具体位置的选择有以下要求：

（1）选择交通便捷地点。

（2）选择旅游中心地点。

（3）选择环境优美宁静、具有生活气息的地点。

（4）避免对旅游区景观和环境造成影响。

（5）选择水源和食品供应方便的地点。

（6）可以实现能源在旅游区和宾馆之间的合理分配。

（三）住宿设施规划的其他要点

1. 住宿的类型和功能多样化，适合各类游客的不同旅游需求

旅游住宿设施一般可分为商务或会议型、休闲度假型、保健疗养型和青年旅舍等为背包旅游者和青少年夏令营服务的经济客房，在设备配套上应各有特点。

一般来说，在城市中心和商务地，以商务或会议型为主；在市郊及自然风光和环境好的休憩旅游地，以休闲度假型为主；在温泉等康复旅游地，以保健疗养型为主。在一个较大范围的旅游区内，也可以分别安排几种类型的住宿设施，但要相对分离，尤其是高档度假区与大众旅游区，不要混杂在一起。

旅游住宿设施要根据不同旅游者的需要突出不同的功能特点，改变目前各地

普遍存在的不管接待对象，千篇一律的"标准间"模式。

2. 旅游住宿的区位布局既要相对均衡，又要有重点

在全国，东部主要是提高现有旅游住宿设施的档次、改善功能和服务水平，增加国内家庭度假和青年旅馆；中西部适当新建一定数量的住宿设施，增加中档住宿设施，在一些省会城市和旅游重点城市，适当增建高档住宿设施。

在省、市、县的各个区域范围内，在规划旅游住宿设施建设时，必须在全面调查客源流量和流向现状及其趋势的基础上，对它们的区位布局进行安排和调整。总的原则是：一要有重点，在客流量大、过夜游客集中的地区，安排多一些、相对集中一些；二要注意相对均衡，在现有住宿设施缺乏的地区，也要根据现在和将来客源的流量安排适量的住宿设施；三要注意住宿档次和类型的合理搭配，已能满足需求的不再新建，不能满足需求的要新建，档次不够的或新建，或改造已有的使之升级。

3. 旅游住宿的建筑风格地方化、多样化，与自然环境和人文环境相融合

旅游住宿设施的建筑风格属于单体设计的范畴，在旅游发展规划中需要在总体上对住宿设施的功能、选址、规模、体量、高度、风格和质料提出设计的原则性要求。

住宿设施的建筑风格：一要具有地方特色，与当地的传统建筑风格相协调；二要与饭店本身的功能相吻合，与饭店所在地的人文环境相一致；三要富于个性，成为当地独树一帜的建筑物；四要与周边的自然环境相融合，不破坏自然生态环境的和谐。

4. 旅游住宿服务标准化和个性化相结合

国家旅游局制定、国家标准化委员会颁布的《星级饭店服务质量标准》对各个星级旅游饭店的硬件和软件作出了规定，是旅游住宿服务标准的具体化。星级饭店必须严格执行，非星级饭店也可参照这个国家标准的精神，制定服务规范。

四、旅游娱乐设施

从旅游规划的角度来看，娱乐场所的设立需要具备以下条件：娱乐场所的选址应该考虑到社会条件的限制；有与提供的娱乐项目相适应的场地和器材设备等；娱乐场所的边界噪声必须符合国家规定的标准；娱乐场所的安全、消防设施和卫生条件要符合国家规定的标准，这些标准包括《消防法》、国务院颁布的《公共场所卫生管理条例》、公安部发布的《公共娱乐场所消防安全管理规定》等。旅游过程中的娱乐氛围越来越受到旅游者的重视，娱乐氛围的营造是旅游区规划管理的重要内容。不同的客源市场对休闲娱乐的环境有不同的表现，就用餐环境而

言，美国游客喜欢 3D（Dine Drink Dance），即边吃、边喝、边跳舞；而欧洲游客追求浪漫情调，将酒、女人和喜悦完美地结合起来，即 3W（Wine Woman Wonder）；中国人表现的则是 3C（Cheers Chat Chow）特征，就是在敬酒、喧闹、用餐过程中制造热闹场面。

（一）娱乐设施规划的原则

作为旅游活动的六大构成要素之一，旅游娱乐在旅游规划中同样具有举足轻重的地位。一般而言，旅游娱乐设施规划应注重以下两个原则：

1. 恰当选择主题

旅游娱乐活动有多种类型，如体育健身类、歌舞类、游戏类、知识类及附属类等，如何选择恰当的娱乐活动类型进行开发是旅游娱乐规划中的重要问题。众所周知，旅游娱乐项目是高投入的经济活动，同时旅游娱乐项目又存在高度激烈的竞争，因此，对于娱乐主题和类型的选择关系到娱乐项目投资的成功与否。

在选择娱乐项目主题时要注意主题的独特性以及娱乐项目主题与旅游区主题形象的一致性。只有娱乐项目与整个旅游大环境相适应才能吸引旅游者的目光，也只有具有特色的娱乐项目才能让旅游者感受异质文化的魅力。

2. 合理空间分布

旅游娱乐项目是旅游区中的辅助部分，应成为旅游者休憩活动的有益补充。但是不同类型的娱乐项目有其特定的目标客源市场，在旅游地规划时不可能将所有的娱乐项目全部集中在一处，这样既不经济也不现实。因此，在旅游娱乐项目的定位选址上，应根据不同类型的旅游娱乐项目和不同的旅游线路进行安排，综合决定。

（二）娱乐设施的选址

娱乐设施的选址是一项复杂的工程，需要综合考虑以下因素：

1. 区位条件

选择在交通便利且经济繁华地区，为方便游客的来往和停留，要尽可能设置适宜规模的停车场。此外，要考虑土地价格，应选在目前地价合理且有潜在发展优势的区位，也要考虑居民动迁量及难易程度。

2. 目标市场

要根据游客规模、目标市场、经营宗旨和方针等来确定项目和设施设备的档次及水平。设立相应的设施设备，提供相应档次的服务，选择符合目标市场需求并且独具特色的项目及设施设备，以提高吸引力和市场竞争力。

3. 综合配套条件

一般应与商业、住宿、餐饮等进行配套经营。分为自身配套和周围环境配套两种配套方式。

4. 自然条件

室外娱乐项目对地形、地貌条件会有特殊要求。以高尔夫球场为例，其占地面积较大，正式球场面积一般占地 70～100 公顷。球场的基本构成包括：开球草坪、开阔草地、地势起伏区或灌木丛、障碍区、球洞草坪；附属设施有球洞、球道及绿化树丛分隔；球场内要布置各种游憩及景观小品设施、练习场、俱乐部会场、停车场、运动员休息区等。因为占地面积较大，高尔夫球场多建于郊区。另外，一般选择在周边风景优美的区位。

（三）娱乐设施规划要点

1. 适度超前与因地制宜相结合

娱乐项目和设施设备的质量与档次要根据目标市场、游客规模、经营宗旨和方针等综合决定，使项目和设施设备既先进又适用，以提高其市场吸引力及竞争力。

2. 特色选择与市场需求相结合

娱乐项目的种类很多，设施设备也有不同的品种、规模、型号和档次，在设计时必须进行充分的可行性研究，选择独具特色的项目及设施设备。在同一个旅游地内拥有较好市场的往往是那些富有个性、设施设备先进、服务质量优良的项目。

3. 配套齐全与分期实施相结合

除了基本的设施与环境之外，还需要相关的配套服务项目和设施，以保证整个旅游消费过程愉快、顺利地进行。例如，康体游憩场所一般有收银处、会议室、员工休息室、电机房、空气调节房、洗衣房和储物室等配套设施。

4. 必需的数量和必要的质量相匹配

所有娱乐项目在设计时都要求主要设施设备与配套设施设备在规格、档次、数量等各方面相适应。例如，健身房的主体建筑和各种健身器材的档次一致，桑拿浴室的面积与更衣箱的数量相匹配。

 **案例**

大型桂林山水实景演出——印象·刘三姐

大型桂林山水实景演出《印象·刘三姐》，她集漓江山水、广西少数民族文化及中国精英艺术家创作之大成，是全世界第一部全新概念的"山水实景演出"。

表演舞台为两千米的漓江水域及十二座背景山峰，构成全世界最大的天然剧场，并启用了目前国内最大规模的环境艺术灯光工程及独特的烟雾效果工程，创造出如诗如梦的视觉效果。剧场音响采用隐蔽式设计，与环境融为一体，并巧妙利用山峰屏障及回声，形成天然的立体声效果。

演出以"印象·刘三姐"为总题，大写意地将刘三姐的经典山歌、广西少数民族风情、漓江渔火等元素创新结合，不着痕迹地融入山水，还原于自然，成功注释了人与自然的和谐关系，创造出天人合一的境界，被誉为"与上帝合作之杰作"。

印象刘三姐歌圩坐落在漓江与田家河交汇处，与闻名遐迩的阳朔书童山隔水相望。广维文华公司与当地政府从歌圩建设一开始便达成了默契，既强调艺术的表现也高度重视环境保护，使整个工程建设与大自然融为一体。灯光、音响系统均采用隐蔽式设计。就连所设的两座厕所也引进韩国技术，建成目前全国最先进的生态环保厕所，厕所的污水并不直接排入漓江而是循环使用。

五、旅游购物设施

旅游商品购买离不开特定的购物设施，旅游商品与购物设施的不同组合会给顾客完全不同的心理感受，可增加魅力，强化经历，促进产品销售。对游客而言，在旅游目的地陌生的环境中游览、寻找、发现并购买称心如意的地方特色商品，将是一次难得的人生体验，也是了解当地风土人情的一个重要途径。旅游购物设施的规划着重从两方面努力：一是推动具有地方特色及深刻文化内涵的旅游小商品的开发、生产和销售，二是在重点旅游城市和旅游区建立旅游购物中心或旅游商品街。

（一）商业网点密度的测算

依据商业布局理论，反映商业网点与人口数量对比关系的商业网点密度是分析商业网布局是否合理的一个重要指标。商业网点密度是指平均每个商业网点所服务的人口数，其计算公式为：

商业网点密度＝供应人口数/商业网点数

旅游商店的设置要与旅游者的人口数量和分布相适应，所以旅游商店的设置和分布要考虑该区域的旅游业发展规模。一方面考虑目前的合理布局，另一方面也要考虑旅游业的不断发展和商业现代化的要求，使商业网点的建设和旅游业的发展相协调。如果商业网点密度过小，不能适应旅游业发展和游客人数的要求，就会出现"购物难""娱乐难""吃饭难"等问题；相反，如果密度过大，则会造成供大于求、竞争激烈，甚至产生资源浪费等不良后果。

（二）商业网点规划

旅游商店的设置和布局要与游客的数量、分布和消费需求相适应，往往需要多种类型、多种形式的相互结合，形成旅游商业服务网。

1. 在地区布局上，集中与分散相结合

在旅游区内，既要有集中的大型商业网点，又要有分散的小型商业网点，以满足游客多种多样的需求。大型商业网点一般布局在旅游中心区，这里既是游客集中分布的重点地段，同时也是交通要道集中通过地和商业利用率最高的地段；也可以沿街道两旁布局形成商业街，一些主要街道的十字路口更容易形成商业区。小型商业网点应该尽量接近游客，如分布在旅游区、景点、车站、码头和娱乐场所等。

2. 在经营规模上，大、中、小型相结合

在旅游区内既要有经营高档商品的大型商店、综合性商场，又要有经营一般商品的中、小型商店。

3. 在经营项目上，专业性与综合性相结合

在旅游区同时设置便于挑选的专业性商店和混合经营的综合性商店。一般对于挑选性强、花色品种规格多样的高档商品，如珠宝、首饰、古玩及高档旅游纪念品、工艺品等，可以设置专业性商店，且多布局在大型商业网点区，越是高级商业中心这类商店越多。一般旅游纪念品的销售可设在综合性商店内，尽量接近游客，以便选购。

4. 在销售形式上，固定营业点和流动货摊相结合

特别是在车站、码头、旅游景点等人流密集的地段，可多设置一些流动售货车和摊位以满足游客需求。

（三）购物设施规划要点

1. 集购物、休闲娱乐、饮食于一体

目前，旅游贸易和旅游业发展迅速，集购物、娱乐、餐饮美食于一体的综合性商业服务设施成为一种新趋势。旅游区的现代化商场具备以购物为主，饮食、娱乐、休闲乃至金融、邮电等设施完备、功能齐全的服务项目，商场作为游客购物场所的同时也成为观赏休憩的场所。

2. 创造以消费者为中心的购物环境

购物环境是旅游商店为吸引并方便游客购买而人为创造的条件，包括旅游商店的招牌、门面、货架、货柜的摆设，商品的陈列美化，营业员的仪容仪态、服务质量、清洁卫生和安全程度等。良好的购物环境可以使来到商店的游客得到物质和精神的双重满足。

旅游商店的环境设置包括外部环境设置和内部环境设置两个方面。这也是旅游景区星级评定中对购物环境要求的主要方面。

（1）外部环境

不能破坏旅游区内主要景观；不能阻碍旅游者游览；不能与旅游者抢占道路和观景空间；购物场所的建筑造型、色彩、材质等与景观环境相协调；最好不要设置外来的广告标志，以免影响旅游区的景观。

（2）内部环境

购物场所进行集中管理，环境整洁、秩序良好；无围追兜售、强买强卖现象；陈列方式合理；购物商店装饰色调适宜；室内照明均匀，光线柔和，亮度适宜；室内空气新鲜、流动通风，温度、湿度适宜；有供旅游者游憩的场所。

 **案例**

休闲主题购物中心——深圳欢乐海岸

项目简介：深圳华侨城都市娱乐投资公司开发建设的"欢乐海岸"项目是深圳市"十一五"旅游规划的重点项目和华侨城集团重点项目。位于深圳湾商圈核心，占地面积约125万平方米，其中购物中心占地19.3万平方米，SOHO办公及公寓占地3.2万平方米，华·会所占地1万平方米，OCT创意展示中心占地4 000平方米，曲水湾占地6.5万平方米，曲水街占地5.7万平方米，创意设计型酒店占地7000平方米，中影影城占地1.1万平方米，心湖占地90万平方米，是集文化、生态、旅游、娱乐、购物、餐饮、酒店、会所等多元业态于一体的都市娱乐目的地。

主题展现：购物中心拥有世界最大水母主题展示区和国内最大活体珊瑚主题展示区的海洋奇梦馆，形成最具娱乐体验的商业空间。华·会所集高端会务、生态景观、餐饮、健身、SPA、娱乐于一体，并配备标准直升机停机坪、观光游艇、网球场、雪茄吧、无边际双泳池、豪华SPA及环岛跑道等，为精英圈层建立私密专属圈域。曲水湾以"找回深圳消失的渔村"为故事主线，形成小桥流水、庭院步道、绿树簇拥、碧水环抱的现代岭南文化渔村建筑风格。

塞浦路斯旅游发展规划中的住宿设施分析

塞浦路斯旅游规划提供了一个发达的目的地进一步有控制地发展旅游业所需要的有关住宿设施分析的范本。塞浦路斯综合旅游开发规划（UNDP&WTO，1988）是由国际咨询专家和当地专家于1988年联合制定的。塞浦路斯位于东地中海地区，已有相当程度的旅游发展，1988年接待了11.2万外国旅游者，主要客源是欧洲和中东的旅游者。该国的主要吸引力来自于良好的海滩和温暖的、日照充足的地中海式气候，数量甚多、历史悠久的考古和历史遗址是第二重要的吸引物。内陆的山地有较凉爽的天气，风景如画的森林和传统村落。主要的旅游开发集中在沿海滩的几个地方，也有一些住宿设施分布在首都尼科西亚。

规划将战略目标分为三个层次：①根据国家计划局制定的目标，提高旅游业对国内生产总值（GDP）的贡献；②保护塞浦路斯的环境和文化质量；③吸引更多高消费旅游者。规划指出，自1974年以来的高速旅游增长已使塞浦路斯成了一个大众旅游目的地，引起了海滨地区环境的严重退化和文化特性的部分丧失；由于该国是一个资源有限的小国，因此未来应采取措施控制旅游者人数的增长和旅游住宿设施的增加。作为规划研究的一部分，工作组要分析海滨地区的旅游承载力，并对改进现有旅游区提出建议。因此第三个目标是在提高旅游对GDP贡献的同时控制旅游者和旅游住宿设施过量增长，以避免旅游业成为对环境和文化品质造成更大的破坏的一种途径。

由于现存的开发以住宿设施为主，而且这些设施的特点直接影响着目前和未来旅游业的发展模式，因此对住宿设施的分析是规划研究中的重要组成部分。塞浦路斯的住宿设施种类很多，截至1986年年底，共有31 658家塞浦路斯旅游组织（CTO）注册为可给旅游者提供床位的饭店和饭店式公寓，另有10 270个床位被列为新划分的"C"类饭店公寓、旅游别墅和旅游公寓，还有一些带家具的最初为无照经营的公寓，后来被CTO认可注册，其旅游床位共计41 928个。另外，随着退休人群和第二住宅市场的扩大，还带动了一批非正式住宿设施的发展，这些设施多用于出租给旅游者。据估计，1986年约有20.8万旅游者（占全年总旅游接待量的24%）住在这些非注册的住宿设施内，其中有7.5万人住在自己买下来的公寓或别墅里。出租这种非正式住宿设施给旅游者，所带来的经济收益远不及正式住宿设施所带来的收益重要，因为退休购房和第二住宅的购置并不完全遵循商业原则。

对住宿设施的分析分为几个方面。塞浦路斯的饭店按星级分为五类，饭店式公寓分为 A、B、C 三类，另外还有单独分类的旅游别墅、旅游公寓和带家具公寓。规划组统计了 1981 年到 1986 年各类注册住宿设施的数量以了解总体增长情况和各类住宿设施的发展趋势，以及目前的住宿设施的结构。这几年间住宿设施的总量差不多增长了一倍，这种趋势说明了投资者对市场的一个重要预期，当然也侧面反映了市场需求增长的现状。规划还分别分析了岛上八个主要旅游带的住宿设施增长情况和各类设施的分布情况以说明各个旅游带的市场增长趋势。规划中规定了住宿规模，即各种住宿设施的单位（如饭店数、公寓楼数）数量和各旅游带每类设施的床位数。报告指出，在过去的五年中（1981—1986）五星级饭店的开发数量有限，而大量小型饭店的开发说明这个行业内的主要投资来源于当地，而且大部分饭店项目的经营不如其他目的地的相应住宿设施效益高，因为在其他目的地有更多的具备规模经济的较大型饭店。

规划还分析了各种星级饭店开发的形式和格局，包括总建筑面积和饭店数，并计算出平均每个饭店的建筑面积；以及总床位数，并计算出平均每个饭店的床位数和平均每英亩床位数；每个旅游带都作了同样的调查和推算。密度分析的结果显示，传统模式的、较高档次或高质量的住宿设施的开发密度较低。另外，豪华饭店的建筑面积较大。规划得出的结论是具有一定建筑规模的饭店比饭店式公寓的经营效益要高。住宿设施密度也受各旅游带的有关法律法规的影响。这种密度分析及其他相关指标对确定未来住宿设施的土地使用要求和适宜的开发标准有重要的参考意义。

规划还评价了住宿设施开发的形式：高档饭店一般都占据了靠近海边的重要位置，一般是单体建筑，八层以上；而较低档的饭店和饭店式公寓位置较差，一般是两到三层高，户外景观较差，而且离海滩较远。总体来讲，设施普遍开发规模小而且相互之间没有关联。当地曾试图根据传统村落的布局概念对旅游带进行改造，但很难实施，因为可利用的空间太小，而且附近的传统住宿设施受一些较现代的设计观念所排斥。

经过评估，规划认为，由于投机过度，当地旅游开发的土地价格很高，特别是在一些重要的海滨地区设立旅游中心。各旅游带的土地定价可分为几个类型：主体海滨地区、一般海滩、内地和城区。规划还了解了在高价土地上开发饭店的财政局限及其相关问题，另外还了解到，当地投资者的资金来源非常有限。

规划确定了所有筹建和在建的住宿开发项目，预测了从 1988 年到 1991 年各类住宿设施的床位数增长情况，并评价了 20 世纪 80 年代末所有的新增项目建议书。

住宿设施分析中还结合了一些其他方面的计算和现有的分析，包括逗留在每类住宿设施中的旅游者人数、平均逗留时间和间夜数、入住率和床位与员工比例。床位与员工之比从五星级的 1.86 到一星级饭店的 6.13，从 A 级饭店式公寓的 4.49 到 C 级饭店式公寓的 8.98。这个数据对确定未来的旅游就业和培训需求以及评价旅游对就业的经济影响有重要意义。饭店式公寓的入住率要低于饭店，而旅游公寓的入住率就更低了。

报告指出，当地的住宿设施和旅游开发多由小型投资者和经营者承担，这些人往往会造成某地的过度开发，导致在旺季时对自然资源的超饱和利用。而且这些投资者在财力上无法应对入住率的下降和市场正常的周期性变化，因此在塞浦路斯实行完全的自由市场经济是不明智的。规划指出，在未来的发展中可以投资修建更多的住宿设施，但要重点建设针对高端市场的设施，限制传统的中小型项目。报告在总结中指出，未来的发展战略应在紧密结合私营部门和公共部门的基础上控制开发的增长速度，选择最适宜未来发展的道路。

资料来源：Edward Inskeep. 旅游规划——一种综合性的可持续的开发方法[M]. 张凌云，译. 北京：旅游教育出版社，2004.

本章小结

本章主要介绍了旅游基础设施和旅游接待设施的规划与开发。

旅游基础设施系统中，旅游道路交通设施规划是针对旅游道路功能、道路类型、建设要求、交通配套设施的规划，其内容总体来说包括旅游地的外部交通规划和旅游地的内部游憩交通规划两大部分；给水设施规划包括取水、制水、输水三部分的规划；排水设施规划要针对旅游地生产生活用水和雨水两部分水的排出进行规划，具体包括排水量估计、排水形式和排水系统布置、污水处理系统规划等内容；供电设施规划要对旅游地的电力需求进行合理预测估算，并对供电设施及电网布局等进行规划；邮电通信设施规划包括外联邮政服务、外联电信服务和内部管理系统等内容的规划。

旅游接待设施系统中：游客服务中心是旅游景区内为游客提供信息、咨询、游程安排、讲解、教育、休息等旅游设施和服务功能的专门场所，属于旅游公共服务设施；旅游地餐饮设施主要由饭店的配套餐饮服务、一般社会餐饮服务、旅游景区餐饮服务以及地方特色餐饮服务设施四个部分组成；旅游住宿设施规划应充分考虑游客不同层次的消费需求，不同地区消费存在的差异，应经过充分调研、评价，规划出不同档次结构、不同类型的饭店，同时不断完善每个饭店的娱乐、保健等项目，增加综合服务功能；同时住宿设施还要考虑"居住组合"的问题，突出本地区的特色，以吸引众多的旅游者；旅游娱乐设施规划应注重恰当选择主题、合理空间分布，娱乐设施的选址要综合考虑区位条件、目标市场、综合配套条件和自然条件等因素；旅游购物设施的规划着重从两方面努力：一是推动具有地方特色及深刻文化内涵的旅游小商品的开发、生产和销售，二是在重点旅游城市和旅游区建立旅游购物中心或旅游商品街。

主要概念

旅游道路交通设施；旅游外部交通；旅游地内部游憩交通；给水设施；排水设施；游客服务中心；旅游餐饮设施；旅游住宿设施

思考与练习

1. 旅游地道路交通设施规划的内容与原则有哪些？
2. 如何确定旅游住宿设施的规模？
3. 宾馆如何进行宏观、微观选址？
4. 娱乐设施的选址要考虑哪些因素？娱乐设施的规划要点主要有哪些？

案例分析

永泰县旅游餐饮设施规划

随着旅游业的发展，永泰县城关的旅游餐饮业有了一定的发展，已形成高、中、低档位的餐饮设施，接待能力在300人以上的酒家、餐馆达17家，但缺乏特色餐饮，且食品、餐馆、服务的文化含量低。此外，主要景区的餐饮服务建设仍处于较落后状态，特别是旅游高峰期，餐饮设施中人多拥挤，餐饮数量少，质量低，卫生条件差，不能满足游客餐饮服务的需要。

针对上述情况，永泰县旅游餐饮设施规划有如下布局设想：

一、餐饮设施布局

根据全县综合发展的需要和景区的地域特点，把永泰县餐饮设施分为两类：独立的餐饮服务设施和附属于宾馆的餐饮服务设施。由于餐饮设施污染最为严重，因此规划建设要特别注意服务方式和选址。对于附属于宾馆的餐饮设施，在宾馆选址建设时要按其配套的餐饮设施标准进行。对于独立的餐饮服务设施布局具体考虑以下 3 种情况：

1. 在旅游接待区（永泰县城关）。应以布局在中心和方便区位为原则，以特色的餐饮和优质的服务吸引游客。

2. 在游览区。由于游览区是景区的核心部位，又是旅游景物集中分布区，景区内的环境、景物等需严加保护，因此餐饮设施应以小型流动餐点为主，主要提供面包、饼干等干食以及饮料等。

3. 在旅游线路上。以特色餐饮、快餐类的饮食和优质便捷的服务为主；对于一些快餐类的饮食应先加工好，再到合适的地点销售。此外，还要设计一些垃圾回收设施，并制定相应措施。

此外，规划餐饮设施布局和服务功能，还要考虑旅游行为，如起始点、顺路小憩、中途补充、活动中心、息脚观赏等；设施应作为旅游地景观的组成部分，设计上既要有特色，又是很好的观景场所；同时，也可具备多种服务功能，如食品、饮料、文娱活动等。

二、餐饮接待能力

餐饮接待能力一般取决于营业总面积、人均就餐所需面积、营业时间、人均就餐所需时间以及原材料供应等因素。以相关的旅游客源市场需求为预测基础，可分别对城关或景区的独立餐饮设施接待能力进行预测。现以青云山景区午餐供应点的预测为例：根据青云山风景区旅游发展规模，近期平均每日实游人数约达 1 860 人，按 60% 游客用餐，快餐用餐时间 20 分钟，连续供应 2 小时，则每座位可周转 6 次，故近期需要的午餐位为 1 860 人×60%/6＝186（位）；餐馆个人空间容量按 2.0 平方米/人计算，则餐馆的营业场地总面积至少应为 372 平方米。

资料来源：林岚. 永泰县旅游接待服务设施规划研究［J］. 福建地理，2001（12）.

根据上述资料，请分析：

1. 如何确定旅游餐饮设施的规模？

2. 单独餐馆设施的布局有哪些具体要求？

 实训设计

组织学生到当地旅游部门，请有关负责人为学生讲解当地旅游配套设施规划与开发的具体情况。学生认真作笔记，回校后，分组讨论各旅游配套设施规划的要点。

第七章　旅游保障体系规划

学习目标

· 了解旅游管理体制建设的基本思路、原则及具体构想

· 了解旅游法规建设与实施的基本情况，掌握《中华人民共和国旅游法》的基本内容

· 熟悉生态环境与旅游可持续发展的关系，了解生态环境保护相关法规建设，掌握生态环境保护相关措施

· 了解旅游人力资源建设基本目标

· 掌握旅游人力资源结构的构成情况，掌握旅游核心人力资源培养的途径

重点和难点

· 《中华人民共和国旅游法》关于旅游规划的相关立法规定

· 生态环境保护相关措施

· 旅游核心人力资源的培养

本章内容

本章主要介绍和阐述旅游管理体制建设，旅游法规建设与实施，生态环境保

护规划以及旅游人力资源开发规划等内容。

 案例导读

黄山无序开发对环境的影响

黄山既是世界自然遗产，又是世界文化遗产，然而随着旅游业的不断发展和假日旅游的不断升温，黄山旅游开发逐渐出现了无序竞争的现象，对黄山的旅游资源和自然环境造成了严重的破坏。

如在位于海拔1 000多米的黄山核心风景区，不仅拥有数量众多的楼堂馆所，而且其数量还在不断增加。这主要是因为黄山旅游发展股份公司麾下7家宾馆的盈利，吸引了更多的后来者跃跃欲试，争相修建楼堂馆所对外营业。比如黄山市的一些政府部门，就纷纷在黄山核心风景区内修建自己的招待所，接待游客。既然要修建楼堂馆所，首先不可避免的是开山炸石，伐木毁林。当楼堂馆所建好，紧随而来的是餐厅的油烟，宾馆的污水，还有遍地的生活垃圾。建筑使用的钢筋、水泥和碎石四处堆积，原来的植被已经荡然无存。

为了配合旅游饭店经营的需要，黄山的水通过管道输送给数量越来越多的宾馆和招待所。因为输水管道施工的需要，经过上亿年地质构造才形成的黄山岩体被凿开敲碎，输水管通到哪里，哪里就是碎石遍地。在半山腰、在游人步行道的两旁，管道、碎石随地可见。远远望去，秀美的黄山伤痕累累。据统计，黄山风景区内的输水管道长达40千米，一直通到了黄山的顶峰。

没有了水源的黄山，旅游景观大打折扣。如观瀑楼对面的瀑布叫"人字瀑"，往日一股瀑布飞流直下，在中途分为两股，像是在悬崖峭壁上写出的一个大大的"人"字。但今天，峭壁上只剩下瀑布曾经冲刷过的痕迹。而"梦笔生花"的真松树是一棵长在山峰顶端的黄山松，现在我们所能看到的只是一棵塑料树，真树已在几年前枯死。

北京大学世界遗产研究中心主任谢凝高教授说，黄山是世界自然与文化遗产，自然与文化遗产的保护宗旨是保护遗产的真实性、完整性，使之世代传承，永续利用。所谓完整性和真实性，主要保护黄山154平方千米以内的，完整的自然景观的综合体，使之世世代代都能享用，这是我们的历史责任。而现在黄山到处在搞水库、蓄水池，而且搞蓄水管道，这样大兴土木提高宾馆的品位、规格，都破坏自然生态，破坏黄山的自然美，造成视觉污染，这都是非常严重的事情，如果这样继续下去，不立即停止，甚至撤除，那么有被列入世界遗产濒危名录，甚至

取消遗产称号的危险。

因此，旅游规划与开发应注重生态环境的保护，避免旅游景观失去赖以生存的物质载体。

（资料来源：http：//www. docin. com/p-89399792. html。）

第一节　旅游管理体制建设

现阶段影响我国旅游产业发展的体制性因素主要有以下几个方面：一是旅游资源呈多头管理，管理体制分割矛盾突出，造成资源利用的低层次、低效率、低效益，影响旅游产业健康发展。二是旅游监管职能分散，造成旅游要素难以整合，整体功能不能有效发挥。三是统筹职能归属不明，造成旅游产业难以实现部门统筹。四是旅游部门职能有限，旅游局没有旅游资源管理职能，仅有有限的旅游行业管理职能，很难承担统筹旅游产业发展的重任。五是市场机制作用不足，市场在旅游资源配置中的基础作用无法充分发挥，社会资本进入旅游领域受到制约；市场主体活力不足，旅游企业难以做大做强；旅游协会等行业中介组织没有真正发挥应有作用；因而，加强旅游管理体制建设已成为促进旅游产业发展亟待解决的问题。

一、基本思路

旅游管理体制主要指党委、政府领导和监管旅游产业发展的组织体系与运作机制。游业的持续、高效、健康发展离不开统一、顺畅而有效的管理体制。旅游业能否在较短的时期内打开新局面，发展成为地区优势产业，很大程度上取决于能否理顺旅游业开发建设与行政管理之间、政府与投资商之间、投资商与社区居民之间的关系，并为旅游开发创造宽松、和谐、有利的环境。因此，针对旅游业现状，按照旅游资源所有权、管理权、经营权相分离的原则，大力推进旅游管理体制和经营体制改革。风景名胜、文物、湖泊与河流、森林、土地等资源属于国家所有，各景区应由旅游管理部门统一归口管理，同时，为了完善旅游管理体制，应将旅游业的管理和服务工作纳入规范化、法制化轨道。

二、基本原则

（一）以人为本原则

一方面是游客为本，这是构建人民群众更加满意的现代服务业的根本要求；

另一方面是民生为本，通过创造就业增加收入，让群众共享旅游产业发展成果。旅游管理体制的建设应顺应旅游市场需要和发展变化的趋势，以满足游客需求为出发点，把握旅游发展的内在规律，注重改善旅游产品供给，完善旅游服务功能，提升旅游服务品质，并在保障游客利益的基础上，实现当地群众的利益。

（二）市场导向原则

政府主导目前仍是我国旅游产业发展的一大特征，既是当前国情下旅游产业能够迅速发展的重要原因，也是市场机制不够完善的必然选择。但旅游产业是市场化程度较高、充分竞争的领域。政府主导要把握好"度"，不能取代市场作用，要遵循市场经济规律，加快形成统一公平公开的竞争环境与机制，充分发挥市场在旅游资源优化配置中的基础性作用。

（三）权责一致原则

旅游管理体制建设包括机构构建、职能划分、人员充实等。由于现行体制的稳固性及旅游产业的广泛关联性，旅游部门不可能也没有必要包揽所有与旅游产业发展的相关职能。但从权责一致的原则出发，应当充分授权，明确旅游部门的综合协调职能，提升旅游部门的地位、作用，确立由旅游部门主导、相关职能部门密切配合的统筹旅游产业发展的体制机制。

（四）勇于创新原则

旅游管理体制创新是既有利益格局的重新调整，与许多方面的改革相关联，难度较大，既要高度重视旅游产业发展，充分认识创新体制对促进旅游产业发展的重要意义，又要大胆探索，敢于担当，勇于创新，勇于变革。

三、具体构想

（一）旅游管理机构一体化

将旅游资源管理职能与旅游行业管理的主要职能集中于一个机构，实现一体化管理，以化解部门分割的矛盾。这是各地创新旅游管理体制的基本方式。一般是将旅游资源管理职能划归于旅游部门，设立风景旅游局、园林旅游局、文体旅游局、文物旅游局等，强化旅游部门在旅游资源管理中的引领和整合协调作用。也可专门设立旅游资源管理机构（如风景名胜区管理委员会），并与旅游部门合署办公，实现旅游资源和旅游行业统筹管理。这种方式虽然可以整合旅游资源管理和旅游行业管理职能，但旅游部门缺乏产业统筹发展职能的现状仍未能改变。

（二）旅游区域发展一体化

打破行政区划分割资源的状态，将旅游资源富集区域独立出来设置"旅游特区"（如旅游经济开发区、旅游度假区、生态旅游区等），以旅游业为区域发展的核心产业，实行地方行政与旅游发展合二为一的一体化管理体制，充分授权并赋予特殊的促进政策，统筹区域旅游产业发展。

（三）旅游产业统筹一体化

旅游产业关联性强，涉及部门多，现行体制下，由一个部门行使统筹职能难度较大。各地一般是成立由党委政府领导挂帅、相关职能部门组成的领导小组或协调小组等非常设机构，统筹协调旅游产业发展。需要注意的是，建立旅游特区务必明确管理机构的法律地位，充分授权行使完整的行政管理与执法职能，否则一体化管理难以真正落实。少数地方则尝试强化旅游部门的统筹职能。厦门、福州、泉州、武夷山等重要旅游城市，可以借鉴参考上述做法，设立旅游发展委员会，赋予旅游资源一体化管理和旅游产业发展统筹职能，促进旅游业加快发展。

（四）旅游景区经营一体化

将旅游景区的所有权、管理权与经营权"三权"分离，以资本为纽带，通过市场运作、企业经营，将不同类型或不同区域（相邻区域）的旅游资源开发经营权赋予一个独立的经营实体，统一进行开发利用。这种方式需要在前期做大量的利益协调工作，建立各所有权人都认可的利益分配格局，否则得不到相关权益者的支持，旅游景区的开发与经营难以进行。

● 第二节　旅游法规建设与实施

旅游法制建设水平是一个国家旅游发展程度的重要标志。旅游业是依托性、关联性很强的产业，旅游业如果不依法进行管理和规范，很有可能会导致旅游资源遭受人为破坏，旅游经营主体恶性竞争，旅游行政执法失范失控，旅游市场混乱无序，从而阻碍和破坏旅游业的健康发展。因此，旅游业要实现持续、快速、健康、稳定发展，必须要有完善的旅游立法、高水平的旅游执法和全民化的旅游法律意识等因素组成的良好法制环境作为保障。

一、旅游法规建设

市场经济是法制经济，要加大依法治旅，依法兴旅的力度。为了保证旅游业迅速发展，必须制定、健全相应法规和政策，并加以引导、规范和保障，把实践中行之有效的方针政策用法律机制固定下来，促进旅游资源保护，旅游生产力合理布局和旅游硬件、软件的建设。规范市场，切实保障旅游消费者和旅游经营者的合法权益，逐步建立和完善旅游法律体系，为旅游经济的发展保驾护航。旅游法规的建设必须注意以下几点：

（1）不仅要体现管理作用，还要协助和引导旅游业的发展。

（2）简明扼要，符合国际惯例，且不能成为旅游业发展的障碍。

（3）充分重视有关旅游资源保护法规和条例的制定和完善，确保旅游资源可持续利用和旅游业可持续发展。

（4）重视区域内旅游统计法规的制定，提高统计资料的质量，为旅游决策提供真实、可靠的信息。

我国现行主要的旅游法律、行政法规、部门规章及规范性文件、地方性法规、地方性行政规章及规范性文件等共有 70 多部，主要涉及以下几个方面：

1. 旅游行业和企业管理方面的法律法规

旅游行业和企业管理方面的法律法规有《中华人民共和国旅游法》《旅行社管理条例》《旅行社投保旅行社责任保险规定》《旅行社服务质量赔偿标准》《导游人员管理条例》《中国旅游饭店行业规范》《旅游涉外饭店星级的划分及评定》《出境旅游领队人员管理办法》等。

2. 旅游交通运输方面的法律法规

旅游交通运输方面的法律法规有《中华人民共和国铁路法》《中华人民共和国民用航空法》《中华人民共和国民用公路法》《中国民航旅客、行李运输规范》《汽车旅客运输规范》等。

3. 旅游者权益保护方面的法律法规

旅游者权益保护方面的法律法规有《中华人民共和国消费者权益保护法》《旅游投诉暂行规定》《旅游投诉处理办法》等。

4. 旅游资源开发、利用和保护方面的法律法规

旅游资源开发、利用和保护方面的法律法规有《中华人民共和国文物保护法》《风景名胜区管理暂行条例》《旅游区（点）质量等级评定办法》等。

5. 旅游市场管理方面的法律法规

旅游市场管理方面的法律法规有《旅游统计管理办法》《旅游发展规划管理办法》等。

6. 其他相关法律法规

除了专门的旅游立法之外，我国现行的一些法律法规如《中华人民共和国民法通则》《中华人民共和国反不正当竞争法》《中华人民共和国出境入境管理法》《中华人民共和国海关法》《中华人民共和国食品卫生法》《娱乐场所管理条例》等，都在不同程度上对旅游社会关系起到了调整作用。

二、旅游法规实施

法规的制定，必须做到有章可循，有法可依。要发挥管理效用，有赖于管理中的严格贯彻实施，做到执法必严，违法必究，真正实现规范化、法治化的管理。为增强旅游执法的权威性，应该采取部门联动执法方式，旅游发展协调机构必须发挥应有横向联系和连接作用，领导和联合工商、公安、旅游等部门，加强旅游执法的力度，实现旅游执法权威化。

另外，旅游法律法规的贯彻执行，与广大人民群众的旅游法治意识密切相关，因而要大力开展旅游法律法规的普及宣传和教育，提高公民的法治意识。

三、《中华人民共和国旅游法》解读

2013年10月1日实施的《中华人民共和国旅游法》设了"旅游规划和促进"专章，并建立了两个体系：一是旅游规划编制和评价体系，二是旅游促进和公共服务体系，使我国的旅游规划工作能够依法进行。

《旅游法》第17~22条规定了旅游规划工作要建立旅游规划编制和评价体系，从规划的制定到规划的实施，到规划实施的评价一气呵成，让规划能落到实处。

第十七条　国务院和县级以上地方人民政府应当将旅游业发展纳入国民经济和社会发展规划。国务院和省、自治区、直辖市人民政府以及旅游资源丰富的设区的市和县级人民政府，应当按照国民经济和社会发展规划的要求，组织编制旅游发展规划。对跨行政区域且适宜进行整体利用的旅游资源进行利用时，应当由上级人民政府组织编制或者由相关地方人民政府协商编制统一的旅游发展规划。

第十八条　旅游发展规划应当包括旅游业发展的总体要求和发展目标，旅游资源保护和利用的要求和措施，以及旅游产品开发、旅游服务质量提升、旅游文化建设、旅游形象推广、旅游基础设施和公共服务设施建设的要求和促进措施等内容。

这一立法将"旅游资源保护的要求和措施"纳入"旅游规划"的内容中。

根据旅游发展规划，县级以上地方人民政府可以编制重点旅游资源开发利用的专项规划，对特定区域内的旅游项目、设施和服务功能配套提出专门要求。

第十九条　旅游发展规划应当与土地利用总体规划、城乡规划、环境保护规划以及其他自然资源和文物等人文资源的保护和利用规划相衔接。

这一立法对旅游规划和其他保护类规划的衔接提出了要求。

第二十条　各级人民政府编制土地利用总体规划、城乡规划，应当充分考虑相关旅游项目、设施的空间布局和建设用地要求。规划和建设交通、通信、供水、供电、环保等基础设施和公共服务设施，应当兼顾旅游业发展的需要。

第二十一条　对自然资源和文物等人文资源进行旅游利用，必须严格遵守有关法律、法规的规定，符合资源、生态保护和文物安全的要求，尊重和维护当地传统文化和习俗，维护资源的区域整体性、文化代表性和地域特殊性，并考虑军事设施保护的需要。有关主管部门应当加强对资源保护和旅游利用状况的监督检查。

这一立法对旅游资源利用、保护方面作出了衔接性规定，提出"一遵守一符合，两维护一需要"，明确要严格遵守有关法律、法规关于资源保护的规定，符合资源保护与文物安全的要求，维护和传承当地传统文化和习俗，维护资源的区域整体性、文化代表性和地域特殊性，并考虑军事设施保护的需要。

第二十二条　各级人民政府应当组织对本级政府编制的旅游发展规划的执行情况进行评估，并向社会公布。

《旅游法》第23~26条规定建立旅游促进和公共服务体系，包括旅游基础设施建设制度配套和政策衔接、建立国家旅游形象推广战略和构建旅游形象推广机构和网络。明确政府有落实宣传营销和提供公共服务的义务。这部法里有很多内容涉及政府的义务。以往的《导游人员管理条例》《出国人员管理办法》里大部分都是政府享有权利，但是这部法反过来，政府有大量的义务。从促进旅游业发展的义务角度看，主要包括旅游目的地形象推广、营销和目的地政府要向旅游者提供公务服务，也保护了散客的权利。

第二十三条　国务院和县级以上地方人民政府应当制定并组织实施有利于旅游业持续健康发展的产业政策，推进旅游休闲体系建设，采取措施推动区域旅游合作，鼓励跨区域旅游线路和产品开发，促进旅游与工业、农业、商业、文化、卫生、体育、科教等领域的融合，扶持少数民族地区、革命老区、边远地区和贫困地区旅游业发展。

第二十四条　国务院和县级以上地方人民政府应当根据实际情况安排资金，加强旅游基础设施建设、旅游公共服务和旅游形象推广。

第二十五条　国家制定并实施旅游形象推广战略。国务院旅游主管部门统筹组织国家旅游形象的境外推广工作，建立旅游形象推广机构和网络，开展旅游国际合作与交流。县级以上地方人民政府统筹组织本地的旅游形象推广工作。

第二十六条　国务院旅游主管部门和县级以上地方人民政府应当根据需要建立旅游公共信息和咨询平台，无偿向旅游者提供旅游景区、线路、交通、气象、住宿、安全、医疗急救等必要信息和咨询服务。设区的市和县级人民政府有关部门应当根据需要在交通枢纽、商业中心和旅游者集中场所设置旅游咨询中心，在景区和通往主要景区的道路设置旅游指示标志。旅游资源丰富的设区的市和县级人民政府可以根据本地的实际情况，建立旅游客运专线或者游客中转站，为旅游者在城市及周边旅游提供服务。

这一立法规定建立和完善"一日游"相关公共服务设施和管理制度，以往的《旅行社条例》《导游人员管理条例》所保护的游客都是团队游客，明确政府有提供公共信息服务义务，保护散客的权利。

第二十七条 国家鼓励和支持发展旅游职业教育和培训，提高旅游从业人员素质。

四、旅游规划中相关法律法规

旅游发展，规划先行。2013 年 10 月 1 日实施的《中华人民共和国旅游法》（简称《旅游法》）将旅游规划界定为两大类：一类是由各级政府组织的区域或城市旅游发展规划，另一类是旅游资源集中、旅游产业密集的旅游功能规划，即各类自然生态、历史遗产和文化创意景区的旅游规划。这两大类旅游规划都包括总体规划、控制性详细规划和修建性详细规划三个阶段。由此，旅游规划作为一种法定规划类型得到了国家和社会的普遍认可。

旅游规划与其他规划最大的不同就是旅游规划既要保护旅游资源也要开发产品，即旅游规划需要考虑投入产出的可行性、强调旅游资源的保护和利用并举。因此在旅游规划编制的实际操作过程中，要求旅游规划师要能够利用适当的法律法规和标准，为游客提供必要的观光游览、休闲度假、商务会展等吸引物和相关公共服务，同时又能满足自然与文化遗产保护等长远目标。旅游规划中常涉及的相关法律法规有：

（一）国家相关法律法规

1. 旅游者游权保障类法律法规

如《中华人民共和国宪法》《中华人民共和国未成年人保护法》《中华人民共和国劳动法》《中华人民共和国产品质量法》《中华人民共和国旅游法》《中华人民共和国预防未成年人犯罪法》等。

2. 基础资源保护类法律法规

如《中华人民共和国土地管理法》《中华人民共和国水法》《中华人民共和国物权法》《中华人民共和国海岛保护法》《中华人民共和国气象法》《中华人民共和国矿产资源法》《中华人民共和国森林法》《中华人民共和国草原法》《中华人民共和国文物保护法》《中华人民共和国水土保持法》《中华人民共和国非物质文化遗产法》《中华人民共和国野生动物保护法》等。

3. 环境保护类法律法规

如《中华人民共和国大气污染防治法》《中华人民共和国环境噪声污染防治法》《中华人民共和国环境保护法》《中华人民共和国水污染防治法》《中华人民共和国环境影响评价法》《中华人民共和国节约能源法》《中华人民共和国海洋环境保护法》等。

4. 建设规划类法律法规

如《中华人民共和国城乡规划法》《中华人民共和国港口法》《中华人民共和国建筑法》《中华人民共和国公路法》《中华人民共和国城市房地产管理法》等。

5. 安全防灾类法律法规

如《中华人民共和国道路交通安全法》《中华人民共和国突发事件应对法》《中华人民共和国防沙治沙法》《中华人民共和国防震减灾法》《中华人民共和国消防法》《中华人民共和国食品安全法》等。

6. 采购服务类法律法规

如《中华人民共和国政府采购法》《中华人民共和国招投标法》等。

7. 出游保障类相关条例文件

如《国民旅游休闲纲要（2013—2020年）》《职工带薪年休假条例》《关于我国社会主义时期宗教问题的基本观点和基本政策》《公路安全保护条例》等。

（二）部门规范与行业标准

部门规范与行业标准对于旅游规划的规范主要与规划区域的性质、旅游项目、旅游活动及旅游产品等要素有关系，如某一旅游景区是风景名胜区，在编制旅游规划时除了要适应国家相关法律法规要求之外，还要遵循《风景名胜区规划规范》《旅游规划通则》《旅游区（点）质量等级的划分与评定》等相关规定的要求；某一旅游景区旅游项目以温泉旅游为主，在编制旅游规划时还要遵循与温泉旅游有关的行业标准，如《温泉旅游服务质量等级划分与评定》。

这部分规范主要有：《旅游规划通则（GB/T 18971-2003）》《旅游区（点）质量等级的划分与评定（GB/T 17775-2003）》《国家旅游度假区评定标准》《旅游厕所质量等级的划分与评定（GB/T 18973-2003）》《旅游资源分类、调查与评价 GB/T 18972-2003》《民用建筑设计标准规范》《建筑抗震设计规范（GB50011-2008）》《生态园（点）质量等级的划分与评定（GB/T 17775-2003）》《体育场所开放条件与技术要求（GB 19079 — 2005）》等。

（三）地方规定与地方规划

旅游规划还应当与规划区域当地的地方性法规、政府政策、地方规划等相协调。如四川省的旅游规划要与《四川省旅游条例》《四川省旅游业发展总体规划》

《四川省"十二五"旅游业发展规划》等规划相协调，贵州省的旅游规划要与《贵州省旅游发展总体规划》《贵州省乡村旅游规划》《贵州省旅游规划编制管理试行办法》等规划相协调，即旅游规划一定要符合上行规划的相关要求。

 资料

中国三门峡高阳山温泉度假旅游区修建性详细规划依据

1. 国家相关法律法规

《中华人民共和国城乡规划法》（2007）

《中华人民共和国土地管理法》（2004）

《中华人民共和国环境保护法》（1989）

《中华人民共和国风景名胜区条例》（2006）

2. 部门规范与行业标准

《风景名胜区规划规范》（GB/T 50298）（1999）

《旅游规划通则》（GB/T 18971-2003）（2003）

《旅游区（点）质量等级的划分与评定》（GB/T 17775-2003）（2003）

《温泉旅游服务质量等级划分与评定》（意见征求稿）（2010）

《国家旅游度假区评定标准》

《国家旅游度假区评定细则》

3. 地方规定与地方规划

《河南省旅游发展管理条例》（1998）

《河南省旅游业发展总体规划》（2005）

《三门峡市城市总体规划（2004—2020）》

《三门峡市旅游发展总体规划（2006—2015）》

《陕县旅游发展总体规划（2004—2015）》

《陕县国民经济和社会发展十一五规划纲要》

《中国三门峡高阳山温泉度假旅游区总体规划》

（资料来源：《中国三门峡高阳山温泉度假旅游区修建性详细规划》）

● 第三节　生态环境保护规划

我国是一个人口大国，人均资源占有率在世界各国中处于低位；同时，我国

的资源和人口分布呈逆相关，许多资源分布在人口稀疏、环境恶劣且难以开发的中西部地区，而人口集中的东部地区资源却较为稀缺，人均可利用资源相对匮乏。这些现实国情，决定了我国旅游业的发展不能走资源消耗型之路，在旅游资源开发利用过程中不可忽视对生态环境的保护。

一、生态环境与旅游可持续发展

伴随社会经济的发展，人民收入水平的提高，旅游业得到了蓬勃发展，但与此同时带来的生态环境问题成为全球亟待解决的社会难题。我国大部分自然保护区进行了旅游开发，为自然保护区的发展带来了生机和活力。人们与大自然之间的互动接触越来越频繁，生态环境问题逐渐凸显出来。旅游生态环境的日益恶化和生态系统遭受到越来越多的破坏，使人们逐渐认识到，旅游生态环境问题的解决，不仅仅依赖经济和法律手段，同时还应该诉诸伦理信念。目前所面临的一系列问题诸如生态破坏和生态环境污染却限制了旅游业的进一步发展，因此实现旅游业的可持续发展已成为一个不容忽视的问题。

1993年，世界旅游组织对旅游业可持续发展做出如下定义："在维护文化完整、保护生态环境的同时，满足人们对经济、社会和审美的要求。它能为今天的主人和客人们提供生计，又可保护和增进后代人的利益并为其提供同样的机会。"旅游业可持续发展的实质是要求旅游业、旅游资源、人类生存环境三者的统一，以形成良性协调的发展模式。旅游业可持续发展包括以下三方面的内容：

1. 生态可持续发展

生态可持续发展是指建立在自然资源的可持续利用与良好的生态环境基础之上的，以维护和保护整体的生物支撑系统，保护自然资源与生物的多样性，保证以可持续发展的方式有效利用资源，从而形成旅游生态环境的良性循环与发展。要求重视旅游主体人的可持续发展思想建设，重视资源和环境承载力的研究，建立良好的旅游业可持续发展观和科学的环境保护标准，防止环境污染和破坏，并利用新技术来恢复和重建已经被污染的生态系统，通过保护和重建自然环境，为人类可持续利用旅游资源和环境提供基础条件。

2. 经济可持续发展

经济的可持续发展要求不仅重视经济数量的有效增长，更应重视质量的提高，节约资源，保护环境，优化配置，增加效益。从生态经济学角度看，经济的传统发展与可持续发展是明显不同的，前者主要强调高速度、高效率甚至高消费的工业化、城市化走向，而后者主要强调发展持续均衡的生态经济，坚决杜绝环境污染和生态失衡。旅游业可持续发展就是要通过科学的旅游开发方式来实现旅游经济的可持续发展。

3. 社会可持续发展

社会的可持续发展，是指国内和国际的社会稳定发展，是可持续发展过程的综合体现，也是旅游业可持续发展最终要达到的目标。因为可持续发展是以不断改善和提高人类生活质量为自的，所以必须努力实现旅游发展过程中自然、经济与社会发展的和谐统一，构建人类与自然生态同栖的社会共同体。

二、生态环境保护相关法规建设

随着旅游业的快速发展，涉环境案件屡屡发生，旅游业发展与生态环境保护问题越发突出，如何让两者协调发展成为实现旅游可持续发展需要解决的首要问题。这一问题的解决除了依赖行政手段、经济手段之外，还应该加强法律手段的运用，虽然日前国内涉生态环境案件未大量进入司法领域，但这并不意味着生态环境的法制建设可以松懈，相反，应当深究当前环境法制建设的不足之处，以此共同促进环境保护事业的长足进步。

同时，十八大报告将生态文明建设纳入中国特色社会主义事业的总体布局，并指出保护生态环境必须依靠制度，必须加强生态文明制度建设。法治是最成熟、最定型的制度形式，在大力加强生态文明建设的进程中，必须重视法治，要善于运用法治的力量推进生态文明建设。

我国现行有关生态环境保护的法律法规标准主要分为以下几个类别：

1. 生态环境保护法律类

如《中华人民共和国环境保护法》《中华人民共和国节约能源法》《中华人民共和国环境影响评价法》《中华人民共和国水污染防治法》《中华人民共和国海洋环境保护法》《中华人民共和国大气污染防治法》《中华人民共和国固体废物污染环境防治法》《中华人民共和国环境噪声污染防治法》《中华人民共和国野生动物保护法》《中华人民共和国森林法》《中华人民共和国水土保持法》《中华人民共和国土地管理法》等。

2. 生态环境保护法规规章类

如《国家突发环境事件应急预案》《建设项目环境保护管理条例》《中华人民共和国水污染防治法实施细则》《中华人民共和国大气污染防治法实施细则》《医疗废物管理条例》《危险化学品安全管理条例》《有机食品认证管理办法》《畜禽养殖污染防治管理办法》等。

3. 生态环境标准类

如《水环境标准 GB/T 14848-1993》《海水水质标准 1997-12-03GB 3838-

2002》《地表水环境质量标准 2002-04-28GB 5084-1992》《污水综合排放标准 1996-10-04GB 13458-2001》《大气环境标准 GB/T 18883-2002》《室内空气质量标准 2002-11-19GB 3095-1996》《环境空气质量标准 1996-01-18GB 9137-1988》《大气污染物综合排放标准 1997-01-01GB 21522-2008》《声环境质量标准 2008-08-19GB 10070-1988》《生活垃圾填埋场污染控制标准 2008-04-02GB 16487.9-200》等。

三、生态环境保护相关措施

1. 加强环保及可持续发展的宣传、教育，提高公民环保、可持续发展意识

环境保护与旅游关系紧密。必须加强二者的科学研究，以获得正确的认识与科学的识见。要从旅游业对旅游环境的依赖关系，旅游区环境对旅游活动的承载能力，旅游业发展对旅游环境的破坏等方面研究旅游环境与旅游业的关系，从确定景观美学质量标准、自然生态质量标准、满足特种旅游活动的环境质量标准、旅游区环境质量评价方法等方面研究旅游环境保护的方法论，从美学、心理学角度出发研究旅游环境保护的工程方法，还要进行旅游环境保护政策研究，为正确的决策奠定基础。与此同时，还要加强旅游环境保护知识的宣传，以提高人们的旅游环境保护意识。要向全体游人、旅游从业人员和景区附近居民宣传旅游环境保护知识，以培养旅游主客体的环保自觉。我们应该树立起环境质量意识，认识到环境质量的优劣是关系人民生活质量的提高和子孙后代生存发展的大事；并且要树立环境首先意识，为全人类及其后代保护好环境，保护好人类共同的家园——地球；另外还要树立环境公德意识，不为满足个人私利，不为局部或眼前利益而损害他人或全局的利益，让人类贴近自然，实现人与自然的和谐相处。

（1）提高旅游地当地居民的环境保护意识

当前许多旅游地的当地居民为了获得经济收入，在旅游景区周边摆摊设点，有的甚至向游客兜售各种假冒伪劣产品，使整个旅游环境的氛围受到影响。在一些自然景区的居民还是以柴为薪，经常猎取野生动物为食或者进行贩卖，使得生态环境受到破坏。因此，在发展旅游业的同时，应该确保当地居民获得稳定的就业和收入。

（2）提高旅游者的环境保护意识

保护自然，游客的意识至关重要。到自然地区旅游的游客，如果了解自己的旅行、购物、饮食、住宿、游玩会给自然带来什么影响，游客就会作出更好的选择，减少对自然的直接破坏；游客的监督和选择可以督促景区和旅游从业者提供更加环保的产品和服务；更重要的是，通过更好地欣赏自然，公众可以得到真正

原汁原味的旅游体验。旅游作为集物质文明、精神文明和生态文明于一体的前卫生活方式，现在已蔚然成风，成为时尚。旅游者离家出门花钱"购买"的"旅游"这种"商品"是一种观赏、体验和经历，而不是去"买回"那里的一花一木、一山一水、一景一物。权衡利弊得失，建立旅游绿色开发、经营、宣传和管理体系，坚持旅游科学开发管理，减少粗放式开发，防止低水平开发，杜绝破坏性开发，是实现开发与保护统一的关键。

2. 完善旅游资源管理体系，适当限制游客量

旅游风景区的环境，对于污物的净化能力以及对于旅游人群的承接能力，都有一定的限度。一旦游客人数过于拥挤，人流疏散不开，必然会产生践踏风景区的绿化地、花圃、园林等行为，甚至也往往会造成对旅游设施、荷塘水榭、花草树木、亭台楼阁的破坏。同时，游人过多伴之而来的是抛撒的垃圾狼藉满地，噪声超过标准等。为了顺利地发展我国的旅游业，必须加强对旅游环境容量的研究，根据每个风景区的具体情况，提出可容纳游客的最大限量指标，来控制门票的出售量，开发增设新的景点、卖点（在不破坏生态平衡的前提下），以分散游客量，使旅游资源在其所能承受的限度内接待参观游客，以确保风景区环境的良性循环。同时要设法维持旅游区道路的通畅，以便及时疏散人群，降低对环境的压力。

3. 加强旅游企业和政府间的相互合作

资源开发需要各级政府机构、社会组织和公众的广泛参与和合作。加强旅游行业和政府间的相互合作，应该鼓励和支持全国各个地区制定各种可持续旅游发展政策。比如建立旅游业可持续发展的环境经济政策体系、倡导旅游企业实行绿色经营以及开发各种绿色旅游产品，实现旅游产品结构的创新等，对环保做得好的旅游企业应该给予政策上的支持，使企业能够更加积极地实施各种可持续旅游发展政策。因此，国家应建立全国性的旅游资源开发规划和相应的管理法规，以指导和协调旅游资源开发，约束旅游资源开发中的不良行为，把旅游资源开发中的外部不经济效应减小到最低限度。同时，政府还应积极组织培养环境资源市场，更多地采取排污收费制度、环境税、押金制度、排污交易制度等经济手段，通过客观财政和金融措施对那些有利于环境保护和有利于资源活动的或是那些能够产生正的外部性活动者提供支持，包括各种优惠贷款、赠款、补贴以及有利于可持续发展的基金等形式，使旅游环境问题解决在旅游业发展过程之中。

4. 健全现有的相关旅游法律法规

由于旅游法在短期内难以出台，而当前又迫切需要法律法规来规范旅游业发展中的诸多问题，针对旅游资源破坏性、掠夺性的开发行为，应该尽快制定一些相关的规定，比如《旅游资源开发暂行规定》《旅游环境保护条例》等，防止在

开发旅游资源过程中对旅游环境的破坏。

5. 要树立防重于治的新观念

保护旅游风景区环境的目的，是为了促使风景区的自然生态系统向良性循环转化，为人类的休养生息，创造越来越好的条件。因此，必须贯彻树立防重于治的思想，做到防患于未然。无论是山林、水体、风景名胜，只要是已开辟为旅游区，或计划要开发为新的旅游区的，都应事先就其环境保护方面制定规划，采取措施，按其重要程度，实行分级管理、分级保护。

6. 要加强治理已受破坏的环境

旅游环境问题的产生、旅游区环境质量下降的主要原因是人类经济活动的不当造成的，因此需要制定具有科学性、严谨性和预见性的旅游环境规划，用于组织、管理经济、旅游及其他破坏旅游环境的活动，来解决发展生产、扩大旅游规模与景点环境保护之间的矛盾，使其协调一致，以保证经济发展和旅游活动持续稳定地进行，防止旅游区环境的破坏。

旅游业已不再是人们所说的"无烟工业"，同样会影响生态平衡和环境质量。因此，在开发旅游资源，发展旅游业的同时，必须注意抓好环境的保护工作，才能使有限的旅游资源得以永续利用，以满足人们不断增长的物质和文化生活。保护旅游资源、创造优美的生活娱乐环境，不仅是我们这一代人为发展旅游业所应承担的责任，而且也为我们子孙后代创造了良好的生存生活条件。

案例

中国三门峡高阳山温泉度假旅游区环境保护规划

一、指导思想

旅游环境保护不但体现了旅游业发展的可持续发展原则，而且也是坚持发展生态旅游产品必须重视的工作。高阳温泉度假旅游区拥有珍贵的温泉资源，加强旅游环境保护，既能给旅游者提供良好的旅游环境，又有利于旅游产品升级。

在进行旅游开发过程中，坚持贯彻科学发展观，以保护旅游资源及环境为出发点，以稳定和改善旅游区环境质量为核心，治理和预防旅游环境污染和旅游资源破坏，协调旅游开发与旅游环境保护的相互关系，实现旅游业的可持续发展。

二、环境现状分析

高阳温泉度假旅游区自然生态环境、植被覆盖率较低；原生态的窑洞及峡谷资源保存良好，但是未进行景观处理，景观性质较差；高阳山下陇海铁路呼啸而过，噪音污染、火车废气、货运粉尘等对该区生态环境造成一定的影响与破坏。

三、环境保护措施

环境目标：旅游区内空气环境质量应符合中华人民共和国国家标准《环境空气质量标准》GB3095-1996中规定的二级标准。

旅游区内游览提倡交通采用电瓶游览车、自行车等无污染型交通工具以减少污染，控制景区的车行流量，并加紧修整车行路面，防止二次扬尘。

1. 调整能源结构，使用清洁能源。旅游区内全部使用沼气或天然气，减少烟尘污染。

2. 在靠近陇海铁路区域植树造林，提高森林植被覆盖率，或建立景观隧道，不仅起到降低噪音、减少废气、灰尘对旅游区的污染，而且能提高旅游区的整体景观效果及空气质量。

3. 定期监测旅游区的大气环境质量状况，并设法排除引起大气环境质量问题的污染源。

四、水环境保护

环境目标：生活饮水质量达到《生活饮用水卫生标准》GB5749—1985的有关标准，其他水环境质量符合《地表水环境质量标准》GB3838—2002中的Ⅱ级标准。生活污水必须经过处理达到《污水综合排放标准》GB8978—1996Ⅱ级标准后方可排放，污水处理率达到100%。

1. 严格控制温泉旅游区内的温泉水的使用及排放，建立合理的污水处理管道，保护地表水资源环境以及周边的自然生态环境。

2. 强化环境管理。旅游区内的所有建设项目必须符合规划标准要求，禁止新、改、扩建有可能造成污染水体的建设项目。

3. 加强宣传力度，提高环保意识。加强对旅游区的管理者、工作人员、经营承包者及旅游者的宣传教育，提高环境保护意识；在温泉泉眼、自流井处设置设立环境保护宣传栏和宣传牌，必要时加以特殊保护。

4. 完善污水分流体系，设计旅游区的污水收集管网，旅游区内的餐饮、宾馆要按规划进行合理设计，以便于污水的集中处理。禁止旅游区内生活污水直接排入水体。

5. 旅游区内住宿设施应给游客提供环保性质的生活用品，尽量少使用含磷洗涤剂，减少水污染，同时利用废水处理技术提高水资源的利用率。

6. 合理治理生活污水，各服务接待设施产生的污水应设置统一完整的综合化粪池系统，经沼气化处理后用于景区绿化用肥料；其他污水须排入污水管道，不得暴露；污水需经净化处理达标后排放，排水必须符合国家GB3838—88Ⅲ水域所执行的一级标准。

7. 在景区中建议构建水循环系统，将温泉区中使用过的温泉水通过处理进行回收，处理净化后循环利用，形成水景观。

8. 加强对水体及其污染源的监测和管理。

五、声环境保护

环境目标：观光游览地段达到《城市区域环境噪声标准》GB3096-1993 的 I 类标准，游客食宿地段达到 II 级标准，机动车辆行驶应遵照执行《机动车允许噪音标准》GB1495-79。

1. 旅游区内禁止车辆使用高音喇叭。

2. 控制新的噪声污染源，制定噪音污染防范措施，产生的噪声不得超过国家规定的相应标准。

3. 在旅游区域内种植密集植物，充分利用绿色植物达到对噪声的吸收和隔离作用。保证景区内居民的正常生活。

六、环境卫生保护

环境目标：旅游垃圾实行分类收集、分类处理，无害化、提高综合利用率，生活及旅游垃圾处理率达 100%。旅游区的公共场所卫生达到《公共场所卫生标准》GB16153—1996 的 I 类标准。

表 7.1　　　　　　　　　　预期环境目标表

期限 名称	近期 （2011—2015）	中远期 （2016—2025）
生活垃圾无害化处理率	95%	100%

1. 在游道、休息亭（廊）、游客中心等公共场所的适当位置设分类型垃圾箱（一箱四袋即玻璃、金属制品、塑料制品、杂物），在游览线路上配备必要的废弃物收集器具，进一步完善垃圾的处理方式及程序：分选-袋装-收储-运输-处理（回收利用、生物降解、卫生填埋）。

2. 旅游区内产生的各种固体废弃物，应全部运出旅游区外进行妥善处理。保证不增加旅游区及周边环境的污染负荷。

3. 严格控制一次性餐盒和塑料袋的使用，定期拣拾回收，及时清运。

4. 配置布局合理、数量充足的达标厕所。

5. 引导游客和居民保护环境，并实现景区景点卫生清洁动态管理。

（资料来源：《中国三门峡高阳山温泉度假旅游区总体规划》）

● 第四节　旅游人力资源开发规划

旅游业是对人力资源的质量要求比较高的产业部门。高素质的旅游人才及良好的社会环境对于旅游区的发展至关重要。旅游规划的实施，在很大程度上依赖于旅游人才的供给，人才开发是旅游业竞争取胜的关键。当前我国旅游业已拥有一批旅游从业人员，但高级旅游企业经营人才稀缺，经过严格正规培训后持证上岗的旅游从业人员所占比例较小，因而旅游教育与旅游人力资源建设已成为旅游业持续发展的关键。

一、旅游人力资源建设

（一）指导思想

旅游人力资源建设必须立足人力资源现状和旅游业开发规模，以加强培养旅游专业人才为主，大力实施旅游人才培养战略，积极探索旅游人力资源建设的实现模式，以服务于旅游经济建设和旅游业发展为前提，以改革创新为动力，以全面推进旅游队伍素质教育为主线，以培养高层次和短缺人才为重点，以市场为导向，把吸引、培养和用好人才作为促进旅游业发展的一项重大战略任务切实抓紧抓好，为实现旅游业稳定、持续发展提供有力的人才保证和智力支持。

（二）基本目标

通过人力资源建设工作，使旅游业的公务员队伍、企业管理者队伍和导游员队伍的整体素质在现有基础上提高一个层次；通过加强旅游人才开发的力度和大力培育旅游人才市场，逐步建立一套系统、高效的大旅游教育的人才开发体系和开发机制，使旅游业的行政领导人才、职业经理人才、短缺专业人才和教育培训师资人才的供给，在数量、素质和结构等方面适应旅游市场竞争的需要。在旅游景区规划工作中，人力资源建设应该循序渐进。

1. 近期目标

优先培养专职导游、服务人员等一线操作人员，突出引进优秀的旅游景区管理和企业经营人才，初步建立一支业务技能熟练、管理水平高的旅游企业人才队伍。

2. 中期目标

加大旅游区管理处各部门领导、企业经理的培养和引进力度，建立一支既有管理理论又有管理实践。既掌握现代企业管理知识又富有开拓创新精神的旅游管理队伍。

3. 远期目标

完善景区各种培训机制和用人制度，建立一支多层次的、结构优化的旅游人才队伍，既能参与对景区、景点及旅游规划的工程设计，并具有组织实施能力的设计型人才，又能对旅游业进行行业管理和旅游企业管理的管理型人才及高质量的旅游服务专业队伍。

二、旅游人力资源结构分析

旅游人力资源是旅游业在发展过程中不断投资与积累所形成的，从事与旅游业有直接关系并影响着旅游业发展的人员。旅游人力资源的主体是旅游业就业人口，包括旅行社导游、旅行社经理人员以及旅游业其他从业人员。从全部人口构成分析，只有超出劳动年龄退出旅游劳动岗位的那部分人口不属于旅游人力资源。从结构上看，旅游人力资源包括潜在的旅游人力资源（旅游院校的大、中专学生，已经获得旅游经纪人培训和导游员培训而尚未在旅游岗位上就业的人员）、旅游产业直接就业人员以及旅游产业的间接就业人员。

1. 旅游景区人力资源层次结构

（1）决策层由投资者或资产所有权人组成，负责确定旅游业发展的目标、纲领和实施方案，进行宏观控制；

（2）管理层指景区各部门的经营管理人员，是决策层的下属机构，把决策层制定的方针、政策贯彻到各个职能部门的工作中去，对日常工作进行组织、管理和协调；

（3）执行层是直接为旅游者提供接待服务的员工，包括主管、班组及一线服务员工，在决策层的领导和管理层的协调下，通过各种技术手段，把旅游业的发展目标转化为具体行动。

2. 旅游景区人力资源专业类型结构

（1）经营管理人员：包括高级职业经理人、规划设计人员、财务会计人员等。

（2）专业技术人员：指已取得国家承认的专业技术证书，又从事本专业工作的在岗员工，包括高级技工、导游员、司机、厨师、演员等。

（3）行政管理人员：一是职能部门文员，行政职能部门（包括总经理办公室、人事部、财务部等）担任业务主管工作的员工；二是业务部门文员，指业务部门从事文书、核算、内勤等工作的员工。

（4）接待服务人员：售票员、检票员、营业员、服务员等。

（5）后勤保障人员：助理导游员、保安员、救生员等。

（6）特种辅助人员：车场管理员、景点清洁工等。

三、旅游核心人力资源培养

（一）培养质量要求

旅游从业人员的质量要求主要体现在以下六点：

1. 乐于助人的职业品格；

2. 良好的职业道德；

3. 熟练的专业技能；

4. 良好的语言沟通能力；

5. 熟悉旅游区自然地理、历史文化、民族宗教等；

6. 具有强烈的生态环境保护意识。

（二）培养对象

旅游培训需要从上而下，各部门各级别的相关人员均应参与培训，主要包括以下几类：

1. 旅游企业管理人员培训，重点是提高管理人员对旅游业的认识，从全局定位和把握旅游发展；

2. 旅游企业负责人培训；

3. 景区管理人员培训；

4. 旅游服务人员的培训与再培训；

5. 社区居民的培训，尤其是对旅游村寨的村民、景区内居民进行培训。

（三）培养体系

1. 学校教育

学校教育一方面要培养学生的旅游资源保护意识和旅游发展意识，另一方面应进行规划景区自然风貌、历史文化、宗教知识及民俗传统的教育，同时还要下大力气加强对学生外语能力的培养，以适应旅游国际化发展的要求。

2. 岗前职业培训

进一步完善旅游教育体系，全面实施旅游从业人员资格认证制度，加强旅游从业人员培训。与当地教育机构建立友好合作关系，共同建立旅游人才培训基地，培养不同层面的旅游管理和服务人员，加快建设一支适应旅游业发展需要的人才队伍。同时加强与国内旅游教育机构及各大旅游企业的交流合作，密切关注旅游教育及旅游科研的发展动态。努力提高培训者自身的水平和操作技能，采用"请进来，派出去"的方法，形成互动的培训机制。

3. 继续教育

（1）旅游服务人员的培训

委托相关高等院校、各旅游职业学校及旅游培训班，对景区内的饭店业、餐饮业、景点服务人员、机关公务员、旅行社导游人员及其他旅游业务人员进行职业道德及业务培训，提高其素质。建立淡季旅游人员固定培训机构，争取做到每个员工每年都能获得培训机会，提高业务能力。坚持先培训后上岗、不培训不得上岗的制度，使岗位培训工作逐步纳入规范化的管理轨道，以适应未来旅游业发展的需要。

（2）高级旅游专门人才的培养

制定高层次人才培养计划，有计划地将旅游管理部门高层公务员和饭店、旅行社部门经理以上人员送到全国知名高校进行培训、深造，提高管理水平。

采取"走出去、请进来"的方式，对口培训紧缺专业人才，特别是经营管理人才、市场营销人才和导游人才。有选择地引进国内中高级旅游人才，配置在关键技术岗位，发挥示范作用，促进旅游行业的管理素质和服务水平。

4. 社会教育

社会教育的主要途径是加大宣传力度。

（1）以实力积极宣传旅游扶贫、旅游致富的示范工程，激发社区居民参与发展旅游业的热情；

（2）加强社区居民的环保教育，使其认识到保护旅游资源和生态环境的重要性；

（3）通过各级地方广播、电视、报刊等大众媒体进行反复宣传，形成浓厚的旅游发展氛围；

（4）尽可能利用沿街的橱窗、灯箱、板报等形式宣传旅游业发展情况；

（5）建立专门的旅游宣传网络，并与各大著名门户网站进行链接；

（6）策划举办各类旅游文化周、民俗旅游节等大型活动，形成每年一度全社会发展旅游的高潮。

（四）其他方面

1. 加强旅游人力资源的政策支持

不断深化改革，形成人才成长机制，推进旅游人事劳动制度改革；制定相应政策和优惠措施，促进其他行业中的优秀人才向旅游业流动；鼓励和支持各部门、单位和个人以各种方式来兴办旅游业；制定和完善相关的旅游行业规章制度，加强职业规范和道德教育，提高旅游服务质量和从业人员素质。

2. 完善对旅游服务质量的监督管理制度

对宾馆、饭店、旅游商店、各景点导游、社会导游及旅行社人员逐步全面实行资格证书、持证上岗制度，保证服务质量的提高；加强对服务质量的监督管理，设立旅游质量投诉电话，实行服务质量保证金制度和服务资格吊销制度，规范市场行为，确保服务质量。

3. 建立科学合理的人才流动机制

旅游局通过建立人才库，全面掌握全县旅游专业人才的基本状况，按照水平、能力及贡献使用人才，为旅游企业牵线搭桥、正确引导，便于各类人才的良性流动，确保企业始终充满活力，同时从更高的层面上保证旅游人才的合理配置。

 案例

成都市青白江区旅游发展人力资源规划

一、人力资源现状分析

1. 旅游管理机构

青白江区旅游业处于起步阶段，尚未设置旅游发展领导小组，难以有效协调各相关部门调整产业结构。区旅游发展局编制不合理，不能满足青白江区旅游业未来发展的需求；职能设置不全面，没有充分体现出旅游局在市场中的管理作用。辖下各乡镇设有事业/社区管理服务中心，仅有一人兼管旅游事务，且不具备足够的旅游专业知识。

2. 旅游从业部门

区内宾馆、餐饮、购物、娱乐等旅游部门从业人员主要分布在北部相对发达地区（大弯、红阳两个街道办事处及大同镇、城厢镇）。目前全区旅游从业人员综合素质偏低，服务质量意识不强，熟练技工所占比例小，大量餐饮、娱乐行业服务人员未经培训。景区缺乏大量导游人员，宾馆饭店缺乏各类管理人员，尤其是缺乏高层次管理人才。

二、人才保障体系建设措施

1. 旅游从业培训

青白江区旅游发展局牵头，各乡镇政府执行落实，组织酒店、餐饮、商场、客运等相关旅游部门为农民提供针对性强的行业岗前培训，鼓励当地农村人口投入青白江区乡村旅游服务产业，提高本地人口就业率，并逐步完善在岗培训和晋升培训，保障农民职业发展，推进地区经济发展。

加大对旅游从业人员及企业管理人员的培训，普及岗前培训，加强在岗职业培训和晋升培训。尤其是餐饮、酒店、景区导游等直接与游客接触的员工要经过严格的知

识、仪态、技能等培训后方可上岗，上岗后根据旅游趋势和游客需求不断进行发展培训，保证从业人员服务技能可以适应并有助于地区旅游业的发展（见表7.2）。

表7.2　　　　　　　　　　青白江区旅游从业人员培训表

培训对象	培训目的	培训内容	培训师资
酒店、餐饮、旅游商场、咨询中心、景区（点）等服务人员	了解旅游服务质量标准，提高服务技能。	1. 旅游行业服务标准 2. 国家旅游局有关旅游服务培训教材 3. 旅游心理学和礼仪 4. 旅游英语	1. 区旅游发展局有关领导 2. 宾馆、饭店经理，旅游学校相关高级教师等 3. 高校专业英语教师
旅游企业管理人员，区旅游局、景区（点）管委会主任、交通、商贸等部门负责人	1. 对旅游业的性质、特点、管理和经营等有全方位的认识 2. 对各部门之间的职责、内在联系和旅游业持续发展关系有清晰了解 3. 提高外语交际能力	1. 国际旅游业发展史 2. 旅游业的性质和特点及与其他产业的关系 3. 旅游管理和经营、市场学和旅游可持续发展理论等 4. 旅游英语 5. 研讨青白江区、旅游业中有关重要课题	1. 具有丰富行业经历的高校旅游专业教授 2. 省内外有关学者专家进行专题授课
导游及讲解员	1. 全面掌握青白江区自然环境、自然景观、人文景观情况及特色等； 2. 了解四川和全国自然景观和人文景观等概况	1. 中国旅游地理 2. 成都市、青白江区经济、旅游资源类型及特色、景区景点特色和成因 3. 导游服务质量标准 4. 宾馆接待、咨询服务等 5. 旅游英语	1. 旅游学校或省内高校有关高级教师 2. 省内高级导游、讲解员 3. 高校专业英语教师
青白江区各乡镇领导	1. 了解青白江区旅游发展的外部环境与市场趋势 2. 各乡镇在区旅游发展中的地位和角色	1. 四川省旅游业发展趋势 2. 旅游经济学 3. 青白江区旅游总体规划 4. 各乡镇旅游发展建设目标任务分解	1. 区旅游发展局有关领导 2. 具有丰富行业经历的高校旅游专业教授

2. 旅游人才教育

与成都高等院校、旅游中专、旅游职业中学建立长期合作与定点培训关系，也可建立数个大学生实习基地，为青白江区旅游发展提供人才保障。

对开办旅游教育、培训机构的资格审批从严把关，以免因师资力量不足、教育设施缺乏导致培养出素质低下的旅游从业人员。

3. 人才引进

根据未来旅游发展需要，适当引进一些高素质的、急需的人才，尤其是管理、宣传促销、酒店等方面的人才，充实到旅游行业系统。

资料来源：《成都市青白江区旅游发展总体规划（2009—2020）》。

 拓展阅读

生态型高尔夫球场

一、高尔夫球场生态系统

在高尔夫球场中，人、动物、植物、土壤微生物等生物因素以及太阳辐射、水、空气、土壤、机械、农药、肥料、砂等理化因素共同构成了一个独特的生态系统，我称之为"高尔夫生态系统"。它与自然生态系统不相同，有其自身特征：

1. 高尔夫生态系统是人类高度参与并控制的生态系统

草坪维护作业，如剪草、打孔、铺沙等，无不对生态系统产生影响，化学肥料、杀虫剂、杀菌剂等的使用所产生的影响更为深刻，而在球场中这些活动又是无法避免的。因此使用有机缓释肥料、植物型杀虫剂等并控制用量以保护球场生态稳定，将是不可逆转的趋势。

2. 高尔夫生态系统的能量循环和元素循环的单向性

在高尔夫生态系统中，绿色植物利用太阳能进行光合作用所储存的化学能量，以及从土壤中或者从肥料中吸取的各种元素，很少被动物利用或者回归土壤，而是人为地以草屑、树叶等形式作为废物输出，造成极大浪费，也使球场不易保水保肥的沙质土壤更加贫瘠，而更多化学肥料的使用又造成了土壤的板结，形成恶性循环。将草屑，树叶等进行堆肥处理或以其他方式利用，如沼气等，使其回归土壤，将具有良好的经济和生态效益。

3. 高尔夫生态系统物间的复杂互动关系

在自然状况下，初级生产者之外的很多生物不能离开其他生物而生存，也就是生物间存有直接或间接的关系，有的获得利益，有的受到损害，有的没有明显的利害关系，于是生物间形成各种不同的关系。而在高尔夫生态系统中，由于人的高度参与，使得生物间的关系复杂而且不明显，并处于动态变化之中。只有从整体考虑，采用人性化管理措施，才能使系统趋于平衡，实现生态的和谐。

4. 高尔夫生态系统生物的单一性

在高尔夫生态系统中物种非常单一，主要为大面积单一种类的草坪，平衡很容易被破坏，因此在草坪草种、树种选择时应考虑多样性，草坪建植中，不同区域采用不同草种，在同一区域内，尽可能采取采取混播的方式。

二、生态型高尔夫球场的建设要求

1. 政府管理

高尔夫球场占地面积大，投资也十分巨大，球场养护用水多，草坪护养施肥、用药如不当会对土壤、水质有一定污染，为避免造成自然资源和社会资源的巨大浪费和破坏，使球场开发不妨碍公共利益，保证高尔夫球运动健康发展，政府必须对高尔夫球场开发加强宏观管理与控制，使市场资源配置更加趋于合理化。

2. 环境评估

将环境影响评价作为高尔夫球场建设和运营过程中污染控制的重要手段。根据《中华人民共和国环境影响评价法》《建设项目环境保护分类管理名录》要求，对所有高尔夫球场建设项目进行环境影响评价，对高尔夫球场项目的建设和运营过程可能造成的环境影响进行分析、预测和评估，包括提出预防或者减轻不良环境影响的对策和措施，管理者应在生态学者的建议下，设置一个以生态结构和增加生物多样性为目标的可持续性土地发展计划，这样不仅环保，同时也能减少球场维护的成本。一个好的球场是融入自然环境中，而不是与大自然分开的。

3. 选址

中国人多地少，随着经济发展，土地被大量非农业占用，必须对耕地进行最严格的保护。国土资源部公布的《关于进一步采取措施落实严格保护耕地制度的通知》（国土资发〔2003〕388号文件）和国务院办公厅《关于暂停新建高尔夫球场的通知》（国办发〔2004〕1号文件）指出：我国高尔夫球场建设将暂缓立项和审批。

球场所需的土地面积，都在千亩（1亩≈666.67平方米）以上，建了球场就不能作其他用途了。故应先评估土地是否有他项高利用价值，或是否影响近期规划建设用途，从当地的环境出发做有关环保的评估，了解该块用地是否有珍贵植木、鸟禽或古迹等须受保护，开发是否对水源会造成污染或对山坡地土方会造成流失，形成危险等。中国高尔夫球场选址建设应当自觉按照中国高尔夫球协会历来提倡的利用三荒（荒地、荒山、荒滩）的原则来进行。

4. 落实水土保持和生态保护措施，做好生态恢复和保护工作

兴建高尔夫球场，重大的工程包括挖土修道、造水塘、山坡地，须大量砍树堆土、水泽地，还须大量填土方、疏水路等，应及时做好土石方开挖、球场表土层构筑、球场道路等工程的生态恢复和绿化工作，防止造成水土流失。尽量保留原有植被，最大限度地减少项目对生态环境的影响。涉及水土保持的高尔夫球场

建设项目，制订水土保持方案和减灾方案。球场施工要分区分期进行，避免全区域同步开发，减少裸露面，防止扬尘，要尽量避开雨季施工防止水土流失。

5. 水源利用

高尔夫球场的护理离不开水，耗水量大，而我国是水资源贫乏的国家，对水资源的合理利用是必须考虑的重要问题。仅以北京地区为例，一个18洞的高尔夫球场一年用水量大约100万吨，水费和排污费的开支在300万元左右，因此，对北方城市周边的高尔夫球场来说，无论从经济效益或者环境效益，社会效益方面来说，都应该考虑使用经过处理的水质达标的城市中水。

高尔夫球场在建造时就应该考虑水资源的科学利用，如在干旱缺水地区，少搞水面景观，合理压缩果岭、发球台、球道面积，选择耐干旱草种，采用节水灌溉技术，使用节水喷头、按需给草坪喷水，在海边的球场可考虑利用海水资源等。

球场都应建人工水塘，并在水中种植水生生物，让带有肥料及农药成分的水，经水生生物吸收、分解，以阻止污染物直接排向场外；实施雨、污水分流，废水应进二级污水处理设施达到排放标准后才可进入水体。设计水域景观时，要注意与周边环境的结合，布局合理，多造人工溪流和水池，增加水体流动性，提高水中含氧量

6. 草坪建设

果岭、发球台、球道和长草区的草种选择品种多样化，尽量选育本地耐旱抗病草种，使草坪既抗病又好养护。

7. 林地建设

球场周围建植环场林带，球道之间建植隔离林带，多造景观林。林木选种多种多样，灌木乔木合理搭配。使野生动物，尤其是羽族动物有栖息空间，造就草坪上害虫的天敌。

（资料来源：节选自《中国最新高尔夫球场生态建设》）

本章小结

本章主要介绍了旅游管理体制建设的基本思路、原则，旅游管理体制建设的具体构想；旅游法规建设与实施的基本情况，关于旅游规划的立法规定；生态环境与旅游可持续发展，生态环境保护相关法规建设，生态环境保护相关措施以及旅游人力资源的建设。

主要概念

旅游法；旅游可持续发展；旅游人力资源

思考与练习

1. 旅游规划的相关立法要求有哪些？
2. 生态环境保护的有效措施有哪些？
3. 如何实现旅游核心人力资源的培养？

案例分析

武当之道——中国第一个"旅游经济特区"发展模式研究

武当山位于中国湖北省西北部十堰市境内，背倚苍茫千里的神农架原始森林，面临碧波万顷的丹江水库（中国南水北调中线工程取水源头），属自然景观和人文景观完美结合的山岳型风景名胜区，被誉为"亘古无双胜景，天下第一仙山"，拥有"世界文化遗产、国家重点风景名胜区、中国著名道教圣地、武当武术发祥地、全国十大避暑胜地"等华丽头衔。

然而，这样一处"仙山圣水相依、人文生态一体"的风水宝地，中国旅游管理体制创新的先行者，不能不让人产生如许困惑：第一，武当山在1994年便与曲阜孔庙孔林孔府、拉萨布达拉宫、承德避暑山庄同时被联合国科教卫组织列入世界文化遗产名录，但其旅游发展却没有如上述三者那样迅速驶入快车道，甚至还颇为低调，原因何在；第二，与其他景区不同，在行政建制和管理体制上，武当山已突破常规，初步探索实践出了国内独一无二的"旅游经济特区模式"。从字面上看，它似乎已将旅游发展的落脚点从风景区经济提升到区域经济层面，并用特区作为注解。但对这种现象的研究仍处于"千呼万唤始出来，犹抱琵琶半遮面"的状态中，一方面，旅游界和学术界都尚未给予高度关注，另一方面，体制创新者自身也无法明确地回答出武当山旅游经济特区"特"的本质体现。

带着上述疑惑，中国旅游报社采访组于2009年9月1~3日先后实地考察了景区游客中心、武当金顶、南岩宫等知名古建筑群，逍遥谷、太极湖、武当山博物馆等精品旅游景点，观看了武当山功夫艺术团的精彩演出；并在各种可能的场合

265

下，如行车的途中、参观景点的路上、宴席上、正式的座谈会上，与陪同考察的武当山旅游经济特区管委会负责人进行深入交流，听取他们关于武当山管理体制、景区拆迁、景区管理、招商引资、太和哲学在管理中的应用等经验介绍；还与相关各方人士，如景区导游、普通的执法人员等进行了随机的现场访谈。最初的疑惑在他们一次次"传道授业"的过程中，如云雾接受到阳光的洗礼渐渐消散，并深刻感到武当山的大兴必在眼前。

武当山除了美丽壮观的自然人文景观不断冲击着游客的视野和心灵之外，景区井然的秩序、清洁的环境、贴心的服务，工作人员务实高效的态度更会给游客带来深深的震撼。

此次考察的最大收获是对武当山管理体制的认识。武当山现行的管理体制，就其系统性、可操作性、创新性、有效性而言，在我国景区中有其独到特点，甚至将其视为榜首亦不为过。因此，对这样一种全新模式的梳理，既可以填补学术空白，为更好地理解"政府在旅游资源保护、开发和社会调控中的作用"提供一个有力的分析工具，又能引导实践，为今后景区管理体制的改革提供可资借鉴的方向，从政府高端发力的高度进行一场助推我国旅游产业与社会经济迅速腾飞的理念创新。由于该模式最大的贡献是用武当山旅游经济特区这样一个强力组织统领整个区域的所有事务，破解了传统景区发展管理模式的制约性瓶颈因素，吻合了社会经济发展规律，故本报告将其称为"武当之道"，以区别于黄山模式、焦作现象、泰宁路径等固有提法，并从武当山道教圣地的文化脉络出发，继承和发扬中国道家思想的哲学精华。

根据以上材料，请结合所学知识试分析武当山旅游经济特区之"特"的本质体现。

资料来源：http://www.china.com.cn/travel/txt/2010-03/07/content_19547696_3.htm

 实训设计

实训项目：调查旅游景区旅游保障体系建设的基本情况。

实训步骤：

1. 班级分为每组5~8人的协作团队。

2. 每个团队选定一个景区作为实训对象，调查该景区旅游保障体系建设的基本情况，并形成调查报告。

第八章　旅游规划图件与制作

学习目标

·通过理论讲授和上机实践，学生了解旅游规划图件在旅游规划中的作用以及旅游规划图件的表达方式、类型与基本绘制方法。

·掌握 AutoCAD 和 Photoshop 的基础知识和基本操作技能。

·较熟练地绘制旅游规划相关图件，逐渐具备旅游规划制图编制者的初步制图素养。

·对旅游规划学科制图领域具备更为全面的了解和完整的认识。

重点和难点

·旅游规划图的表达内容。

·表达方法和表达工具。

·旅游规划图如何反映旅游规划实践。

本章内容

《旅游规划通则》中明确指出：旅游发展规划成果包括规划文本、规划图表及附件①。旅游规划图件是旅游规划成果的主要展现形式，是不可或缺的表达语言。具有直观性、美观性、精确性、生动性等特点。本章主要学习旅游规划图件的相关概念、分类、构成要素、绘制步骤及相关软件的简介。

● 第一节　旅游规划图件概述

旅游规划图件是旅游规划成果的直观反映，能够更为形象地体现规划思路，规范而美观的图件能够起到画龙点睛的作用，传递给规划委托方和执行者更为清晰的蓝图。旅游规划制图是旅游规划成果输出的必要方式之一，因此是旅游管理专业旅游规划方向学生的必备专业技能②。

一、旅游地图及旅游规划图的概念

关于旅游地图的概念，有狭义和广义概念之分，狭义的概念是指导游图，广义的概念是指与旅游相关的地图，包含的内容较多。国际地图学协会指出旅游地图是旅游要素空间关系的表象或抽象，是以视觉、数字或触觉的方式表达旅游空间信息的工具。

旅游规划图是旅游地图的重要组成部分。在这里一定要区分旅游地图和旅游规划图的差别，旅游规划图并不等同于旅游地图。旅游规划图是主要表示旅游规划要素的专题地图，具体来讲是反映旅游三大要素——旅游主题（旅游者的活动）、旅游客体（旅游资源与旅游客体的分布）及主体客体之间的纽带（旅游产业要素）和旅游地旅游发展的历史与现状、旅游经济要素的时空分布、旅游规划建设内容等旅游要素的专题地图。

二、旅游规划图件的类型

旅游规划图件有多种分类方式。

（一）按图件内容分类

旅游规划图件按内容进行分类，常用的图件有区位分析图、总体规划图、功能分区图、现状分析图、旅游市场分析图、旅游资源分析图等。项目规划分期图、旅游路线分析图、绿化布局图、基础设施分析图等在旅游规划图件中也是经常用

---

① 中华人民共和国国家旅游局. 旅游规划通则 [Z]. 中华人民共和国国家标准 GB/T18971-2003.
② 张伟伟. 旅游规划制图课程教学内容及方法探析 [J]. 当代教育理论与实践. 2014, 6 (9): 36.

来展示规划成果的图纸类型，还有很多表达其他内容的图件类型，在这里就不一一列举了。具体在拟定旅游规划图件目录时，要针对不同旅游区的特色和需要选择性地绘制各种类型图纸。

（二）按图件比例尺分类

规划图件有小比例尺、中比例尺和大比例尺规划文件之分。如果按照规划区面积和表现内容来绘制核实比例尺规划图，较大面积的规划区一般用小比例尺图件表示，常用比例尺在 1：5 000~1：20 000 之间，当规划区域较大时，甚至会使用更小的比例尺，通常用于区位分析图、总体规划图等。

较小面积的规划区用的比例尺大多在 1：5 000~1：2 000 之间，经常用于旅游路线分布图、绿化分布图、基础设计分布图等专题规划图纸。

对于控制性详细规划或建设规划，以及部分重点景区的旅游规划，则需要用更大的比例尺，比例往往在 1：2 000 以下。此外，用来表现局部效果的各类效果图也属于大比例尺文件。

（三）按图件绘制方式分类

电脑绘制图件（计算机辅助绘制）和手工绘制图件是图件绘制的两种基本方式。在过去电脑并没有得到广泛普及的年代，大多采用手工绘制旅游规划图件的方式，但是手工绘制旅游规划图件绘制速度较慢，费时费力，而且绘制过程中一旦出现错误，不容易改正，甚至还需要重新绘制，不能很好地保证图件绘制工作的及时完成。

随着科技的发展，电脑被广泛应用到图件的绘制中来，电脑绘图避免了手工绘图的很多缺点，它绘制速度快，容易修改和保存，这些都是电脑绘制图件成为当前旅游规划图件的最主要绘图方式的重要原因。

（四）按承载媒介分类

按承载媒介分类，旅游规划图件可以分为纸质承载媒介和动态承载媒介，纸质承载媒介大多是绘制在纸张上的图件，动态承载媒介则是指用动态的方式进行呈现的图件，如动画展示，动态沙盘展示等。纸质承载媒介是最经常使用的方式，相对其他承载方式绘制时间较快，造价较低，承载媒介只需要纸张即可。而其他承载媒介，如动画展示，则需要较长的时间和精力去完成，造价较高，但是动画效果所能呈现出来的内容往往更加生动和逼真，将规划的未来旅游空间以仿真动画的形式表现出来效果自然是非常好的。而动态沙盘，则以模型的形式将规划内容以立体真实的形式展现出来，丰富了人们的视觉和听觉体验，甚至是触觉体验。因此，在实际规划设计中，应根据项目实际需要来决定展示的承载媒介。

三、旅游规划图件的构成要素

（一）底图要素

底图要素主要展现的是所规划空间范围内的地理要素，底图要素指的是编制旅游规划图的地理基础，即旅游规划图件所依托的底图，如图8.1所示。

底图要素的绘制内容包括：水系、地貌、土质、植被等基础地形要素，以及居民点、交通线、境界线、地物等地理和部分基础设施要素。在同一套图纸中，通常需要至少两张底图，其中包括原有空间的底图，以及经过规划之后的规划空间底图。在设计中，底图要素往往可以根据不同专题的需要重复应用于各种专题要素图纸中，充当底衬的作用。

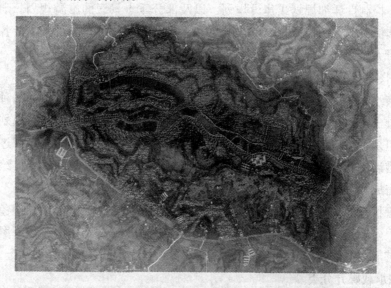

图8.1　四川某生态农业旅游区规划方案底图

（二）专题要素

旅游规划图件的专题要素是编制旅游规划专题图时，用于展示专项规划图纸内容，且必须表现于规划图之上的要素，如图8.2所示。

主要绘制内容包括：旅游客体、旅游主体、旅游资源分布、旅游服务设施、旅游路线、旅游景点、基础设施等。在进行专题要素绘制时，通常会根据需要把一个专题要素绘制在单独的一张图纸上，但有时根据图纸安排需要会将多个专题要素绘制在同一张底图或图纸上。值得注意的是同一张图纸上展示的专题要素不可太多，否则容易混淆图纸内容。以区位分析图为例，通常会把涉及区位分析的各种专题要素内容分别绘制在图纸上，专题要素应包括该规划具体位置所在国家、省、市的地图等，目的在于能清楚地表达规划所在地的空间和地理位置，这些内容便是区位分析图的专题要素。此外，图纸上尽量不能出现与区位分析图不相关的其他专题要素。

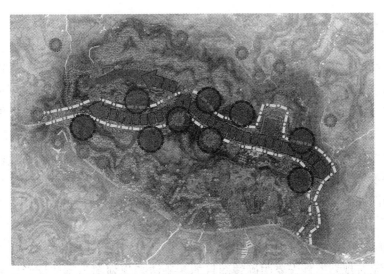

图8.2　四川某生态农业旅游区产业布局分析图中专题要素的绘制

（三）图则要素

旅游规划图件的图则要素是旅游规划图件中针对规划内容所必须具备的统一表达方式。在旅游规划图件中，通常用统一而规范的图标或图案来表达图片中相对应的内容，以使图件看起来更加规范和直观，如图8.3所示。

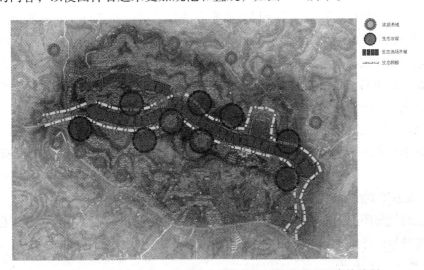

图8.3　四川某生态农业旅游区产业布局分析图中图则要素的绘制

主要绘制内容包括：图名、图框、图例、比例尺、风玫瑰图、规划期限、规划日期、规划单位及其资质图签编号等。图则要素的内容往往不是图片中图案本身的组成部分，但却起到规范图件内容的重要作用。

四、旅游规划图件的设计

旅游规划图是规划成果的重要表达方式，同时还为旅游管理人员提供相关资讯。根据《旅游规划通则》（中华人民共和国国家标准），旅游发展规划成果主要包括区位分析图、旅游资源分布图、游客客源市场分析图、旅游产业发展规划图等图件，旅游区总体规划成果主要包括区位图、综合现状图、旅游市场分析图、旅游资源评价图、总体规划图、道路交通规划图、功能分析图、近期建设规划图等，此外项目规划布局图、旅游路线分布图、绿化分布图、基础设计分布图等在旅游规划图件中也经常用来展现规划成果①。这同时为拟定旅游规划图件大纲和目录提供了一定的依据和规范。

（一）旅游规划图的编写目的和内容

设计旅游规划图首先要明确编图目的，要清楚规划图为哪些读者服务，要提供哪些旅游规划信息等。只有做到目的明确，定位准确，才能有针对性地选取旅游规划区的相关信息。根据编图目的，设计者应收集旅游区的相关资料（包括旅游资源状况、区域自然与社会环境及有关底图、照片和绘画等）以及实际调查资料。设计者应根据编图目的和资料，确定制图内容。

编制旅游规划图件要根据所规划旅游区的旅游主题、规划内容和用途、规划范围大小、规划范围的景观特征以及旅游者的需求对内容进行规划和取舍，要选取有用的、主要的、典型的、对主题表现有重要影响的内容进行设计和绘制，舍去与旅游规划主题关系不大或无关的内容。例如，编制旅游交通类规划图，要对交通路线的布局、道路等级、交通站点分布等内容进行绘制表现，而对与旅游交通类信息无关的信息，如土壤、游客、植被覆盖等内容可以大胆舍弃。

总之，在编制旅游规划图时，在内容上应重点突出、层次分明，切忌喧宾夺主。更不要把所有要素都重点突出，所有要素都重点突出，也就等于没有重点要素。

（二）旅游规划图的表达方法

旅游规划图根据编写目的和主要内容的不同，选择不同的表达方式，主要包括地图符号设计系统、图例设计系统以及图面整饰设计系统三种表达方法。

---

① 中华人民共和国国家旅游局. 旅游规划通则 [Z]. 中华人民共和国国家标准 GB/T18971-2003.

（三）地图符号设计系统

地图符号即表达地图内容的图形。旅游地图符号包括基础要素符号和专题要素符号。基础要素符号的表示可按普通地图空间分布形式以及地图的种类、用途和比例尺来确定。专题要素符号包括点状符号、象形符号、特写符号、文字图号和几何符号等。点状符号即在地图上绘制一个定位点的符号。象形符号即将旅游规划图中的景物进行分类归纳，以统一的、象征性的简单图案表示某类景物共性的符号。特写符号即将旅游要素特写图案绘制在地图相应位置上的符号。文字符号即用设计成图形的文字表示地图要素的符号。几何符号即用简单的几何图形高度抽象地表示某一景物的地图符号。

（四）图例设计系统

图例是地图上使用符号的归纳和地图内容的必要说明。图例的作用在于：揭示地图表达的内容，通过观看图例，可以大体了解地图的基本内容。

图例设计的基本要求有：图例必须完备，即要包括地图上所涉及和采用的符号；图例的形状、颜色、大小等必须与图中相应内容一致；同时，图例应突出逻辑性、艺术性。另外，图例的设计还应遵循统一标准，大部分图例的设计已有明确规范和标准，尽可能按照统一标准进行图例设计。如，在《旅游资源分类、调查与评价》国家标注中，对旅游资源类型与等级的表示已有明确规定。

（五）图面整饰设计系统

图面整饰是指图面的整理和装饰。对旅游地图的整饰设计，可以在保持原图图幅大小的条件下，使地图内容更加丰富，增强地图的清晰性、易读性和艺术性，做到简明易懂。

对地图的整饰要想达到理想效果，应符合以下基本要求：符号与图形应清晰、易读；图面整体的视觉对比度适中；画面整体色调搭配舒适和谐；图面设计的层次结构合理；图形与背景的层次关系处理合理。

总之，旅游规划图设计的合理性，会直接关系到旅游规划图质量高低，关系到对旅游管理者和相关使用者的操控效果。

● 第二节　旅游规划图件制作

旅游规划制图主要有手绘和计算机制图两种方法，手绘对制图者的美术功底要求较高，要有一定的素描等专业技能，而且手绘图在后期仍要导入计算机做相应处理。根据地图信息论与地图信息传输论以及设计学的经济原则，采用计算机进行旅游规划制图可节省人力，提高工作效率①。旅游规划图件制图也需要借助多个软件才能完成。

一、旅游规划制图概述

旅游规划图的编制，就是利用已有的底图、国家基本测绘以及实地考察资料和其他编图资料，在分析和整理现有资料基础上编写绘图目的以及绘图内容，编制成新的旅游规划图。

二、旅游规划制图的程序

旅游规划图件的制作跟其他类型的规划图件编绘顺序相似，都需要前期的计划拟定，图件的制作过程以及最后的打印和装订。旅游规划图件的制作分为六个步骤，分别是拟定旅游规划图件，绘制底图，专题规划图件的制作，图则要素的绘制，修饰与装饰以及打印与装订。

（一）拟定旅游规划图件

拟定旅游规划图件就是在开始绘制图件之前对旅游规划图件提前进行设计和规划，以及制定出所要绘制图纸的内容和顺序安排，以便为后期绘制出较高质量的图件做好准备。前面已经详细阐述了旅游规划图件的设计和规划过程，此处不再重复讲述，关于图纸的内容，应根据旅游规划项目的实际需要而制定，不是固定不变的。但一定要具有逻辑性，图件的前后顺序一定要合理。虽然图纸的顺序安排没有明确的规定，但通常情况下用来表现旅游规划地原有资源要素的图件放在靠前位置，规划之后的图纸放在偏后位置。

（二）绘制底图

底图要素是旅游规划图件的重要组成部分，大部分规划图件都需要在底图要素的基础上进行绘制。用来制作底图的原始图纸分为两种：一种是规划区等高线地图，另一种是规划区行政区规划。这两种底图基本可以提供绘制底图要素所需的大部分内容。等高线地图通常是 AutoCAD 文件格式，AutoCAD 文件格式可以相对精确地提供给底图编制者规划区的地形走势、高差变化等信息，为后期项目建设提供分析依据；行政区规划图则对整个规划区管辖的下级行政区或周边有着重要关联的其他行政区地理位置关系提供直观的展示，便于在进行功能分区和地理位置分析时有所借鉴。

目前，可供选择的旅游规划底图制作软件数量较多，常用的有 Photoshop、

---

① 张祥. 旅游规划制图研究［J］. 攀枝花学院学报，2010，27（6）：52-56.

CorelDraw、MapInfo、AutoCAD、ArcGis、MapCAD、3d Max 等软件。

（三）专题规划图件的制作

旅游规划图的专题要素有很多，包括景区、景点、交通、服务设施等。在绘制专题规划图件时首先应分析图件中需要表现的要素，然后根据图件要素的内容选择表现和绘制图案的内容、表现形式。最后按照一定的顺序分层绘制在规划图纸上，制作成各种主题的专题规划图。

（四）图则要素的绘制

图则要素是编图的依据和使用时的参考，所以图例必须完备。它总体上包括地图上所有设计和采用的标记；图例中的颜色、符号必须与图中代表的相应内容一致；图例中的标记、颜色、符号应体现出明确性、艺术性和逻辑性。图例要标志出包括图纸上所有基础内容和专题要素的内容。也就是说，图例是图纸上采用的符号、标记和颜色的说明。在设计图例时，首先要清理图上采用的符号、标记和颜色以及它们所代表的要素，然后依据对图例的要求进行归类编排，同时还要注意在内容编排上要具有逻辑性。

（五）修饰与装饰

为了美化图件视觉效果，通常把制作好的规划图件，导入专业图片编辑处理软件中进行美化（如 Photoshop），对规划图件的整体颜色效果和说明文字等进行修饰和美化处理。

（六）打印与装订

规划图件在装饰完毕后即可进行打印和装订。一套图纸效果是否完美，很大程度上由打印和装订的品质决定，因此打印机、像素、装订形式都很重要。规划图通常都是彩色图，不同的打印机色彩的纯净不同，要求有高品质图纸的规划图需要的打印设备品质也比较高。因此旅游规划图的最终打印一般是由熟悉打印机和打印排版的专门的打印部门完成的。

旅游规划图最终要打印出至少两套图纸：其中一套是大型图纸，通常用 A0 号图纸进行打印，用于规划项目评审时进行详细讲解或者供委托方收藏；另外一套是小型图纸，通常用 A3 图纸打印，用于做规划文本后的附录。

装订旅游规划图件要根据规划用途的不同或者委托方的要求来选择装订方式。大图的装订是跟随打印过程的，要求较高的可以制作成图板。制作成图板的图纸寿命更长，不易损坏。小图的装订大多是与规划文本的装订同时完成的，作为文本的一部分装订在规划文本的后面。也有很多图纸根据委托方的要求把规划文本和规划图件混合在一起进行排版、打印和装订。

三、绘制旅游规划图的常用软件

用来制作旅游规划图件的软件有很多种，比较常用的有以下几种软件：

（一）Photoshop

Photoshop 是 Adobe 公司推出的大型图像处理软件，是 Adobe 公司著名的图像处理软件。它功能强大，集图像扫描、编辑修改、图像制作、广告创意、图像输入输出为一体，深受广大图像制作和处理人员的喜爱。

Photoshop 软件本身具备以下几部分操作功能，根据绘图者操作目的需要，可运用其中一种或者几种操作功能互相配合来完成图像的处理。

1. 图像编辑是图像处理的基础，可以对图像做各种变换，如放大、缩小、旋转、倾斜、镜像、透视等，也可进行复制、去除斑点、修补、修饰图像的残损等。去除图像上不满意的部分，进行美化加工，得到让人非常满意的效果。

2. 图像合成则是将几幅图像通过图层操作工具应用合成完整的，传达明确意义的图像。Photoshop 提供的绘图工具让外来图像与创意很好地融合，使图像的合成天衣无缝。

3. 校色调色是 Photoshop 中重要的功能之一，可方便快捷地对图像的颜色进行明暗、色相的调整和校正，也可在不同颜色之间进行切换以满足图像在不同领域，如规划图件制作、网页设计、印刷、多媒体等方面应用。

4. 特效制作在 Photoshop 中，主要由滤镜、通道及工具综合应用完成。包括图像的特效创意和特效字的制作，如旅游规划图件的修饰与装饰、油画、浮雕、石膏画、素描等常用的美术技巧都可以由 Photoshop 特效完成。而各种特效字的制作更是很多美术设计师热衷于 Photoshop 的原因。

（二）CorelDraw

自从 Corel 公司在 1989 年发布了 CorelDraw 之后，CorelDraw 就逐步成为矢量绘图软件中的领头军。绝大多数从事电脑图形、图像制作的用户计算机中都装有 CorelDraw 软件。

CorelDraw 软件包是许多应用软件的组合体。CorelDraw 是其主要组件，可以制作艺术标题、招贴海报、标志、文本标注、复杂图形画面及色彩插图，可以编辑从其他应用程序输入的图形、图表、文本、照片。

CorelDraw 具有简洁而直观的用户界面，适应不同输出对象的调色板，并且支持中文 True Tupe 字库。对中文的各种文本处理效果，如立体化、阴影、混成、镜像以及文本编辑等，就如同制作英文文本处理效果一样。

（三）MapInfo

MapInfo Professional 是一套强大的基于 Windows 平台的地图化信息解决方案。

使用 MapInfo Professional,可以方便直观地展现数据和地理信息的关系,其周密而详细的数据分析能力,可帮助用户从地理的角度更好的理解商业信息,辅助用户做出更具洞察力的分析和决策。其主要特点为:强大的地图制作编辑功能;与 MapInfo Spatial Ware 紧密集成;方便用户定制功能;多种图形数据格式支持;逼真的 3D 视图显示;简单快速的制图过程;方便易用的编辑功能;灵活的数据可视化手段;强大的地理分析功能;多样的专题图制作功能。

(四) AutoCAD

AutoCAD 是美国 Autodesk 公司开发的 CAD(Computer Aided Design,即计算机辅助设计)绘图软件包,是世界上著名的 CAD 软件包之一。AutoCAD 具有强大的绘图功能。使用 AutoCAD,设计者设计时就不必再使用图板、铅笔和绘图仪,而且还易于对图纸管理、避免各种重复性的工作,因而备受设计者的欢迎。

● 第三节　旅游规划常用图件汇总

使用计算机绘制旅游规划制图,有众多的优点和潜力:它制图效率高、速度快、图件整洁美观;为用户提供数字化的产品,易于保存且信息丰富;和地理信息系统及虚拟现实相结合,实现了真正的地图可视化,具有更加强大的功能①。本节将从制图技术的角度简单阐述常用的图件种类及其计算机绘图的具体步骤。

一、旅游总体规划图件

常见的旅游总体规划图件有旅游区位图、综合现状图、旅游市场分析图、旅游资源评价图、总体规划图、形象规划图、项目规划图、道路交通规划图、功能分区规划图以及其他专业规划图、近期建设规划图等,如图 8.4 至图 8.10 所示。旅游总体规划图件图纸比例要根据空间范围来确定,一般范围越大规划图件的比例尺相应越小。

---

①　刘陆. 安然. 旅游发展规划制图内容和手法应用探讨 [J]. 湖北经济学院学报. 2007,4 (9):49.

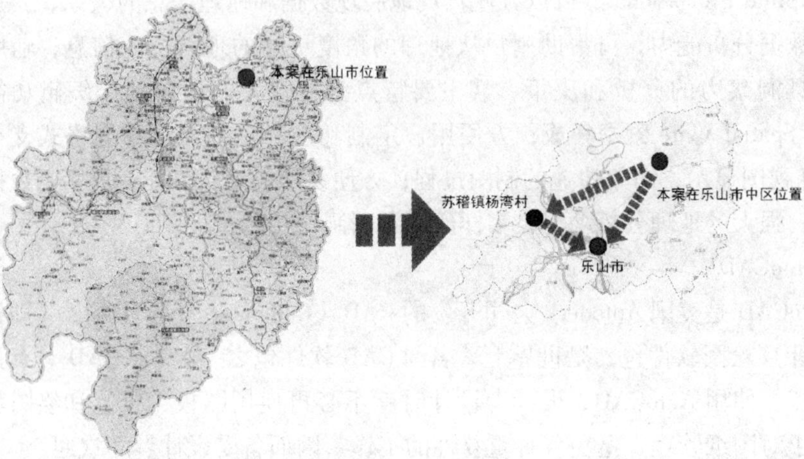

本案在乐山市位置

苏稽镇杨湾村

本案在乐山市中区位置

乐山市

图 8.4　区位分析图

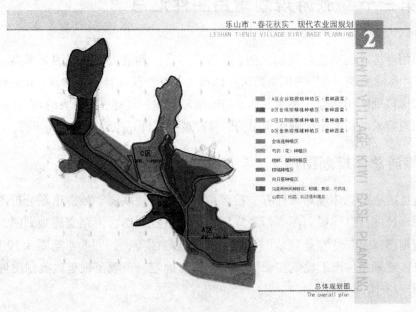

乐山市"春花秋实"现代农业园规划

LESHAN TIENIU VILLAGE KIWI BASE PLANNING

2

A区金谷猕猴桃种植区（套种蔬菜）

B区金规猕猴桃种植区（套种蔬菜）

C区红阳猕猴桃种植区（套种蔬菜）

D区金艳猕猴桃种植区（套种蔬菜）

金线莲种植区

芍药（花）种植区

桃树、梨树种植区

柑橘种植区

向日葵种植区

沟渠两侧间种桃花、柑橘、黄花、芍药花、
山茶花、杜鹃、向日葵和菊花

总体规划图
The overall plan

图 8.5　总体规划图

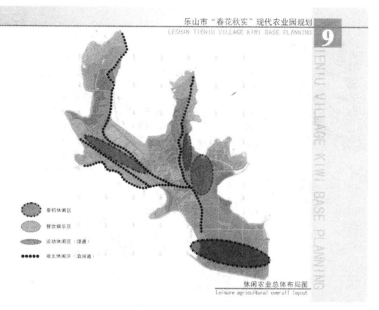

图 8.6 休闲农业总体规划图

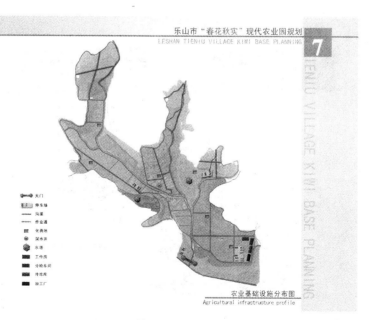

图 8.7 基础设计规划图

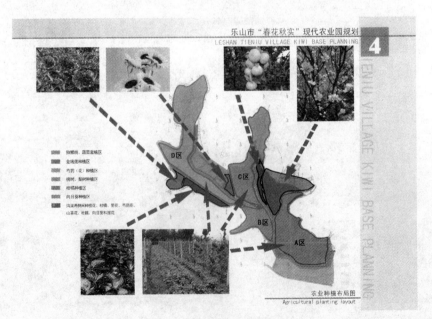

图 8.8　总体规划图

图 8.9　农业种植规划图

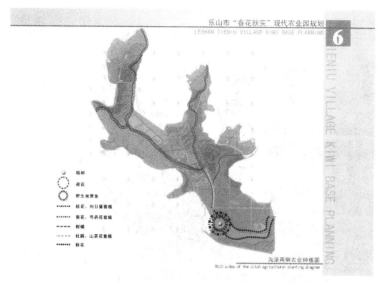

图 8.10　沟渠两侧规划图

二、旅游控制性规划图件

　　旅游控制性规划包括综合现状图、道路交通规划图、景观视线规划图、项目分布规划图、服务设施规划图、基础设施规划图、植被绿化规划图、土地利用规划图、各地块的控制性详细规划图、竖向规划图、各项工程管线规划图等，如图 8.11 至图 8.13 所示。旅游控制性规划图纸比例一般要求为 1 : 1 000～1 : 2 000 之间。

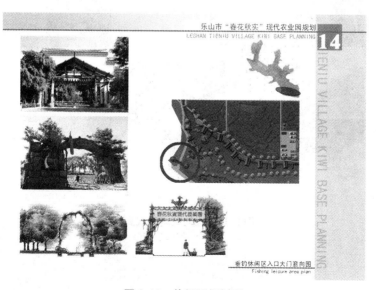

图 8.11　休闲区规划图

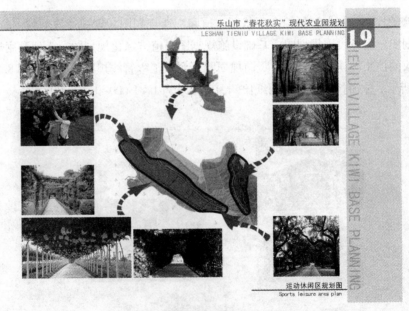

图 8.12　餐饮娱乐区规划图

图 8.13　运动休闲区规划图

三、旅游详细规划图件

常见的旅游详细规划图件包括综合现状与建设条件分析图、用地布局规划图、景观系统规划设计图、道路交通系统规划设计图、绿地系统规划设计图、给排水系统规划设计图、电力电信规划设计图、旅游服务设施及附属设施系统规划设计图、工程管线系统规划设计图、竖向规划设计图、环境保护和环境卫生系统规划设计图、鸟瞰图、效果图等，如图 8.14 至图 8.16 所示。旅游详细规划图纸比例一般要求控制在 1∶500~1∶2 000 之间。

图 8.14 垂钓休闲区效果图

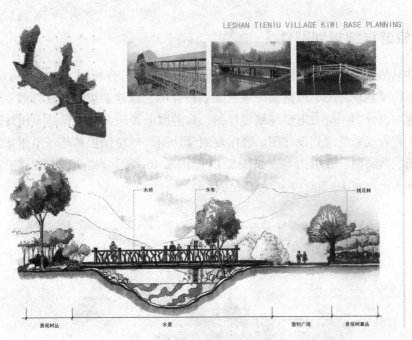

图 8.15　运动休闲区剖面图

图 8.16　总体鸟瞰图

四、绘图技能训练

该案例分析将结合 PhotoShop 软件绘制某乡村旅游区功能分区图一张，具体操作步骤如下：

步骤一：导入底图。获取该乡村旅游区 JPG 格式底图，并将底图导入 PhotoShop 软件。

步骤二：新建文件。新建功能分区图空白文件，将文件大小设置为图 8.17 所示数据。

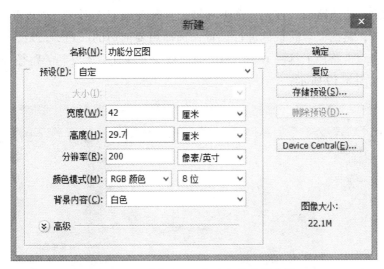

图 8.17　功能分区图新建文件设置数据

步骤三：底图效果设置。提前对功能分区图进行排版，并将底图移动到合适位置，以方便将来专题及图则要素的绘制。对底图色相/饱和度数值进行设置，具体效果如图 8.18 所示。

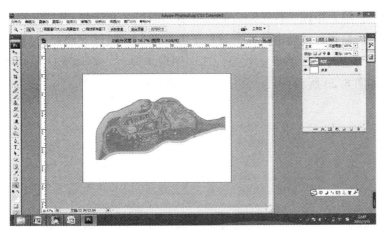

图 8.18　功能分区图底图色相及明度设置效果

步骤四：新建图层。根据功能分区的数量新建专题要素图层，每个分区设置两个图层，分别为描边图层和填充图层。

步骤五：绘制路径。首先，用钢笔工具绘制路径，如果不能一次性准确绘制路径，可以结合 Ctrl 或 Alt 快捷键对描点的位置和形状进行调节，以使路径形状更加精确。

步骤六：描边路径。首先，选中画笔工具并对画笔尖形状、硬度和主直径大小进行设置；其次，对前景色进行设置，选择想要描边的颜色；最后，选中对应描边图层，点击路径工具栏下的用画笔描边路径工具对刚才绘制的路径进行描边。最终效果如图 8.19 所示：

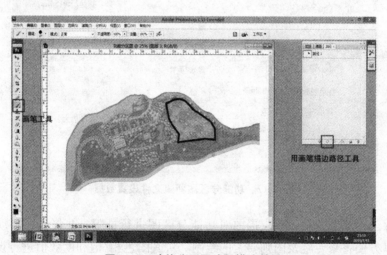

图 8.19　功能分区图路径描边效果

步骤七：填充路径。首先，选中对应填充图层，并选择想要填充的颜色；其次，选中对应路径，并点击路径工具栏下方的用前景色填充路径工具进行颜色填充；最后，为达到更好的视觉效果，选中图层工具栏，将填充图层透明度降低。最终效果如图 8.20 所示：

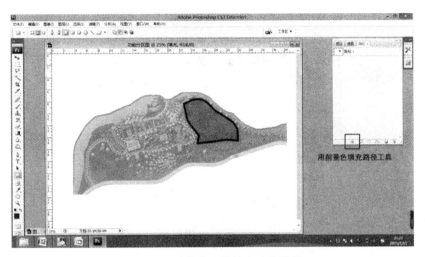

图 8.20　功能分区图填充路径效果

步骤八：按照同样的办法绘制其他功能分区。

步骤九：图例的绘制。首先，使用上文刚提到的钢笔、画笔、用画笔描边路径、用前景色填充路径等工具绘制图例；其次，使用文字工具输入图例的文字部分；最后，选择图例排版的合适位置及大小，并使用移动工具将图例和文字对齐，以使画面更加美观工整。如图 8.21 所示：

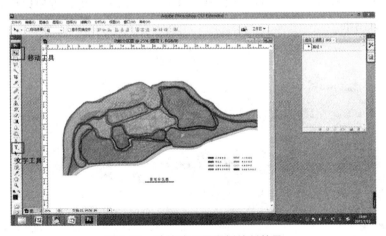

图 8.21　功能分区图图例绘制效果

步骤十：装饰要素的绘制。首先，使用单行选框工具在图片文件上方绘制选区并进行颜色填充，从而绘制出图片上方的深色横线；其次，使用渐变工具对上方的色块进行绘制，具体设置如图 8.22 所示；最后，使用文字工具输入项目图纸名称，最终效果如图 8.23 所示：

图 8.22　渐变工具数据设置

　　步骤十一：使用曲线、色相/饱和度、色阶等工具调节画面颜色、深度、灰度等整体效果，使画面看起来更加美观而有层次。

　　步骤十二：保存图片。可保存 PSD 格式和 JPG 格式一份，方便以后再次调整和打印装订图纸。

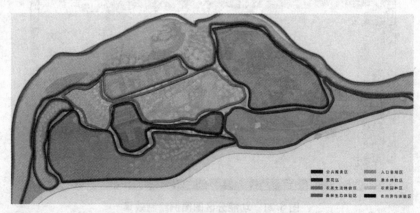

图 8.23　功能分区图最终效果

本章小结

　　本章理论部分的重点在于掌握旅游规划制图的绘制程序和旅游规划图件的构成要素，只有掌握这两点才能熟练进行旅游规划制图的制作。本章的另外一个难点在于绘图软件的使用，旅游管理专业的学生通常多数没有掌握设计软件的能力，所以学习设计软件同样也是本章的重要学习内容。

 主要概念

旅游地图和旅游规划图的概念；旅游规划图的编制

 思考与练习

1. 旅游规划图件的类型有哪些？
2. 旅游规划制图的程序是怎样的？
3. 旅游规划图件的构成要素有哪些？

实训设计

学习一种绘图软件，绘制出几种常用的旅游规划图。

附录1 旅游规划通则

《旅游规划通则》（GB/T18971-2003）
中华人民共和国国家标准 GB/T 18971-2003

旅游规划通则
General specification for tourism planning
2003-02-24 发布 2003-05-01 实施
中华人民共和国国家质量监督检验检疫总局发布

前言

本标准的附录 A 为资料性附录。

本标准由国家旅游局提出。

本标准由全国旅游标准化技术委员会归口并解释。

本标准主要起草单位：国家旅游局规划发展与财务司、清华大学建筑学院。

本标准主要起草人：魏小安、张吉林、郑光中、杨锐、邓卫、汪黎明、彭德成、潘肖澎、周梅。

引言

为规范旅游规划编制工作，提高我国旅游规划工作总体水平，达到旅游规划的科学性、前瞻性和可操作性，促进旅游业可持续发展，特制定本标准。

本标准是编制各级旅游发展规划及各类旅游区规划的规范。

本标准的制定，总结了国内并借鉴了国外旅游规划编制工作的经验和教训，在体现中国旅游规划特色的同时，在技术和方法上努力实现与国际接轨。

旅游规划通则

1 范围

本标准规定了旅游规划（包括旅游发展规划和旅游区规划）的编制的原则、程序和内容以及评审的方式，提出了旅游规划编制人员和评审人员的组成与素质要求。

本标准适用于编制各级旅游发展规划及各类旅游区规划。

2 规范性引用文件

下列标准的条款通过本标准的引用而成为本标准的条款。凡是注明日期的引用文件，其随后所有的修改单（不包括勘误的内容）或修订版均不适用于本标准，然而，鼓励根据本标准达成协议的各方研究是否可使用这些文件的最新版本。凡是不注明日期的引用文件，其最新版本适用于本标准。

GB3095-1996 环境空气质量标准

GB3096-1993 城市区域环境噪声标准

GB3838 地面水环境质量标准

GB5749 生活饮用水卫生标准

GB9663 旅游业卫生标准

GB9664 文化娱乐场所卫生标准

GB9665 公共浴室卫生标准

GB9666 理发店、美容店卫生标准

GB9667 游泳场所卫生标准

GB9668 体育馆卫生标准

GB9669 图书馆、博物馆、美术馆、展览馆卫生标准

GB9670 商场（店）、书店卫生标准

GB9671 医院候诊室卫生标准

GB9672 公共交通等候室卫生标准

GB9673 公共交通工具卫生标准

GB12941-1991 景观娱乐用水水质标准

GB16153 饭馆（餐厅）卫生标准

GB/T 18972-2003 旅游资源分类、调查与评价

3 术语和定义

下列术语和定义适用于本标准。

3.1 旅游发展规划 tourism development plan

旅游发展规划是根据旅游业的历史、现状和市场要素的变化所制定的目标体系，以及为实现目标体系在特定的发展条件下对旅游发展的要素所做的安排。

3.2 旅游区 tourism area

旅游区是以旅游及其相关活动为主要功能或主要功能之一的空间或地域。

3.3 旅游区规划 tourism area plan

旅游区规划是指为了保护、开发、利用和经营管理旅游区，使其发挥多种功能和作用而进行的各项旅游要素的统筹部署和具体安排。

3.4 旅游客源市场 tourist source market

旅游者是旅游活动的主体，旅游客源市场是指旅游区内某一特定旅游产品的现实购买者与潜在购买者。

3.5 旅游资源 tourism resources

自然界和人类社会凡能对旅游者产生吸引力，可以为旅游业开发利用，并可产生经济效益、社会效益和环境效益的各种事物和因素，均称为旅游资源。

3.6 旅游产品 tourism product

旅游资源经过规划、开发建设形成旅游产品。旅游产品是旅游活动的客体与对象，可分为自然、人文和综合三大类。

3.7 旅游容量 tourism carrying capacity

旅游容量是指在可持续发展前提下，旅游区在某一时间段内，其自然环境、人工环境和社会经济环境所能承受的旅游及其相关活动在规模和强度上极限值的最小值。

4 旅游规划编制的要求

4.1 旅游规划编制要以国家和地区社会经济发展战略为依据，以旅游业发展方针、政策及法规为基础，与城市总体规划、土地利用规划相适应，与其他相关规划相协调；根据国民经济形势，对上述规划提出改进的要求。

4.2 旅游规划编制要坚持以旅游市场为导向，以旅游资源为基础，以旅游产品为主体，经济、社会和环境效益可持续发展的指导方针。

4.3 旅游规划编制要突出地方特色，注重区域协同，强调空间一体化发展，避免近距离不合理重复建设，加强对旅游资源的保护，减少对旅游资源的浪费。

4.4 旅游规划编制鼓励采用先进方法和技术。编制过程中应当进行多方案的比较，并征求各有关行政管理部门的意见，尤其是当地居民的意见。

4.5 旅游规划编制工作所采用的勘察、测量方法与图件、资料，要符合相关国家标准和技术规范。

4.6 旅游规划技术指标，应当适应旅游业发展的长远需要，具有适度超前性。技术指标参照本标准的附录A（资料性附录）选择和确立。

4.7 旅游规划编制人员应有比较广泛的专业构成，如旅游、经济、资源、环境、城市规划、建筑等方面。

5 旅游规划的编制程序

5.1 任务确定阶段

5.1.1 委托方确定编制单位

委托方应根据国家旅游行政主管部门对旅游规划设计单位资质认定的有关规定确定旅游规划编制单位。通常有公开招标、邀请招标、直接委托等形式。

公开招标：委托方以招标公告的方式邀请不特定的旅游规划设计单位投标。

邀请招标：委托方以投标邀请书的方式邀请特定的旅游规划设计单位投标。

直接委托：委托方直接委托某一特定规划设计单位进行旅游规划的编制工作。

5.1.2 制订项目计划书并签订旅游规划编制合同

委托方应制订项目计划书并与规划编制单位签订旅游规划编制合同。

5.2 前期准备阶段

5.2.1 政策法规研究

对国家和本地区旅游及相关政策、法规进行系统研究，全面评估规划所需要的社会、经济、文化、环境及政府行为等方面的影响。

5.2.2 旅游资源调查

对规划区内旅游资源的类别、品位进行全面调查，编制规划区内旅游资源分类明细表，绘制旅游资源分析图，具备条件时可根据需要建立旅游资源数据库，确定其旅游容量，调查方法可参照《旅游资源分类、调查与评价》（GB/T 18972-2003）。

5.2.3 旅游客源市场分析

在对规划区的旅游者数量和结构、地理和季节性分布、旅游方式、旅游目的、旅游偏好、停留时间、消费水平进行全面调查分析的基础上，研究并提出规划区旅游客源市场未来的总量、结构和水平。

5.2.4 对规划区旅游业发展进行竞争性分析，确立规划区在交通可进入性、基础设施、景点现状、服务设施、广告宣传等各方面的区域比较优势，综合分析和评价各种制约因素及机遇。

5.3 规划编制阶段

5.3.1 规划区主题确定

在前期准备工作的基础上，确立规划区旅游主题，包括主要功能、主打产品和主题形象。

5.3.2 确立规划分期及各分期目标。

5.3.3 提出旅游产品及设施的开发思路和空间布局。

5.3.4 确立重点旅游开发项目，确定投资规模，进行经济、社会和环境评价。

5.3.5 形成规划区的旅游发展战略，提出规划实施的措施、方案和步骤，包括政策支持、经营管理体制、宣传促销、融资方式、教育培训等。

5.3.6 撰写规划文本、说明和附件的草案。

5.4 征求意见阶段

规划草案形成后，原则上应广泛征求各方意见，并在此基础上，对规划草案进行修改、充实和完善。

6 旅游发展规划

6.1 旅游发展规划按规划的范围和政府管理层次分为全国旅游业发展规划、区域旅游业发展规划和地方旅游业发展规划。地方旅游业发展规划又可分为省级旅游业发展规划、地市级旅游业发展规划和县级旅游业发展规划等。

地方各级旅游业发展规划均依据上一级旅游业发展规划并结合本地区的实际情况进行编制。

6.2 旅游发展规划包括近期发展规划（3~5 年）、中期发展规划（5~10 年）或远期发展规划（10~20 年）。

6.3 旅游发展规划的主要任务是明确旅游业在国民经济和社会发展中的地位与作用，提出旅游业发展目标，优化旅游业发展的要素结构与空间布局，安排旅游业发展优先项目，促进旅游业持续、健康、稳定发展。

6.4 旅游发展规划的主要内容

6.4.1 全面分析规划区旅游业发展历史与现状、优势与制约因素，及与相关规划的衔接。

6.4.2 分析规划区的客源市场需求总量、地域结构、消费结构及其他结构，预测规划期内客源市场需求总量、地域结构、消费结构及其他结构。

6.4.3 提出规划区的旅游主题形象和发展战略。

6.4.4 提出旅游业发展目标及其依据。

6.4.5 明确旅游产品开发的方向、特色与主要内容。

6.4.6 提出旅游发展重点项目,对其空间及时序作出安排。

6.4.7 提出要素结构、空间布局及供给要素的原则和办法。

6.4.8 按照可持续发展原则,注重保护开发利用的关系,提出合理的措施。

6.4.9 提出规划实施的保障措施。

6.4.10 对规划实施的总体投资分析,主要包括旅游设施建设、配套基础设施建设、旅游市场开发、人力资源开发等方面的投入与产出方面的分析。

6.5 旅游发展规划成果包括规划文本、规划图表及附件。规划图表包括区位分析图、旅游资源分析图、旅游客源市场分析图、旅游业发展目标图表、旅游产业发展规划图等。附件包括规划说明和基础资料等。

7 旅游区规划

7.1 旅游区规划按规划层次分总体规划、控制性详细规划、修建性详细规划等。

7.2 旅游区总体规划

7.2.1 旅游区在开发、建设之前,原则上应当编制总体规划。小型旅游区可直接编制控制性详细规划。

7.2.2 旅游区总体规划的期限一般为10~20年,同时可根据需要对旅游区的远景发展作出轮廓性的规划安排。对于旅游区近期的发展布局和主要建设项目,亦应作出近期规划,期限一般为3~5年。

7.2.3 旅游区总体规划的任务,是分析旅游区客源市场,确定旅游区的主题形象,划定旅游区的用地范围及空间布局,安排旅游区基础设施建设内容,提出开发措施。

7.2.4 旅游区总体规划内容

7.2.4.1 对旅游区的客源市场的需求总量、地域结构、消费结构等进行全面分析与预测。

7.2.4.2 界定旅游区范围,进行现状调查和分析,对旅游资源进行科学评价。

7.2.4.3 确定旅游区的性质和主题形象。

7.2.4.4 确定规划旅游区的功能分区和土地利用,提出规划期内的旅游容量。

7.2.4.5 规划旅游区的对外交通系统的布局和主要交通设施的规模、位置;规划旅游区内部的其他道路系统的走向、断面和交叉形式。

7.2.4.6 规划旅游区的景观系统和绿地系统的总体布局。

7.2.4.7 规划旅游区其他基础设施、服务设施和附属设施的总体布局。

7.2.4.8 规划旅游区的防灾系统和安全系统的总体布局。

7.2.4.9 研究并确定旅游区资源的保护范围和保护措施。

7.2.4.10 规划旅游区的环境卫生系统布局，提出防止和治理污染的措施。

7.2.4.11 提出旅游区近期建设规划，进行重点项目策划。

7.2.4.12 提出总体规划的实施步骤、措施和方法，以及规划、建设、运营中的管理意见。

7.2.4.13 对旅游区开发建设进行总体投资分析。

7.2.5 旅游区总体规划的成果要求

7.2.5.1 规划文本。

7.2.5.2 图件，包括旅游区区位图、综合现状图、旅游市场分析图、旅游资源评价图、总体规划图、道路交通规划图、功能分区图等其他专业规划图、近期建设规划图等。

7.2.5.3 附件，包括规划说明和其他基础资料等。

7.2.5.4 图纸比例，可根据功能需要与可能确定。

7.3 旅游区控制性详细规划

7.3.1 在旅游区总体规划的指导下，为了近期建设的需要，可编制旅游区控制性详细规划。

7.3.2 旅游区控制性详细规划的任务是，以总体规划为依据，详细规定区内建设用地的各项控制指标和其他规划管理要求，为区内一切开发建设活动提供指导。

7.3.3 旅游区控制性详细规划的主要内容

7.3.3.1 详细划定所规划范围内各类不同性质用地的界线。规定各类用地内适建、不适建或者有条件地允许建设的建筑类型。

7.3.3.2 规划分地块，规定建筑高度、建筑密度、容积率、绿地率等控制指标，并根据各类用地的性质增加其他必要的控制指标。

7.3.3.3 规定交通出入口方位、停车泊位、建筑后退红线、建筑间距等要求。

7.3.3.4 提出对各地块的建筑体量、尺度、色彩、风格等要求。

7.3.3.5 确定各级道路的红线位置、控制点坐标和标高。

7.3.4 旅游区控制性详细规划的成果要求

7.3.4.1 规划文本。

7.3.4.2 图件，包括旅游区综合现状图，各地块的控制性详细规划图，各项工程管线规划图等。

7.3.4.3 附件,包括规划说明及基础资料。

7.3.4.4 图纸比例一般为 1/1 000/~1/2 000。

7.4 旅游区修建性详细规划

7.4.1 对于旅游区当前要建设的地段,应编制修建性详细规划。

7.4.2 旅游区修建性详细规划的任务是,在总体规划或控制性详细规划的基础上,进一步深化和细化,用以指导各项建筑和工程设施的设计和施工。

7.4.3 旅游区修建性详细规划的主要内容

7.4.3.1 综合现状与建设条件分析。

7.4.3.2 用地布局。

7.4.3.3 景观系统规划设计。

7.4.3.4 道路交通系统规划设计。

7.4.3.5 绿地系统规划设计。

7.4.3.6 旅游服务设施及附属设施系统规划设计。

7.4.3.7 工程管线系统规划设计。

7.4.3.8 竖向规划设计。

7.4.3.9 环境保护和环境卫生系统规划设计。

7.4.4 旅游区修建性详细规划的成果要求

7.4.4.1 规划设计说明书。

7.4.4.2 图件,包括综合现状图、修建性详细规划总图、道路及绿地系统规划设计图、工程管网综合规划设计图、竖向规划设计图、鸟瞰或透视等效果图等。图纸比例一般为 1/500~1/2 000。

7.5 旅游区可根据实际需要,编制项目开发规划、旅游线路规划和旅游地建设规划、旅游营销规划、旅游区保护规划等功能性专项规划。

8 旅游规划的评审、报批与修编

8.1 旅游规划的评审

8.1.1 评审方式

8.1.1.1 旅游规划文本、图件及附件的草案完成后,由规划委托方提出申请,上一级旅游行政主管部门组织评审。

8.1.1.2 旅游规划的评审采用会议审查方式。规划成果应在会议召开五日前送达评审人员审阅。

8.1.1.3 旅游规划的评审,需经全体评审人员讨论、表决,并有四分之三以上评审人员同意,方为通过。评审意见应形成文字性结论,并经评审小组全体成员签字,评定意见方为有效。

8.1.2 规划评审人员的组成

8.1.2.1 旅游发展规划的评审人员由规划委托方与上一级旅游行政主管部门商定；旅游区规划的评审人员由规划委托方商当地旅游行政主管部门确定。旅游规划评审组由 7 人以上组成。其中行政管理部门代表不超过 1/3，本地专家不少于 1/3。规划评审小组设组长 1 人，根据需要可设副组长 1~2 人。组长、副组长人选由委托方与规划评审小组协商产生。

8.1.2.2 旅游规划评审人员应由经济分析专家、市场开发专家、旅游资源专家、环境保护专家、城市规划专家、工程建筑专家、旅游规划管理官员、相关部门管理官员等组成。

8.1.3 规划评审重点

旅游规划评审应围绕规划的目标、定位、内容、结构和深度等方面进行重点审议，包括：①旅游产业定位和形象定位的科学性、准确性和客观性；②规划目标体系的科学性、前瞻性和可行性；③旅游产业开发、项目策划的可行性和创新性；④旅游产业要素结构与空间布局的科学性、可行性；⑤旅游设施、交通线路空间布局的科学合理性；⑥旅游开发项目投资的经济合理性；⑦规划项目对环境影响评价的客观可靠性；⑧各项技术指标的合理性；⑨规划文本、附件和图件的规范性；⑩规划实施的操作性和充分性。

8.2 规划的报批

旅游规划文本、图件及附件，经规划评审会议讨论通过并根据评审意见修改后，由委托方按有关规定程序报批实施。

8.3 规划的修编

在规划执行过程中，要根据市场环境等各个方面的变化对规划进行进一步的修订和完善。

附录 2　旅游规划指标选取指南

旅游规划通则资料性附录（附录 A）

A. 1　旅游容量测算

旅游容量为空间容量、设施容量、生态容量和社会心理容量四类。对于一个旅游区来说，日空间容量与日设施容量的测算是最基本的要求。

A. 1. 1　日空间容量

日空间容量的测算是在给出各个空间使用密度的情况下，把游客的日周转率考虑进去，即可估算出不同空间的日空间容量。

例如：假设某游览空间面积为 X_i 平方米，在不影响游览质量的情况下，平均每位游客占用面积为 Y_i 平方米/人，日周转率为 Z_i。则该游览日空间日容量为：

$$C_i = X_i \times Z_i / Y_i \text{（人）}$$

旅游区日空间总容量等于各分区日空间容量之和：

$$C = \sum C_i = \sum X_i \times Z_i / Y_i$$

A. 1. 2　日设施容量

日设施容量的计算方法与日空间容量的计算方法基本类似。

例如：假设一个影剧院的座位数为 Xi，日周转率为 Yi，则日设施容量为

$Ci = Xi \times Yi$

旅游区日设施总容量为：

$C = \sum Ci = \sum Xi \times Yi$

其中旅游接待设施，如宾馆、休疗养院的日间系数建议为 0.4。

A.1.3 生态环境容量

A.1.3.1 生态环境容量的测算是一个比较复杂的问题，但起码要考虑到如下因素：

a）土壤密度、土壤组成、土壤温度、土壤冲蚀与径流。

b）植被：植被覆盖率、植被组成、植被年龄结构、稀有植物的灭绝、植被的机械性损伤。

c）水：水中病原体的数目与种类、水中的养分及水生植物的生长情况、污染物。

d）野生动物：栖息地、种群组成、种群改变、旅游活动对种群活动的影响。

d）空气。

A.1.3.2 生态环境容量的研究，常采用以下三种方法：

a）既成事实分析（After-the-Fact Analysis）：在旅游行动与环境影响已达平衡的系统，选择游客量压力不同调查其容量，所得数据用于测算相似地区环境容量。

b）模拟实验（Simulation Experiment）：使用人工控制的破坏强度，观察其影响程度。根据实验结果测算相似地区环境容量。

c）长期监测（Monitoring of Change through Time）：从旅游活动开始阶段作长期调查，分析使用强度逐年增加所引起的改变。或在游客压力突增时，随时作短期调查。所得数据用于测算相似地区的环境容量。

A.1.4 社会心理容量

社会心理容量的主要影响因素是拥挤度。对于它的测算也是一个比较复杂的问题。目前主要有两个模型可以利用：一是满意模型（Hyporhetical Density），二是拥挤认识模型（Perceived Crowding Models）。

A.1.5 旅游容量的确定

一般对一个旅游区来说，最基本的要求是对空间容量和设施容量进行测算，对生态环境容量和社会环境容量进行分析。有条件的话，也应对后两个环境容量进行测算。如果上述四个容量都有测算值的话，那么一个旅游区的环境容量取决于以下三者的最小值：

1. 生态环境容量；
2. 社会心理容量；
3. 空间容量与设施容量之和。

A.2　旅游服务设施规划

旅游服务设施的配置可依照以下原则：

a）经济上可行。配套设施的选择不仅符合投资能力，要力争有较好的经济效益，同时还要考虑它的日常维护费用和淘汰速度，力求经济实惠。

b）要与旅游区性质和功能相一致。不能设置与旅游区性质和规划原则相违背的设施，必须按照规划确定的功能与规模来进行。设施的配套满足使用要求，既不能配套不周全，造成旅游区在使用上的不便，也不能盲目配套造成浪费。

c）要有一定的弹性。波动是旅游市场的显著特征，设施配套应考虑这一情况，使之有一定的灵活适应力。

A.2.1 商业、饮食业设施

旅游区内商业、饮食业服务设施的建筑面积，建议采用在区内接待总床位数的基础上，按 0.4~0.6 平方米/床的指标作估算，详见表一。

表 A.1　　　　　　　　商业、饮食业设施的分项配置指标

类别	1千床	2千床	4千床	7千床	12千床	20千床
百货、食品类	1	2	4	7	10	20
综合类 a	2	3	5	8	12	20
器材类 b	2	5	10	20	35	50
服务类 c	1	2	4	7	12	30
旅游咨询及车辆出租站		P	1	1~2	2	2~3
银行			1	1	2	2
房地产所			1	2	2~3	3
总计	6	12	26	47	75	123

注1：假设旅馆最低出租率均为 50%。

注2：P 表示可以设置。

a 包括：药品、书报、烟草、花木、工艺品、礼品。

b 包括：体育物品、摄像用品、本地产品、家具及时装。

c 包括：饮食、理发、洗衣、加油、汽车修理、室内。

旅游区内单个商店的面积平均在 90~130 平方米为宜。但有些商店可以组织在

一起，由一个中心来管理，不同类型的商店可以混杂地组织起来创造有趣和多样的公共购物环境。

A. 2.2 文娱设施

文娱性建筑的总建筑面积，建议按 0.1~0.2 平方米/床的指标作估算。文娱设施的项目除了表二所列外，还可根据旅游区的具体情况设置植物园、展览及游乐性建筑、动物园等。

表 A. 2　　　　　　　　　　　　文娱设施的分项配置指标

类别	1 千床	2 千床	4 千床	7 千床	12 千床	20 千床
电影院 300~600 座			1	1	1	2
多功能厅 200~1 000 平方米					1	1
露天影剧场 500 平方米 ✓	1	1	1	1	1	
图书阅览 150~500 平方米			P	P	1	1
青年中心 ✓			P	1	1	1
夜总会、舞厅 150~200 平方米		✓		1 月 2 日	2 月 3 日	3 月 4 日

注 1：若旅游区有扩大可能，则可以设置。

注 2：P 表示可以设置。

A. 2.3 体育设施

户外体育活动场地的总面积可按 5~8 平方米/床的指标进行估算，而游乐性建筑的面积可按 0.2 平方米/床的指标进行估算。旅游区体育活动内容除了表三所列之外，还可根据本身的条件组织其他活动，如登山、野外考察、海底欣赏、冲浪等。

表 A. 3　　　　　　　　　　　　体育设施的分项配置指标

规模	1 千床	2 千床	4 千床	7 千床	12 千床	20 千床
活动场 2 000 平方米	1	2	4	6	10	16
篮、排球场 800 平方米			1	1	2	4
网球场	P	1~4	2~8	4~10	6~12	8~20
室内网球（25×40 平方米）						1
体育厅 250~1 000 平方米		P	P	1	1	1

规模	1千床	2千床	4千床	7千床	12千床	20千床
室内游泳池 500~2 500 平方米	1	1	1	1	1~2	
跑马中心			P	1	1	1
马数				10	15	25
小型高尔夫球场 5 000 平方米	P	P	1	2	3	

注：P表示可以设置。

A. 2.4 管理与医疗等设施

旅游区内管理、医疗等设施的总的建筑主面积可按0.2平方米/床的指标进行估算。

表 A. 4　　　　　　　　管理、医疗等设施的分项配置指标

类别	1千床	2千床	4千床	7千床	12千床	20千床
行政管理中心			P	✓		
旅游咨询服务		P				
邮电所	P✓					
消防队		P				
派出所（季节性）			P	P ✓	✓	
维修站	✓ ✓					
医疗诊所（平方米）	P	100	200	400	1000	2000
托幼服务		P	✓			
托儿所（平米）	P	100	150	250	400	500
内科医务人员（人）			1	1~2	2~6	2~10
牙科医生（人）			P	P	1	1
按摩医师（人）			P	1	1	1
药剂师（人）		P	1	1	1~2	2~3
其他医务人员（人）		1	2	3	5	5

注1：维修站包括道路、庭园、废物处理、扫雪等。

注2：P表示可以考虑设置。

A. 2.5 旅馆面积指标

建议按照表A. 5执行。

表 A. 5　　　　　　　　　　　旅馆面积指标

类别	五星	四星	三星	二星
客房部分	46	41	39	34
公共部分	4	4	3	2
饮食部分	11	10	9	7
行政服务	9	9	8	6
工程机房	9	8	7	4
其他	2	1	0	0
备用面积	5	5	4	1
总面积	86	76~80	68~72	54~56

A. 2.6 旅游公寓面积指标

建议按照表 A. 6 执行。

表 A. 6　　　　　　　　　　旅游公寓面积指标

设施及面积	两用卧室		一间卧室		二间卧室		三间卧室	
	最小	一般	最小	一般	最小	一般	最小	一般
床数	2~3		3~4		5~6		7~8	
起居室净面积（平方米）	14	20	14	20	16	24	18	30
厨房净面积（平方米）	2	2	2	3	4	5	5	6
卫生间净面积（平方米）	3	4	3	5	4	7	5	6
卧室净面积（平方米）			8	9	8	10	8	10
					8	9	8	9
							7	8
过道与橱柜净面积（平方米）	2	4	5	8	8	11	12	15
总净面积（平方米）	21	30	32	45	48	66	63	84
总毛面积（平方米）	27	39	41	58	62	86	82	112

A3 环境质量

A.3.1 旅游区按其不同产品类型可划分为：

观光产品型：包括自然景观（如名山大川），人文景观（如名胜古迹、城市娱乐等）。

度假产品型：森林型、山地型、草原型、温泉型、滑雪型、海滨型、河湖型度假产品等。

专项产品型：体育、探险、游船、科学考察等旅游产品。

上述类型产品可能单独出现，也可能相互交叉出现在同一旅游区内。

A.3.2 旅游区根据不同的产品类型及旅游容量采用不同环境质量标准，对跨两种或两种以上产品类型的旅游区，应采用较高的环境质量标准。

A.3.3 人文景观型旅游区的规划设计应当以达到以下环境质量标准为目标：

a）绿地率不少于 30%；

b）大气环境达到 GB3095-1996 一级标准；

c）人体直接接触的娱乐水体达到 GB12941-1991A 类标准，与人体非直接接触的景观娱乐水体达到 GB12941-1991B 类标准，生活饮用水水质达到 GB5749 的要求，其他水体达到 GB3838；

d）环境噪声达到 GB3096 的要求。

e）公共场所卫生达到 GB9663-9673 和 GB16153 的要求。

A.3.4 自然景观型旅游区和度假型旅游区的规划设计应当以达到以下环境质量标准为目标：

a）除滑雪、海滨和河湖型旅游区外，其他旅游区绿地面积不少于 50%；

b）大气环境达到 GB3095-1996 一级标准；

c）人体直接接触的娱乐水体达到 GB-12941-1991A 类标准，与人体非直接接触的景观娱乐水体达到 GB12941-1991B 类标准，生活用水水质达到 GB5749 的要求，其他水体达到 GB3838 的要求；

d）环境噪声达到 GB3096-19930 类标准；

e）公共场所卫生达到 GB9663-9673 和 GB16153 的要求。

A.3.5 专项旅游产品应按照专项产品环境质量保护的特殊要求进行规划设计。

参考文献

1. 国家旅游局计划统计司. 旅游规划工作纲要 [M]. 北京：旅游教育出版社，1997.

2. 国家旅游局人教司. 旅游规划原理 [M]. 北京：旅游教育出版社，1999.

3. 保继刚，楚义芳. 旅游地理学 [M]. 修订版. 北京：高等教育出版社，1999.

4. 马勇，舒伯阳. 区域旅游规划——理论·方法·案例 [M]. 天津：南开大学出版社，1999.

5. 李家清. 旅游开发与规划 [M]. 武汉：华中师范大学出版社，2000.

6. 吴必虎. 区域旅游规划原理 [M]. 北京：中国旅游出版社，2001.

7. 杨振之. 旅游资源开发与规划 [M]. 成都：四川大学出版社，2002.

8. 保继刚，等. 旅游规划案例 [M]. 广州：广东旅游出版社，2002.

9. 李瑞，王义民. 旅游资源规划与开发 [M]. 郑州：郑州大学出版社，2002.

10. 钟林生，等. 生态旅游规划原理与方法 [M]. 北京：化学工业出版社，2003.

11. 明庆忠. 旅游地规划 [M]. 北京：科学出版社，2003.

12. 马勇，李玺，李娟文. 旅游规划与开发 [M]. 北京：科学出版社，2004.

13. 刘待泉，汪瑞军. 旅游资源开发与规划 [M]. 北京：旅游教育出版社，2004.

14. 张广瑞，等. 旅游规划的理论与实践 [M]. 北京：社会科学文献出版社，2004.

15. 邹统纤. 旅游景区开发与管理［M］. 北京：清华大学出版社，2004.

16. 张伟强，陈文君. 旅游规划原理［M］. 广州：华南理工大学出版社，2005.

17. 赵黎明，黄安民. 旅游规划教程［M］. 北京：科学出版社，2005.

18. 罗伟强. 旅游资源开发与管理［M］. 广州：华南理工大学出版社，2005.

19.（美）冈恩，等. 旅游规划：原理与案例［M］. 吴必虎，等，译. 大连：东北财经大学出版社，2005.

20. 简王华. 旅游规划与开发［M］. 武汉：华中师范大学出版社，2006.

21. 陈家刚. 旅游规划与开发：理论·案例［M］. 天津：南开大学出版社，2006.

22. 严国泰. 旅游规划理论与方法［M］. 北京：旅游教育出版社，2006.

23. 吴殿廷. 山岳景观旅游开发规划实务［M］. 北京：中国旅游出版社，2006.

24. 张立明. 旅游规划与投资决策［M］. 北京：科学出版社，2006.

25. 王艳平，郭舒. 旅游规划学［M］. 北京：中国旅游出版社，2007.

26. 梁明珠. 旅游资源开发与规划［M］. 北京：科学出版社，2007.

27. 刘振礼，王兵. 新编中国旅游地理［M］. 天津：南开大学出版社，2007.

28. 甘枝茂，马耀峰. 旅游资源与开发［M］. 天津：南开大学出版社，2007.

29. 全华. 旅游资源开发与管理［M］. 北京：旅游教育出版社，2007.

30. 王春利，窦群. 旅游规划与开发［M］. 北京：首都经济贸易大学出版社，2008.

31. 陈兴中，方海川，汪明林. 旅游资源开发与规划［M］. 北京：科学出版社，2008.

32. 周俊一，李益彬. 旅游资源与开发［M］. 成都：西南财经大学出版社，2009.

33. 郑耀星. 旅游资源学［M］. 北京：北京大学出版社，2009.

34. 肖星. 旅游开发与规划策划案例研究［M］. 广州：华南理工大学出版社，2010.

35. 吴殿廷. 旅游开发与规划［M］. 北京：北京师范大学出版集团，2010.

36. 王庆生. 旅游规划与开发［M］. 北京：中国铁道出版社，2011.

37. 李肇荣，等. 旅游资源开发与旅游规划［M］. 北京：中国财政经济出版社，2011.

38. 全华. 旅游规划原理、方法与实务［M］. 上海：上海人民出版社，2011.

39. 李志刚. 旅游企业人力资源开发与管理 ［M］. 北京：北京大学出版社，2011.

40. 邢斯闻，等. 现代旅游景观开发与规划 ［M］. 长春：吉林大学出版社，2011.

41. 马勇，李玺. 旅游规划与开发 ［M］. 3 版. 北京：高等教育出版社，2012.

42. 曹诗图，王衍用. 新编旅游开发与规划 ［M］. 武汉：武汉大学出版社，2012.

43. 许韶立. 旅游规划与开发 ［M］. 北京：机械工业出版社，2012.

44. 李晓琴. 旅游规划与开发 ［M］. 北京：高等教育，2013.

45. 白翠玲，秦安臣. 旅游规划与开发 ［M］. 杭州：浙江大学出版社，2013.

46. 张志远，等. 旅游景区规划与开发 ［M］. 北京：中央广播电视大学出版社，2014.

47. 陶慧，等. 旅游规划与开发理论·实务与案例 ［M］. 北京：中国经济出版社，2014.

48. 李辉. 旅游规划与开发 ［M］. 北京：中国财富出版社，2015.

49. 吴忠军. 旅游景区规划与开发 ［M］. 3 版. 北京：高等教育出版社，2015.